PHP 経営叢書

日本の企業家

小林一三

都市型第三次産業の先駆的創造者

老川慶喜 著

PHP

PHP経営叢書「日本の企業家」シリーズ刊行にあたって

社会を変革し、歴史を創る人がいる。企業家といわれる人々もそれに類する存在である。溢れる人間的魅力が他人を惹きつけ、掲げる崇高な理念のもとに、人と資本が集まる。優れた経営戦略は、構成員の創意工夫を生かす。そうして新たな価値が創造され、事業が伸展する。社会の富も増進され、進化・発展は果てることがない。その歴史に刻まれた足跡に学ぶべきところは限りない。成功も失敗も現代のよきケーススタディである。

日本近代の扉を開いた比類なき企業家・渋沢栄一はいう。子孫に遺すべき家宝は「古人のいわゆる『善以テ宝ト為ス』ただこの一言のみである」と。けれども理想の実現に邁進した日本人企業家たちの実践知、そこにみられる「善」を「宝」となし、次代に継承するのは現代を生きる読者諸兄である。〝経営の神様〟と称された松下幸之助が説くように「人はみな光り輝くダイヤモンドの原石のようなもの」であり、個の絶えざる自己練磨の集合体が世の中であることを我々は忘れてはならない。

松下幸之助が創設したPHP研究所より、創設七〇周年を記念して刊行される本シリーズでは確かな史実、学術的研究の成果をもとに、企業家活動の軌跡を一望できるようにした。経営史・経営学の専門家が経営思想や戦略を掘り下げ、その今日的意義を考察するだけでなく、人間的側面にもアプローチしている。

各巻が、日本のよき伝統精神、よき企業家精神の継承の一助となれば、編集委員としてこれに勝る喜びはない。

二〇一六年一一月

編集委員　宮本又郎
　　　　　加護野忠男

序

アジアで最初のオリンピックが東京で開かれた一九六四（昭和三九）年、日本は高度経済成長の真只中にあった。日本経済は一九六〇年代に高度成長をとげ、いわゆる高度大衆消費社会を出現させた。日本人の価値観が大きく変化し、長い間「節約」が美徳であると考えられてきたが、次第に「消費」こそが美徳であると考えるようになった。そして、それに伴い国内市場が急激に拡大し、テレビ、電気洗濯機、冷蔵庫（三種の神器）、カー（自家用自動車）、クーラー、カラーテレビ（三C）などの耐久消費財が各家庭に普及し、スポーツ、旅行、観光などの大衆レジャー産業が成長した。

こうした大衆消費社会は、実は日露戦争後から第一次世界大戦後の時期に萌芽的に生まれていた。特に第一次世界大戦後、東京や大阪などの大都市では都市化が著しく進展し、公務員、教師、銀行員、会社員などの俸給生活者（サラリーマン）が形成された。彼らは、大学や高等専門学校などの高等教育を受けた知識人で、「新中産層」と呼ばれた。本書で取り上げる小林一三は、大衆消費社会の到来をいち早くキャッチし、日露戦争後から一九二〇～三〇年代の両大戦間期にかけて、阪急電鉄の経営を軸に、住宅・土地開発、流通、レジャー、観光など、いわば「都市型第三次産業」を積極的に展開した企業家として知られている。

本書の第一部では、小林一三の生誕から亡くなるまでの八四年にわたる生涯を叙述した。小林は、一八七三（明治六）年一月三日に山梨県北巨摩郡韮崎町で生まれ、慶應義塾で学んだのち三井銀行に入行する。元々小説を書き、観劇を楽しみとする文学青年でもあったため、三井銀行時代に出世らしい出世はなかったが、一九〇七年に箕面有馬電気軌道を創業してから実業家として羽ばたくことになる。すなわち、箕面有馬電軌が電鉄業のみでは成り立たないと判断すると、沿線で住宅地の分譲を行なったり、電灯・電力の供給事業を営んだりするとともに、阪急百貨店を設立して流通業にも進出した。また、箕面に動物園をつくり、宝塚では新温泉を開いて、客寄せのために少女歌劇団を創設した。津金澤聰廣『宝塚戦略——小林一三の生活文化論』（講談社現代新書、一九九一年）は、小林の宝塚での事業を「宝塚戦略」と呼び、そこに阪神間モダニズムの形成をみてとっている。こうした独創的な電鉄経営は、現在では「日本型私鉄経営の原型」と評価されているが、小林の実業家としての名声を一挙に高めることになった。

阪神間の電鉄経営で成功を収めた小林は、東京の田園都市会社や東京電燈の経営にも携わり、東京に進出した。特に東京電燈では、取締役から副社長、社長と昇任し、見事に経営再建を果たした。阪急の小林一三が、日本の小林へと脱皮した瞬間である。東京では、そのほか東宝や第一ホテルの経営にも取り組んだ。とりわけ東宝の経営には一方ならぬ情熱を傾け、その経営に専念するため阪急電鉄の社長を退くほどであった。

第二部では、小林の経営手法の特徴を検討した。小林は電鉄業を中核としながらも、土地・家屋販売、電灯・電力供給、宝塚新温泉（宝塚歌劇団）、阪急百貨店、東京電燈、田園都市、東宝、第一ホテルなど、実に様々な事業を展開してきた。そして、「どこよりもよい品物をどこよりも安く」という方針で臨んだ阪急百貨店は、大衆（新中産層）向けの日銭産業の典型であったが、それはその他の事業にも共通していた。演劇界の老舗・松竹は、一部の富裕層（贔屓）を相手にした、多分に「水商売」的な経営を行なっていたが、小林は独自の「国民劇」構想を掲げ、劇場経営を大衆向けの日銭産業に変えてしまった。また、帝国ホテルなどに対抗して設立した第一ホテルも、いわばサラリーマン向けの今日でいうビジネスホテルというコンセプトのもとに、これまでのホテル経営の概念を大きく変えたといえる。革新的企業家としての小林の本領はこの点にあった。

第三部では、「人間・小林一三」を扱っている。小林は、実業家として成功しただけでなく、商工大臣にまで上り詰め、「今太閤」と呼ばれた。また、「茶の湯」を愛した小林は、実業界や政界を超えて、人びととの交流を楽しんでいる。小林に経営の心構えを教えた岩下清周《きよちか》、無二の親友であった電力の鬼・松永安左ヱ門、小林を尊敬してやまなかったダイヤモンド社の創業者・石山賢吉、女流歌人の与謝野晶子など、様々な人とどのような交流をしていたかを明らかにし、人間・小林一三の実像に迫ってみようと考えた。

ところで、小林一三について書かれた著作は極めて多数にのぼる。私の書棚を見渡しただけでも、東郷豊『人間・小林一三』（今日の問題社、一九三八年）、三宅晴輝『小林一三』（日本書房、一九五九年）、岩堀安三『偉才小林一三の商法――その大衆志向のレジャー経営手法』（評言社、一九七二年）、阪田寛夫『わが小林一三――清く正しく美しく』（河出書房新社、一九八三年）など、枚挙にいとまがない。論文や雑誌記事などまで取り上げれば、際限なく増えるであろう。本書は、これらの小林一三に関する著書や論文に多くを学んでいるが、基本的には『逸翁自叙伝』（産業経済新聞社、一九五三年）など、小林一三自身の著作に依拠している。

本書で取り上げた小林の著作は、前掲『逸翁自叙伝』をはじめ多数にのぼり、しかもその多くが何度か出版社を変えながら再版されている。しかし、幸いなことにダイヤモンド社から一九六二（昭和三七）年に『小林一三全集』（全七巻）が刊行され、小林のほとんどの著作が全集に収録された。本書での引用などは、基本的に全集によっている。この全集の注での表記については、刊行年、版元名を省略した。なお、引用にあたっては、適宜句読点を補った。

全集に収録されており、本書で利用した小林の著作の刊行年と出版社は次のとおりである（刊行年順）。

『雅俗山荘漫筆　第一・二』自費出版、一九三二年
『奈良のはたごや』岡倉書房、一九三三年
『私の行き方』斗南書院、一九三五年
『次に来るもの』斗南書院、一九三六年

『事変はどう片づくか』実業之日本社、一九三九年
『新茶道』文藝春秋新社、一九五一年
『私の人生観』要書房、一九五二年
『逸翁自叙伝』産業経済新聞社、一九五三年
『私の生活信条』共著、実業之日本社、一九五三年
『宝塚漫筆』実業之日本社、一九五五年

本書を執筆してみて、小林の実業家としての幅の広さに改めて眼を開かれた思いがする。これを機会に、それほど残された時間があるわけではないが、小林研究を私のもう一つの研究テーマに加えたいと思う。最後になるが、本書の企画から刊行まで、つつがなくプロデュースしてくれたＰＨＰ研究所の丸山孝氏に心からの感謝の意を表する。

二〇一七年二月

西遊馬の自宅にて　　老川慶喜

小林一三

都市型第三次産業の先駆的創造者

目次

Ⅲ 独創的な電鉄経営 51

Ⅳ 宝塚の経営 79

Ⅴ 阪急百貨店の開業と発展 106

第三部　人間像に迫る

「今太閤」の魅力と素顔

幅広い交友から探る

「企業家・小林一三」略年譜

写真提供◉（公財）阪急文化財団
装丁◉上野かおる

第一部
詳伝

多才な企業家の生涯

現代につながるライフスタイルの革新

I　郷里と生い立ち

山梨県北巨摩郡韮崎町

小林一三は、一八七三（明治六）年一月三日、山梨県北巨摩郡韮崎町（現韮崎市）で、父・甚《じん》八《ぱち》、母・菊野《きくの》の長男として生まれた。一三という名前は、彼の誕生日にちなんだものである。韮崎町は、甲州道中の宿駅として発展し、甲州、信州の米穀類、駿州静岡からの塩や海産物の集散地として知られ、豪商が軒をつらねていた。江戸までは四〇里（約一五七・〇キロ）、甲府までは三里二〇町（約一四・〇キロ）であった。小林が生まれたのは別家であったが、本家は屋号を「布屋」と称し、地主で酒造業や絹問屋を営む富商で、一八八二、三年頃には製糸業にも進出し、横浜の巨大生糸売込商・原善三郎と取引を始めている。

また、韮崎町は甲府盆地の西北端に位置し、釜無川《かまなしがわ》（富士川の上流）の渓谷にのぞむ風光明媚な所であるが、毎年秋には洪水に悩まされていた。冬の寒さと夏の暑さの差も著しく、自然条件は厳しかった。東洋経済新報社の記者で、小林一三とも親しかった三宅晴輝は、小林の気性の激しさは、こうした厳しい自然環境のもとで育まれたのではないかと推測している[1]。

母親の菊野は小林家の家つき娘で、父の甚八は中巨摩郡竜王村（現甲斐市）の素封家・丹沢《たんざわ》家からの婿養子であった。母の菊野は産後の肥立ちが悪く、小林の生後まもなくの八月二二日、二二歳の若さで死去した。そのため、養子であった父親は実家の丹沢家に戻ることになった。当時、婿養子は家つき娘が死亡した場合、養子先で再縁するのは難しく、離別することも珍しくはなかった。

なお甚八は、その後塩山町の素封家で酒造業を営んでいた田邊家に婿入りして七兵衛と改名し、男子四人、女子三人の父親となった。長男の七六《しちろく》は、後年山梨県から衆議院議員に選出され、中央電力、姫川電力、日本軽金属などの重役を務めた。また、後楽園スタヂアム（現東京ドーム）の設立にかかわり、初代会長となった。二男の宗英《むねひで》は後楽園スタヂアム及び新東宝映画の社長などを歴任し、三男の加多丸《かたまる》も日本勧業銀行理事などをへて東宝の社長になった。後述するが、東宝は小林が築いた一大事業であり、後楽園スタヂアムの設立には小林もかかわっている。小林は、父の甚八とは幼くして別れたが、甚八が残した異母弟とは生涯を通じて親交があった。

祖父母もすでに他界していたので、小林家には生まれたばかりの一三と、三歳になった幼い姉の竹代《たけよ》だけが残され、本家の大叔父・七左衛門（小林の祖父の弟）の家に引き取られることになった。生まれてまもなく両親を亡くした小林は、二歳の時に別家の家督を相続したが、みずからの財産がどれだけあるのか、知る由もなかった。

七左衛門の妻・房子《ふさこ》は、実の祖母のように深い愛情をそそいで小林を育てた。一五歳になった小林が、初めて東京に旅立つ日、寒さと不安でうずくまっていると、屋敷の奥から「青い毛布」を持ってきて首から巻きつけてくれた。小林は、その時の光景をのちのちまで鮮やかに覚えていた。後年、養祖母の房子に育てられたから今の自分があると語り、一九〇一年六月に長男が生まれると、感謝の気持ちを込めて「冨佐雄《ふさお》」と名づけた。

ともあれ、小林は母の菊野に先立たれ、父の甚八とは離別し、両親の薫陶やしつけを受けることなく成長した。小林によれば、自分が生涯にわたって無宗教を標榜したのはそのためで、「親に育てられれば、なにしろ日本は仏教国だから、親の口から仏教に関する言葉くらゐは聞かされてゐたかもしれぬが、孤児の私には、さうしたチャンスも与へられなかった。かういふ風で、宗教上、思想上の教訓めいたものを授けられたやうなことはあまりなかった」のである。(2)

韮崎学校から成器舎へ

小林一三は、一八七八（明治一一）年、まだ寺子屋の名残をとどめる韮崎学校に入学し、韮崎町の有力な富商の「ぼうさん」として活発な少年時代をすごした。姉の竹代によれば、これはこの地方特有の呼び名で、極めて尊敬度が高く、韮崎でこう呼ばれていたのは一三だけであった。

成器舎の頃（前列中央が小林一三）
1887年

曲がったことが嫌いで喧嘩も強く、造り酒屋でもあった布屋の酒粕をふるまうなど気前もよかったので、みんなが集まってきたというのである。(3)

　韮崎学校は、一八七三年に霊岸寺を仮校舎として開校し、河原部学校と称していたが、まもなく蔵前院に校舎を移し、韮崎学校と改称した。一八八〇年七月に校舎が完成し、八七年に韮崎尋常小学校となった。小林は、わんぱくではあったが成績はよかった。韮崎学校では、中国の古典や経済学、修身などを勉強したようで、『漢史一班』『初学経済論』『小学修身書』などの教科書が残されているという。(4)

　一八八五（明治一八）年一二月一六日、一二歳で韮崎学校の高等科を卒業すると、小林は翌八六年には東八代郡南八代村（現笛吹市）の成器舎という、加賀美嘉兵衛《かがみかへい》の私塾の寄宿生となった。(5) 加賀美は素封家で、英学、漢学を学び、山梨県で佐野広乃《さのひろの》の自由民権運動を支援し、一八八二年一一月に成器舎を設立した。一八九二年から衆議院議員（実業同志倶楽部）に三回当選した。また、一八九八年に山梨農工銀行の設立に加わり、同行の頭取となったほか、葡萄酒醸造会社、興工社、勧農社、済通社、駿甲鉄道などの取締役を務めるなど、地方企業家としても活躍した。

成器舎は、一四歳以上、または小学校中等科卒業以上を対象に漢学や儒学を教授していたが、一八八四年一二月に規則を改正し、英学や算術も教科に加えた。小林の従兄にあたる丹沢盛八郎も教鞭をとっていた。

小林が入塾したのちの一八八七年九月の「生徒募集広告」には、「本舎此度更ニ高等教員ヲ招聘シ教授ノ拡張ヲ計リ候」と記されており、教育内容の改善がなされたようである。これによって、成器舎の教育は「英学科」「数学科」「漢学科」の三科からなり、事務局は舎長・加賀美平八郎、副舎長・加賀美東一郎、幹事・河西助四郎という布陣となった。寄宿舎に入らずに「詩文或ハ質問ヲ寄送シテ其ノ添削応答ヲ乞フ」校外生も募集していた。月謝は三〇銭〜一円五〇銭（校外生は一〇銭）、舎費は二五銭で、いつでも入塾が可能であった。[6]なお、小林が一八八七年に成器舎に納めたのは、舎費、月謝、賄料を合わせて二八円四〇銭五厘であった。[7]

こうして成器舎は、山梨県下では最も進歩的な教育が行われている私塾として評判になり、[8]県内各地はもちろん、県外からも多くの塾生が集まってきた。特に、成器舎の若き英語教師齋藤秀三郎が、最新の文法書『スウィントン氏英語学新式直訳』を出版して授業に用いるなど、英語教育のレベルの高さには定評があった。成器舎には、のちに甲州財閥の一員として政財界で活躍する河西豊太郎や堀内良平なども学んでいる。しかし、この頃が最盛期で、尋常中学校や高等小学校が整備されてくると生徒数が激減し、一八八九年には南八代ほか四カ村組合に補助を仰ぐようになり、九〇年に閉鎖となった。

小林一三は、実質的には成器舎を一八八七年七月に退塾しているので、寄宿舎生活は一年七カ月ほどであった。同年七月一七日に帰省した小林は腸チフスにかかり、病臥にふせっていたが、夏休み明けの九月五日、成器舎に戻った。しかし、体調が思わしくなかったのか、その後もしばしば実家に帰っており、一二月一七日を最後に成器舎との関係が途絶えている[9]。

ところで、小林一三の故郷の山梨県からは、若尾逸平、雨宮敬次郎、根津嘉一郎など、甲州財閥と呼ばれる一群の実業家が輩出していた。甲州財閥とは、明治維新期から企業勃興期にかけての経済変動の激しい時期に、商品取引や株式投資で資産を形成し、やがて事業経営にもたずさわっていった山梨県出身の一群の企業家たちのことである。郷党意識で結ばれ、しばしば株の買い占めなどグループとして行動したため、こう呼ばれた。甲州財閥の巨頭若尾逸平は、これからは「乗りもの（鉄道）」と「あかり（電灯）」が事業として有望であると述べていたが、その言葉の通り甲州財閥の多くが鉄道事業と電灯事業を手がけた[10]。小林もその例外ではなかったが、事業活動の主要な場を東京ではなく、大阪においていた点で、他の甲州財閥とは趣を異にしている。

慶應義塾で学ぶ

成器舎を退学しようと決意した小林一三は、東京に出て慶應義塾に入学することに決めた。年明けの一八八八（明治二一）年一月八日、南八代村の成器舎を訪れ荷物を取りまとめて引き払い、一月一〇日に韮崎の実家から東京に向けて旅立った。小林は、一週間ほど前に一五歳になったばかりである。実父や養祖母の実家であった丹沢家に別れを告げ、その日は同道の高柳富策と甲府桜町（現甲府市）の三井屋に泊まった。高柳は、小林の韮崎小学校時代の校長で、明治法律学校（現明治大学）を卒業し、東京で弁護士になるために勉強していた。正月で帰省していたので、養祖母の房子が小林と東京まで同道してくれるよう頼んだのである。

小林と高柳は、一一日の朝七時三〇分に甲府の宿を出て、笹子峠の頂上で昼食をとり、甲州街道を東に進んで猿橋で宿泊した。一二日には早朝の七時に出立し、上野原村の太源亭で昼食をとり、小仏峠をへて夜の九時に八王子に着いて黒田屋に宿泊した。一三日には朝の八時に宿を出て、一二時には東京に入り、日本橋川に架かる神田橋に着いた。淡路町の中川で昼食をとると、房子の二男で小林の慶應義塾入学に際して保証人となった小林近一など、親戚にあいさつ回りをし、夜は同道した高柳の神田錦町にある下宿に泊まった。

一月一四日からは小林近一宅に止宿し、二週間ほどをすごした。もっともこの間、小林は小林近一宅に居続けたわけではなかった。浅草のジンタ音楽が気に入って、しばしば出かけている。ジンタとは、一八八七年に海軍音楽隊の出身者を中心に結成された「東京市中音楽隊」のことであるが、のちに小林は、その時の思い出を「着京すると神田明神下の親類に居候をして、それから三田の学校に入塾する迄十日間余り、上野から浅草まで鉄道馬車であったか、人力車であったか、或は徒歩であったか、記憶はないが、只だ浅草のジンタだけが頭の底にこびりついて、其後数十年の長い間に亘って、数十回、或は数百回、ジンタに引込まれて、今尚音痴であるに拘らず、プカプカドンドンに接すると、暫らく瞑目、にじみ出る涙をソッと押えている快感を忘れることは出来ないのである」と語っている。「それから三田の学校に入塾する迄十日間余り」というのは小林の記憶違いのようであるが、ジンタ音楽に魅せられ、浅草に通い詰めたのは確かなようである。(11)

一月二九日には、帰郷の準備をし、いったん韮崎に帰った。二度目の上京がいつ、どのような行程でなされたかは明確ではない。小林直記の小説『青雲――小林一三の青年時代』(評論新社、一九七一年)や阪田寛夫『わが小林一三――清く正しく美しく』(河出書房新社、一九八三年)などでは、韮崎から鰍沢まで歩き、そこで一泊して翌朝一番で富士川を岩淵まで下り、そこから東海道線で新橋に向かったとされている。これは、中央線が開通するまでは、韮崎から東京に出る一般的なルートではあったが、小林がこのルートをとったかどうかの確証はない。

ともあれ、小林一三は二度目の上京を果たし、一八八八年二月一三日、三田通で人力車を降りて、慶應義塾の正門を見上げながら坂をのぼり、高台に立って生まれて初めて海をみた。その日は寒い日で、海は真っ白く、木綿を敷いたような鈍い色をしていた。小林がこの日に初めて海をみたのかどうかは疑問であるが、慶應義塾に入学したのは二月一四日であった。この日に入学試験を受けて入学を許可され、予科四番の一というクラスに編入された。慶應義塾では、『ローマ史』『ウィルソン三世リードル』『グェーキー地質学』『ロビンソン実用算術書』などを英書で学んだほか、『日本外史』なども勉強した。[12] こうして、一八九二年一二月に一九歳で卒業するまでの、五年間にわたる慶應義塾での生活が始まった。なお、小林が一五歳で上京してから慶應義塾を卒業するまでに受けた仕送りは約九八〇〇円にものぼった。一年に二〇〇円弱であるから、当時の学生としては破格であった。

入塾当初、小林は慶應義塾の教員益田英次宅に寄宿した。益田は、長州（現山口県）須佐村の生まれで、一八七二年一二月慶應義塾に入塾し、一八七七年七月に本科を卒業するとそのまま義塾の教員となった。一八八九年一〇月から九九年まで、塾生の管理・事務を統括する塾管を務めた。

慶應義塾時代　1891年　18歳

小林は、二月になってから入学したため、「出席度数」は一三九と少ないが、入学直後の第一学期の学業成績は図表1・1（二八ページ）のようである。席次は一五位であったが、一位の田鍋亀次郎の七一四点と比べるとかなりの差があった。

夏休みを保証人である小林近一の家ですごし

図表１・１　慶應義塾での学業成績（1888年第1学期）

	平常点数	試験点数
作　文	30	
漢　書		50
地質学	47	48
語　学	62	30
数　学	52	36
訳　読	41	40
合　計	436	

［出典］　伊井春樹［2015］、『小林一三の知的冒険――宝塚歌劇を生み出した男』（本阿弥書店）57ページ。

た小林は、九月三日に三田に戻り、一七日には益田宅から「童子寮」という慶應義塾の寄宿舎に移った。当時、童子寮の部屋の数は一六室（一室に三、四人）で、一七、八歳までの少年が五〇〜六〇人ほど生活をしていた。童子寮の二階からは福澤諭吉邸の玄関や勝手口をのぞくことができ、福澤が毎日馬車に乗って出かけるのがわかった。寮生たちは、その時に同乗する福澤の二人の娘の姿をみて大騒ぎをしていた。福澤には五人の娘がいたが、小林が童子寮からみていた二人の娘とは、四女のお瀧さんと、末娘のお光さんのようである。とりわけ小林の印象に残ったのは、のちに住友の重役志《し》立《だち》鐵《てつ》次郎《じろう》の妻となったお瀧さんのほうであった。小林は、お瀧さんを「小肥りに血色のよい、溌剌とした洋装の女性で、今日でも恐らく現代的美人の標準になる」とみていた。お光さんは、「美人で優さ形のおとなしい、しとやかなお嬢さんのよう」であったが、小林はむしろお瀧さんのような「健康美に輝くすばらしい女性」を好ましく思っていたようである。[13]

先に三田の高台から初めて海をみた時の様子を述べたが、山国育ちの小林には、海がよほど印象深かったらしい。童子寮の仲間たちと江の島・鎌倉を訪れた時の様子を、『逸翁自叙伝』に「江の島、鎌倉に遠足した時、七里ヶ浜の大海原を見て、風もない好天気に、どうしてあとからあとからと真白い波濤が寄せて来るのか、其理由が判らない。暫く茫然と立ったまま遥かに遠い水天一色の大空を眺め、ドドッと足許に押し寄せる大波に逃げ廻ったことを覚えてゐる」と記している。(14)

硯友社風のキザな青二才

童子寮には、『寮窓の燈』というこんにゃく版の機関誌があったが、小林は入寮後まもなく、その主筆に選ばれた。益田英次の寄宿舎でも鶴鳴会という演説会ができ、『鶴鳴雑誌』という回覧雑誌を刊行しており、小林もそこに執筆していたので、小林の文才が早くも認められたものと思われる。

ところで、童子寮は一七、八歳までの少年の寄宿舎であったので、小林は一八歳になると外塾と呼ばれた崖下の寄宿舎に移った。一八九〇（明治二三）年のことであったが、この頃から小林は義塾の勉強が嫌になり、文学青年の空想的生活に浸るようになった。元々小説家志望であった小林の慶應義塾での交遊が、「角帯型の義塾青年層でなく、硯友社《けんゆうしゃ》風のキザな青二才に伍」するようになった。(15)硯友社とは、小説『金色夜叉』で一躍有名になった尾崎紅葉、言文一致体や新体詩運動で知られる山田美妙らによって発足した文学結社である。小林は、小説を書いたり、芝居をみたりして慶應義塾の時代をすごしたのである。

一八九〇（明治二三）年四月四日、麻布鳥居坂にあった東洋英和女学校の校長イー・エス・ラージ女史の夫で宣教師のテー・ラージ氏が何者かに殺されるという事件が起こった。小林は、この時一八歳の青年であったが、この事件を題材に『練絲痕《れんしこん》』という小説を書き、四月一五日から二五日まで郷里の新聞『山梨日日新聞』に靄渓学人《あいけいがくじん》という筆名で連載した。事件後すぐに書かれているので、事件の内情を知っている者の小説であるとみなされ、麻布警察署の捜査員が小林の下宿を訪ねたほどの出来栄えであった。のちにこの小説を読んだ国文学者の柳田泉は、小林の小説家としての才能を見出し、「この作者が若しこのまゝ小説道に入ったら、勉強次第では或は明治文学華やかなりしころの紅露鷗（尾崎紅葉・幸田露伴・森鷗外―引用者注）とは列伍されぬまでも、十指の中にはいる大物となったかも知れない」と述べている。[16] ちなみに筆名の「靄渓」とは、小林一三のイニシャルI・Kをもじったものと思われる。

その頃、麻布十番には芝居町があって、森元座、開盛座、寿座の三座が櫓を並べていた。女芝居の名優・市川九女八《いちかわくめはち》一座、坂東勝之助一座、さらには奇術、手品、壮士芝居などの興行物がかかった。川上音二郎のオッペケペーも三座のどこかにかかった。外塾から赤羽の工場裏を通り抜けて出ることができたので、小林は芝居小屋に通い詰め、劇通となった。

小林が本格的な歌舞伎本筋の芝居をみるようになったのは、一八八九年木挽町に歌舞伎座が新設されてからであった。ある日、小林の劇評は独創的であるとほめられ、国民新聞に原稿を書くことになったが、小林は歌舞伎座に集まった劇評家の会話が面白いと考え、「歌舞伎座に劇評家を見るの記」という原稿を書いた。残念ながら、この原稿は同業者の仁義として掲載はできないとされ、没書となった。

(1) 三宅晴輝［一九五九］、『小林一三』(日本書房) 一六ページ。
(2) 小林一三「事変はどう片づくか」『全集』第七巻二〇六ページ。
(3) 堀内（小林）たけよ［一九六一］、「布屋の〝ぼうさん〟」小林一三翁追想録編纂委員会編『小林一三翁の追想』(阪急電鉄) 三四一～三四二ページ。なお、本書には一九八〇年に刊行された抄録版もある。
(4) 伊井春樹［二〇一五］、『小林一三の知的冒険――宝塚歌劇を生み出した男』(本阿弥書店) 一七ページ。なお、同書は日記や『金銭出入帖』などを駆使して執筆された小林一三の伝記であり、新たな発見に満ちている。本章の記述も、同書に多くを依拠している。
(5) 伊井春樹は、『金銭出入帖』に記載された日付を根拠に、「一般に小林一三の年譜では十二歳の十二月十六日に韮崎学校を卒業し、東八代郡八代村の成器舎入りしたのは翌年とするが、卒業してすぐさま入塾している」(同前二〇ページ) としているが、ここでの記述だけでは『金銭出入帖』の日付が成器舎に入塾した日なのかどうかは不明である。したがって、本書ではこれまでの通説に従っている。
(6) 成器舎「生徒募集広告」一八八七年九月。
(7) 前掲『小林一三の知的冒険』二三ページ。
(8) 小泉剛［一九七五］、『甲州財閥』(新人物往来社) 一三二ページ。
(9) 前掲『小林一三の知的冒険』二三～二八ページ。

(10) 根津翁伝記編纂会編［一九六一］、『根津翁伝』（同会）三四ページ。
(11) 小林一三「私の人生観」『全集』第一巻二五七ページ。
(12) 小林一三「逸翁自叙伝」『全集』第一巻三～四ページ。以下の叙述も「逸翁自叙伝」に依拠している。
(13) 小林一三「宝塚漫筆」『全集』第二巻四六一ページ。
(14) 前掲「逸翁自叙伝」『全集』第一巻五ページ。
(15) 同前六ページ。
(16) 同前一一ページ。

Ⅱ　三井銀行時代

三井銀行に入行

小林一三は、一五歳から一九歳までの多感な青春時代を、文学青年として慶應義塾ですごしたが、卒業後は三井銀行に就職した。当時三井銀行では、中上川彦次郎《なかみがわひこじろう》による改革が行われており、朝吹英二、藤山雷太、武藤山治、和田豊治、池田成彬《しげあき》、藤原銀次郎ら、慶應義塾の出身者が多数採用されていた。小林の入行も、そうした人事の一環であった。なお、中上川は豊後国（現大分県）中津藩士の長男として生まれ、母は福澤諭吉の姉であった。一八六九（明治二）年、一六歳の時に上京して慶應義塾で学び、七四年から七七年までイギリスに滞在し、西欧の制度や事情を学んだ。時事新報社、山陽鉄道の社長などをへて三井銀行に入行し、三井を政商路線から転換させ、商工立国を志向する近代経営に再編した。

小林は、一八九二（明治二五）年一二月二三日に慶應義塾を卒業し、翌九三年一月から三井銀行に出勤することになっていたが、実際に出勤したのは四月四日であった。三カ月も遅れたのには理由があった。その頃の小林は文学青年で、「銀行屋になることが気に食わ」ず、「何となく嫌」だったのである。(1)

当時小林は、『上毛新聞』という群馬県の地方新聞に、逸山人なる筆名で「お花団子」という時代小説を連載していた。そして、渡邊治という慶應義塾の先輩が都《みやこ》新聞（現東京新聞）に入社するという話があって、(2)小林も入社を勧められていた。渡邊は大阪毎日新聞社にいたが、都新聞社長の山中閑に呼ばれて都新聞の経営を立て直そうとしていた。小林は、渡邊と一緒に都新聞に入社し、新聞記者になろうと考えていたのである。しかし、渡邊のほうにどうしても大阪毎日新聞社を離れられない事情が生じ、小林の話も自然と立ち消えになってしまった。小林は、本気で都新聞への入社を考えていたらしく、のちに「若し渡邊さんが都新聞を引受けていれば、僕も入るつもりだったし、そのまま新聞人として残ったと思う」と述懐している。(3)

小林は、一八九二年暮れの二五日に故郷に帰って正月を迎えた。そして、新春早々、まだ松の内に鰍沢に出て一泊し、そこから富士川の一番船に乗って静岡県の岩淵まで行った。岩淵宿には午後の二時頃に到着したが、あいにくの雪模様であった。三島《みしま》で一泊し、翌日は熱海で病気療養中の友人を訪ね、二、三泊してから東京に出る予定であった。しかし小林は、熱海で出会った二歳年上の女性にほのかな恋心をいだき、一月二〇日に予定されていた慶應義塾の卒業式にも出席せず、熱海に逗留していた。

その女性が東京に戻ると、小林も二、三日遅れで東京に出たが、三井銀行には出勤しなかった。三井銀行からは、再三再四催促を受けていたが、どうしても気が進まなかったのである。こうして三井銀行に出勤もせずにぐずぐずしていたが、四月三日に熱海から上京した友人にしかられ、四日から出勤し始めた。(4) 三井銀行では東京本店秘書課勤務となり、資格は十等手代、月給は一三円であった。秘書課勤務とはいえ、実態は給仕のようなもので、重役室の隣室の片隅にいて、お茶を出したり書類を運んだりしていた。

それでも、当代一流の実業家に接する機会に恵まれた。三井家には三井仮評議会という最高意思決定機関があり、週に一度三井銀行本店の三階で会議を開いていた。そこには三井総本家の三井八郎右衛門、三井高保、中上川彦次郎、三井三郎助、益田孝、三野村利助、西邑虎四郎、渋沢栄一ら、錚々たる実業家が集まってきた。秘書課勤務の小林は、彼らに弁当やお茶を配るのが仕事であったが、ときには直接話を聞くこともあった。特に、渋沢栄一の演説に大きな感銘を受けている。(5)

こうして小林の銀行員生活が始まった。三井銀行での生活は一九〇七年一月二三日に退職するまで一四年間に及んだが、出世らしい出世はついになかった。

大阪支店へ

三井銀行入行から数ヵ月後の一八九三（明治二六）年九月、小林一三は一六日付で大阪支店に配属された。そのため、九月一〇日前後に柳行李一個と洋傘、新調の黒セルの夏服といういでたちで、新橋駅を二、三の友人に見送られて単身出発し、大阪の梅田駅に降り立ったのは翌日の午後四時か五時であった。小林は、この時の心境を、のちに「荷物を片付けて、独りぽっち梅田のステーションに降りた時は心細かった」と回想している。(6) 大阪は、小林の旺盛な企業家活動の主要な舞台となるところであるが、そこでの生活の第一歩がこうして始まった。

三井銀行は、この年の七月に合名会社に改組され、三井高保が銀行総長、中上川彦次郎が常務理事（のちに専務理事と改める）となり、改革を進めていた。当時三井銀行では、学校出の行員を大量に採用していたが、東京の本店に三、四ヵ月勤務すると、地方の支店や出張所への転勤を命じられるのが習わしとなっていた。小林は、同僚が根室、青森、八戸などの「僻地」へ転勤させられるのをみて、大阪支店から人事の要求が出ると、即座に大阪支店長の高橋義雄に頼み込んで、同支店への転勤を実現させたのである。高橋は、慶應義塾卒業後、時事新報社の論説記者となり、アメリカやイギリスへの遊学を経験し、一八九一年一月に三井銀行に入行した。みずから「箒庵」と号し、書画・骨董を愛して茶道や謡曲を楽しむ風流人で、小林とは知己の間柄であった。小林を三井銀行に斡旋したのも高橋であった。

大阪支店では、現金を取り扱う金庫係を命じられ、手代五等となった。大阪支店に勤務してからも、小林の文学青年的な生活に何ら変化はなかった。遊里に足を踏み入れ、小説を書いたり、道頓堀の弁天座で芝居をみて、劇評に花を咲かせたりする生活を続けていたのである。

小林は、一八九三年一一月発刊の文学雑誌『この花双紙』（第七号）に短編小説「平相国」を発表した。これは、大阪毎日新聞社系の人々の文学雑誌であったが、小林はのちに「小説家として大いに未練があったから、銀行をやめて何度か大阪毎日に入社しようと迷ってゐた」と述懐している(7)。

小林が大阪支店に勤務するようになって二年ほど経った一八九五（明治二八）年、支店長の高橋義雄は三井呉服店の改革のために同呉服店の専務理事に転出し、同年九月に三井銀行本店営業部長の岩下清周が大阪支店長として赴任してきた。ちょうど日清戦争後にあたり、大阪経済が活況を呈している時であった。岩下は、一八五七年六月一九日（安政四年五月二八日）に信州松代藩で生まれ、一八歳で上京して現在の立教学院（立教大学や立教中学校、立教高校などを経営する学校法人）の前身にあたる築地の私塾に入り、米国聖公会の宣教師ウィリアムズから聖書と英語を学び、洗礼も受けた。

岩下は、その後東京商法講習所の校長矢野二郎に見出され、彼の勧めで同講習所に入学した。東京商法講習所は、のちの東京高等商業学校、東京商科大学で、現在の一橋大学である。そして、さらに岩崎弥太郎と豊川良平によって開かれた三菱商業学校に転校した。三菱商業学校を卒業すると、やはり矢野の紹介で、益田孝の率いる三井物産に入社した。三井物産では、ニューヨークやパリの支店に勤務した。この間、岩下はアメリカの発展と普仏戦争に敗れたフランスをみて、工業興隆の重要性を学んだ。一八八九年には三井物産を退社し、品川電灯や米穀取引所の経営にあたっていたが、一八九一年一一月、三井銀行に入行した。(8) その頃、三井物産と三井銀行の間では、両者の関係を円滑にするため、人事の交流が進められていた。岩下の三井物産から三井銀行への異動も、そうした人事交流の一環であった。

岩下の銀行経営は極めて積極的であった。まず、大阪支店の貸付限度額を一五〇万円から五〇〇万円に引き上げるよう本店に稟請したが、受け入れられなかった。銀行というものは、ただたんに預金を預かり、商業手形を割り引いたり、担保をとって貸し付けたりするという業務を行うだけでなく、これぞと思う有望な事業や企業家に積極的に融資をして育成すべきであると考えていたからである。つまり、「商業金融」から「産業金融」への転換を図らなければならないというのである。三井銀行大阪支店は、日清戦争(一八九四～九五年)後の第二次企業勃興期から松方幸次郎(川崎造船)や藤田伝三郎(藤田組)との取引を拡大し、北浜の株式市場や堂島の米穀取引市場への金融支援を強めていくが、それは岩下のこうした考えによるものであった。

川崎造船との取引は主に三井銀行神戸支店が担当していたが、同行大阪支店は川崎造船と取引のある商人の金融を担当していた。例えば、津田鉄五郎という鉄商は、外国の商社から鉄材を輸入し川崎造船に納めていたが、その代金を三井銀行に預金していた。三井銀行は、その預金で外国商社に渡した手形を決済した。この金融関係を結ぶため、津田は不動産一棟を一万円で買収し、三井銀行不動産抵当として登記した。貸付係にいた小林は、不動産の購入や登記に走りまわった。なんでもない取引であるが、しばしば巨額な当座貸越が計上された。岩下は、本店の指令を無視して当座貸越を見逃していたのである。(9)なお、岩下は、一九〇二年に北浜銀行を起こしてからは、小林一三の箕面有馬電気軌道をはじめ、阪神電気鉄道、大阪電気軌道(現近畿日本鉄道奈良線)、南海鉄道、大阪合同紡績(のちの東洋紡績、現ユニチカ)、大林組、森永製菓などに積極的な融資を行なった。

岩下によれば、実業家には「大欲を持って居るものと小欲を持って居るもの」という二つのタイプがあった。「小欲者」は「自己を本位として金銭の蓄積を以て目的とするもの」、「大欲者」は「国家人類に貢献し国家本位で国民と共に楽しむを以て目的とするもの」で、みずからは「大欲の実業家」であるとしている。(10)このように岩下は、みずからを国益を志向する「大欲」の実業家と位置づけ、「工業立国論」にもとづく積極的な産業金融を展開したのである。中上川も財閥経営者として国益を志向していたが、西藤二郎の研究によれば、「岩下は事業の国益性に鑑みて、金融を自らの理想に基づいて断行して行くのに対し、中上川は、三井にとって有望会社の育成による国益志向であった」という。(11)

こうした岩下の積極策をみて、中上川は「岩下はやりすぎて何をするかもしれない」と不信感を募らせた。そのため、岩下のお目付け役として鈴木梅四郎を大阪支店に派遣して支店次長とした。鈴木は慶應義塾の卒業生で、時事新報の大阪出張員時代に、貧民窟のルポルタージュを書いて名を上げた。その後、横浜貿易商組合顧問、横浜貿易新報主筆となったが、中上川に見出されて三井銀行に入行した。

鈴木はまもなく神戸支店長に栄転し、岩下のお目付け役として池田成彬が大阪支店に赴任することになった。池田は、台風のため鉄道が不通となってしまい、大阪支店に赴任するのに八、九日もかかってしまった。そのため、池田が大阪支店に着く前に、岩下を横浜支店長に転勤させるという知らせがきていた。一八九六年の夏も過ぎた頃であった。しかし岩下には、かねてから藤田伝三郎との間に北浜銀行設立の計画があったので、横浜支店への転勤という辞令を受け取ると、ただちに三井銀行を退職したのであった。

岩下の大阪支店長在任期間は一年ほどにすぎなかったが、小林は岩下のもとで貸付係として働き、岩下が理想とする銀行像、あるいは金融制度のあり方を学んだ。また、岩下を通して三井物産の飯田義一や三池紡績の野田卯太郎らとの交遊も始まった。岩下との出会いは、小林のその後の企業家活動にとって決定的に重要な意味を持った。

名古屋支店での活躍

岩下清周が辞任すると、大阪支店の支店長には上柳清助が就任し、池田成彬は次長となった。岩下が一八九七（明治三〇）年二月に北浜銀行を開業すると、三井銀行堂島出張所主任の小塚正一郎はただちに三井銀行を辞めて北浜銀行に移った。小林も支店長の上柳から北浜銀行に行くのか行かないのか、態度をはっきりさせるようにと迫られ、貸付係から預金受付係という軽職に異動させられた。小林は、不愉快ではあったが、北浜銀行に移って「大阪人」になるという決心もつかず、三井銀行にとどまっていた。

そこで小林は、この際大阪を離れて生活を一新したいと考え、高橋義雄を通じて東京本店勤務を志願した。高橋からは、「上柳支配人並に本店秘書課へも一応相談致置候処、本店転勤とありては余り本人の言ふが儘に相成り、後例とも相成候ては如何と申す懸念より、名古屋支店詰に相成候由、名古屋支店は温順なる平賀氏の主管につき万端好都合と奉存候、併し上柳其他の評判に貴下は我儘なる人物なりとの評あり、（中略）今回の挙動の如き決して再びすべからざる事」と書簡で諭され、名古屋支店勤務を命じられた。高橋の戒めは、小林の革新的企業家への脱皮の大きなステップとなり、この書簡は「守り本尊」として大切に保管された[12]。

三井銀行名古屋支店時代　1897年　24歳

小林が名古屋支店に勤務することになったのは、一八九七年一月下旬のことで、支店長は平賀敏であった。平賀は、一八五九年八月（安政六年七月）、江戸駿河台で旗本の四男として生まれたが、明治維新後赤貧に陥った。一八七一年に郷里の静岡に移り、静岡高等師範で学んだのち一八七八年に上京し、慶應義塾に入った。卒業後は、静岡県で師範学校や中学校の教師をしたり、宮内省の役人（東宮職）になったりしていたが、一八九六年に中上川に認められて三井銀行に入り、わずか三ヵ月で名古屋支店長に抜擢された。

平賀は識見も抜群で、大所高所からの支店分析はしばしば中上川をうならせた。しかし、銀行業務については全くの素人であったので、部下の意見を尊重していた。小林は、当初は計算係長、のちに貸付係長として平賀支店長のもとで銀行業務に邁進した。そして、一八九七年九月には日本銀行の出身で当時名古屋銀行の支配人であった杉野喜精（のち、山一證券社長）と図って「名古屋銀行青年会」を組織し、翌九八年一〇月からは『名古屋銀行青年会雑誌』を創刊した。その頃の名古屋財界は、新興の外来資本と在来の名古屋資本が対立しており、外来資本による明治銀行と在来資本による愛知銀行、名古屋銀行が三つ巴となって競争していた。『名古屋銀行青年会雑誌』は、このような名古屋経済界に新風を吹き込んだ。

名古屋銀行青年会を応援したのは、名古屋商業会議所会頭であった奥田正香《まさか》であった。奥田は、東京の渋沢栄一、大阪の松本重太郎と並び称される名古屋財界の雄で、株式取引所、米穀取引所、尾張紡績、熱田セメント、名古屋倉庫、名古屋車輌、明治銀行などの設立や運営にかかわっていた。奥田が、名古屋商業会議所の書記長に迎え入れた上遠野富之助《かどのとみのすけ》（のち、名古屋株式取引所理事長）は、名古屋銀行青年会にあらゆる便宜を与え、商業会議所内に名古屋銀行青年会の事務所をおいた。各銀行の上級社員数十人が会員となり、毎月の例会には血気盛んな青年行員五、六〇人が集まり、激しい議論を戦わせた。また、『名古屋銀行青年会雑誌』の編集には杉野があたっていたが、杉野が大阪に転勤したのちは小林が担当することになった。

平賀敏が一八九九年に大阪支店長に転出すると、小林は平賀に頼み込んで大阪支店勤務にさせてもらった。小林が名古屋を去ることが決まると、『名古屋銀行青年会雑誌』（第八号）には「送小林一三君辞」という送別の辞が掲載された。そこには、「君の事を雑誌に主たるや流暢明快の文を以て縦横無尽に才筆を揮ひ、最も直截に最も真摯に忌憚なき論評を逞しうして、人をして快哉を叫ばしめ、他の言はんと欲して未だ言い得ざる所のものを容易く言って気焔万丈、殆んど長蛇空に横はるの概あり、甚だ銷沈せる青年の志気に一大打鞭を加へ、之を鼓舞激励するに於て大に力ありしは、最も君に多とする所にして……」と記されていた。小林の名古屋銀行青年会での活躍と、『名古屋銀行青年会雑誌』の編集の労を多としたものであった。(13)

再び大阪支店へ

平賀は、小林の大阪支店への転勤にあたって、結婚をして妻を連れて来ることという条件をつけた。小林の名古屋での生活をみていて、いつまでも独身でいることを非常に心配したのである。親戚の紹介で東京下谷の娘と大阪で所帯を持つが、小林に結婚前から交際している女性がいることが発覚し新妻は東京に帰ってしまった。結局、その女性と数年越しの恋愛を実らせること

妻の幸（こう）と　1900年
小林一三27歳

になった。女性の名前は幸《こう》といい、小林より九つ年下の一九歳であった。挙式は、一九〇〇（明治三三）年一〇月に行われ、高麗橋一丁目の三井銀行の社宅に新居を構えた。

再び大阪支店勤務となった小林の職務は貸付課長であったが、のちには営業部長に昇進した。平賀支店長のもとで精励し、大阪経済の情勢や大阪財界人の動静を分析・論評する『業務週報』の発効を提案し、みずからも原稿を執筆していた。『業務週報』は本店や支店に配布され、重役たちに重宝がられ、小林の眼識や表現能力も高く評価された。この二度目の大阪支店時代が、三井銀行の行員として最も得意な時代であった。

そのうちに、住友が本格的に金融業に乗り出すことになり、小林を住友銀行の副支配人に招聘したいという話が持ち上がったが、素行の悪さが問題にされ、実現しなかった。また、先に三井銀行を辞めて北浜銀行の副支配人となった小塚正一郎が支配人となったので、次は小林が北浜銀行の副支配人になるのではないかといううわさもたったが、岩下から「君は漸く三井でも認められるやうになつて来たと思ふ。いま動いては損だ。三井に居ることだ」という忠告を受け[14]、結局三井銀行にとどまることになった。

東京本店調査課へ左遷

三井銀行は、一九〇〇（明治三三）年一二月、神戸支店所属の小野浜倉庫、東京深川支店所属の箱崎倉庫を、それぞれ独立した支店に改組・新設することを決め、翌〇一年一月に実行した。小林一三は、大阪支店長の平賀敏から箱崎倉庫の主任に内定したので、来春早々に上京するようにという通告をもらった。一店の主任になると、社宅または社宅料のほか特別手当がもらえ、ほぼ毎月一〇〇円の収入増が見込まれた。小林にも、いよいよ運が向いてきたように思われた。

年が明けて上京してみると、三井銀行倉庫部の独立・新設に関する記事が新聞に出ており、驚くことに箱崎倉庫の主任には高津次盛という聞いたことのない名前が載っていた。辞令を受け取ってみると、案の定小林は次席であった。一晩のうちに人事が急転したとのことであるが、事の顚末については不明である。なお、三井銀行ではこの年の二月に専務理事の中上川が病死し、後任に早川千吉郎が選任された。平賀は早川にうとまれ、一九〇七年、大阪支店長を最後に三井銀行を辞めた。

小林は高津主任のもとで次席として働くことになったが、それから一年もたたないうちに本店調査課に左遷された。そこでは検査主任という「気楽な役」が与えられ、全国の支店を年に二回検査するため、二カ月に三、四カ所の支店を訪ねることになった。小林は、この本店調査課時代を振り返り、「食ふに困らないと言ふだけで、何等希望も野心も持てない不愉快の時代」「一生の中、私の一番不遇時代」「耐へがたき憂鬱の時代」であったと回想している。[15] そして、ついに三井銀行を辞める決心をしたのである。小林は、この時の心境をのちに次のように語っている。[16]

銀行の仕事は少しも面白くない。全体、調査課などといふ仕事は、積極的に活動して参謀本部的に計画性を持って働けば幾らでも仕事はあり、また面白いに違ひないが、大将の早川専務理事が新参者の遠慮がちと言ふよりも、実際は無能なる円満居士であり、課長林君には覇気もなければ、歯がゆいほど腰が弱い。三井銀行では池田成彬君一人の天下であったから、私には大阪以来の関係で、とても上進の見込はない。何とかして好機会をつかんで、飛び出すより外にないものと覚悟して居ったのである。

日露戦争（一九〇四〜〇五）の勝利が確定的になると、日本経済は好景気に沸いた。三井家の各事業部は、三井銀行から人材を登用するようになり、小林にも三井物産や三越呉服店に行かないかという話が持ち上がってきた。特に三越呉服店は、三井家の事業から分離させ、資本金五〇万円の別会社にするということになっていた。小林は、その三越呉服店に副支配人、悪くとも課長級以上の待遇でこないかと誘われ、ほとんど確定的と思われていたので借金までして三越呉服店の株を持ち、「三越呉服店に行く以上は、墳墓の地と覚悟して」いたが、結局実現にはいたら

なかった。(17)

住友銀行といい、北浜銀行といい、小林は副支配人というポストには縁がなかったようであるが、三越呉服店の副支配人ポストは幸運をもたらした。三越呉服店への転出の話が壊れたので、借金を返済するために株を売却したところ、株価が暴騰しており、思わぬ売却益が転がりこんできたのである。小林は、これによって三井にいなくてもやっていけるという自信をつかみ、適当な仕事がみつかったら独立をしようと考えるようになった。

銀行の仕事は、相変わらず面白くなかった。小林は、一九〇六年一月四日の日記に「銀行へ行つたけれど閑の上に閑で新聞を読で帰つた、こんな風で月給を貰ふのは誠にお気の毒だ、どうしても仕事をしなくてはならぬ、調査係をして沢山仕事に追はるゝ様にしなくてはならぬ、若し調査係の改造が六ヶ敷いならば自分だけはどうしても仕事をしなくてはならぬ様に工夫すべしだ」と認めていた。(18) そして、それから三日後の一月七日の日記には「近頃独立論の話が中々盛んなものじゃ、僕は出来るならば株式仲買をやりたいものだ、相場師としてではなく勿論商売として」と記し、いよいよ証券会社の設立にかかわる覚悟を決めるのであった。(19)

証券会社の設立計画

鉄道国有化後の一九〇六（明治三九）年六月、資本金二億円の南満洲鉄道株式会社（満鉄）が設立された。満鉄は、資本金の半額を政府が現物で出資する、いわば半官半民の会社であるが、日露戦争後の投資熱に油を注ぎ、満鉄株九万九〇〇〇株の公募に対して一億六七三株の応募があった。そのため、一株五円の払込領収書が四〇円から九〇円で取り引きされることになった。

小林は、この熱狂の翌年、一九〇七年の一月二三日に三井銀行を退職した。退職金は、四八七五円であった。三井物産の飯田義一とかつての三井銀行大阪支店長であった岩下清周に誘われて、大阪で、日本で最初の証券会社を設立するためであった。小林はこの時三四歳であった。

岩下は、日本にも外債や公債、社債などの引受募集、売り出しなどの証券業務を行う会社が必要であると考え、大阪の天才相場師、「島徳」こと島徳蔵の商店を買収して、公債や社債の引受募集、有価証券の売買などを行う、資本金一〇〇万円の北浜証券株式会社の設立を計画していた。野村徳七が、大阪野村銀行（のちの大和銀行）を設立して証券業務を開始したのが一九一八（大正七）年、その大阪の野村銀行から証券業務が分離して野村證券が設立されたのが一九二五年であったので、岩下の証券会社設立計画は、かなり早い時期に考えられていたものということができる。

岩下は、その証券会社の支配人に小林一三が最もふさわしいと考えていた。小林は、銀行業務の経験が長く有価証券に関する知識も十分で、何よりも投機に手を染めることはないと評価していたからである。

岩下や飯田は、小林が深く敬意を抱いていた人物であった。しかも、島徳蔵の弟の定次郎が慶應義塾時代からの親友であったので相談したところ、徳蔵が店を譲渡しようとしているのは事実であり、この計画は有望で小林の性格にも適しているのではないかとの回答を得た。小林は、いよいよ三井銀行を辞める決心をした。[20]

小林一三の三井銀行時代は、往々にして「不遇な時代」であったとされる。それは、小林みずからが『逸翁自叙伝』の中でそう語っているからであるが、しかしだからといって小林の人生にとって三井銀行時代が、意味がなかったというわけではない。銀行業務に精通したのもこの時代であるし、岩下清周、平賀敏、池田成彬などとの間に形成された幅広い人脈は、のちの小林の実業活動の大きな糧となった。小林自身も、「学校を卒業されたのが明治二十五年、それから四十年まで三井銀行で帳面つけをおやりになり、有馬箕面電車《ママ》の経営に当られたわけですが、銀行の経験はやはり物を言ったのではありませんか」という質問に、「それはあるね」と答えている。[21]

(1) 小林一三「私の人生観」『全集』第一巻二二七ページ。
(2) 『都新聞』については、土方正巳〔一九九一〕、『都新聞史』(日本図書センター)を参照のこと。
(3) 小林一三「逸翁自叙伝」『全集』第一巻一五ページ、前掲「私の人生観」『全集』第一巻二二八ページ。
(4) 前掲「逸翁自叙伝」『全集』第一巻一三～一五ページ。
(5) 三宅晴輝〔一九五九〕、『小林一三』(日本書房)二九～三〇ページ。
(6) 前掲「逸翁自叙伝」『全集』第一巻一六ページ。
(7) 同前二五～二六ページ。
(8) 岩下清周については、さしあたり老川慶喜〔二〇〇八〕、『岩下清周と松崎半三郎――立教の経済人』(立教学院)を参照のこと。

（9）前掲『小林一三』三九〜四〇ページ。
（10）岩下清周［一九三一］、「名古屋控訴院に於ける陳述手控」故岩下清周君伝記編纂会編『岩下清周伝』（同会）四三〜四四ページ。
（11）西藤二郎［一九八〇］、「小林一三とその上司たち」『京都学園大学論集』（同大学）第九巻第二号一二二〜一二三ページ。
（12）前掲「逸翁自叙伝」『全集』第一巻五五〜五六ページ。
（13）同前六一〜六二ページ。
（14）同前八七ページ。
（15）同前九四〜九九ページ。
（16）同前九九ページ。
（17）同前一〇三ページ。
（18）小林一三［一九九一］、『小林一三日記』第一巻（阪急電鉄）一三五ページ。
（19）同前一三六ページ。
（20）田中仁［一九三六］、『小林一三・今日を築くまで』（信正社）一五ページ。
（21）小林一三・中野友禮・五島慶太［一九五一］、『仕事の世界』（春秋社）一二七ページ。

Ⅲ　独創的な電鉄経営

失業の身に

小林一三は、一九〇七（明治四〇）年一月一九日、妻の幸《こう》（二六歳）、長男冨佐雄（七歳）、長女とめ（五歳）、二男辰雄（四歳）を伴って、大阪に赴任した。三井銀行の行員生活にピリオドを打って、岩下清周が新設する証券会社の支配人として再出発するためであった。

しかし、小林が一家を挙げて大阪に到着した直後から、日露戦争後の好景気の反動で株価が大暴落し、証券会社の設立どころではなくなってしまった。大阪株式取引所の株価は、一九〇六年五月の一五一円から漸次高騰し、一二月には四二一円、〇七年一月一九日には最高値の七七四円となったが、一月二一日には六六〇円一〇銭、一月三一日には四一九円九〇銭と値を下げ、二月初旬には九二円にまで惨落したのであった。[1]

こうして岩下の証券会社設立計画は頓挫し、小林ははじめて失業の身となった。小林は、天王寺烏ヶ辻町のある人の別荘を借りて住むことになったが、かつて三井銀行名古屋支店、同大阪支店の支店長であった平賀敏も同じ敷地の中に引っ越してきた。平賀は、三井銀行の大阪支店長を辞めてから、大阪築港工事を進めるため、セメント会社の設立、築港埋立地の計画と土地会社の設立、埋立地への鐘淵紡績の分工場の誘致など、さまざまな事業にかかわったがことごとく失敗し、結局桜セメントの社長におさまっていた。証券会社設立という目的を失った小林は退屈な日々を送っていた。のちに小林は、この時の様子を次のように綴っている。[2]

私は大きい希望と、野心と、夢のやうな空想を抱いて大阪へ帰って来たものの、北浜証券会社設立の計画などは、北浜銀行も島徳株式店も、てんやわんやの騒ぎで、到底見込がない。当分は浪人と覚悟はしたものの、生れて初めて無職に落ぶれる心細さに、食ふには困らぬといふだけで、毎朝働きに出かける永年の習慣から、サテ、出掛けなくてはならぬ義務の無い身分になると、二日、三日と宅に引籠って遊んでゐるのも退屈で仕方がない。あても無く飛び歩くのも気がひけて、我ながら意気地なく、暫く子供相手に無聊を慰めてゐる若隠居で、くさくさしてゐる折柄、友人の宗像半之輔君が誘ひに来てくれた。

阪鶴鉄道監査役

それから三カ月後の一九〇七（明治四〇）年四月、小林は再び三井物産の飯田義一の推薦で、阪鶴鉄道の監査役に就任した。阪鶴鉄道は、伊丹の酒造家小西新右衛門と大阪の財界人らが、一八九三年八月に設立した私設鉄道で、大阪から伊丹、池田、福知山をへて日本海の要港舞鶴にいたる鉄道の敷設を計画していた。しかし、すでに京都〜舞鶴間を結ぶ京都鉄道の敷設が免許されていたため、大阪から福知山までしか免許されず、大阪〜神崎間も官設鉄道との重複を理由に却下されてしまった。また、神崎〜池田間も摂津鉄道と重複していたので、同鉄道を合併しなければならなかった。

阪鶴鉄道が大阪〜福知山間を開業し、官設鉄道線の福知山〜新舞鶴間を借り受けて大阪〜舞鶴間の直通運転を実現したのは一九〇四年一一月であったが、当時三井物産が同鉄道の大株主であったため、飯田義一が取締役、同じく野田卯太郎が監査役となっていた。三井物産が阪鶴鉄道の大株主となったのは、砂糖商で投資家としても有名であった香野蔵治が砂糖の輸入に失敗して、所有していた阪鶴鉄道の株式を三井物産に譲渡したからであった。一九〇七年三月の決算後に飯田が取締役を辞任し、野田がその後任となるので、小林には野田に代わって監査役に就任してほしいというのであった。

阪鶴鉄道は、一九〇六年三月に公布された鉄道国有法によって国有化されることになっていた。小林が阪鶴鉄道の監査役に就任したのは一九〇七年四月、同鉄道が国有化されたのは同年八月で、小林が監査役に就任してからわずか五カ月後のことであった。したがって、飯田が小林を阪鶴鉄道に誘ったのは、ほかに目的があったからである。すなわち、社長の田艇吉をはじめ、土居通夫、野田卯太郎、弘道輔、速水太郎、池田貫兵衛、米沢吉次郎らの阪鶴鉄道関係者は、すでに免許を取得していた大阪～池田間の路線を活かして、箕面有馬電気鉄道の設立を計画していた。一九〇六年一月一五日に創立発起人会が結成され、四月二八日に大阪～箕面～有馬間及び宝塚～西宮間の軌道敷設を申請し、一二月二二日に内務大臣の特許を得ると、翌二三日に発起人総会を開いて会社設立事務について打ち合わせを行なった。

この頃は日露戦争後の好景気で、箕面有馬電気鉄道の株式も割当が未定であったのにもかかわらず、権利株の価額は二〇円にも達していた。阪鶴鉄道の重役たちは権利株の高騰に目を奪われ、割当株の問題で評議が長引いていた。大株主の三井物産は、これではいけないと考えて、箕面有馬電気鉄道の設立を進めるため、小林を阪鶴鉄道の監査役に推薦したのである。

小林は、当初は阪鶴鉄道の単なる監査役であったが、同鉄道が一九〇七年八月一日に国有化されて解散決議をすると監査役兼清算人として、常勤のように毎日出社することになった。最初の仕事は、清算事務と重役や従業員の退職慰労金を決定することであった。なお、退職慰労金の決定にあたって、面白い逸話がある。

小林は、関西財界の重鎮で重役に担がれていただけの土居通夫と、支配人の速水太郎や技師長の上田寧らの実際に第一線に立って活躍してきた社員とでは、当然後者に多くの慰労金を支払うべきであると考えていた。土居は大阪商業会議所会頭、大阪電燈社長を本業とし、阪鶴鉄道にはいわば看板として取締役に名を連ねていただけであった。しかし、土居は慰労金の分配についての議論が始まると、堂々と多額の看板料を要求した。小林は、土居のあまりにも堂々とした態度に圧倒され、反対できなかったという(3)。

箕面有馬電気鉄道の株式募集

箕面有馬電気鉄道の計画路線は、梅田〜池田〜宝塚〜有馬間、池田〜箕面間及び宝塚〜西宮間で、資本金は五五〇万円（一一万株）であった。株式の割り当てに手間取っていたが、ようやく一九〇七（明治四〇）年一月一九日に一般公募を見合わせて阪鶴鉄道の株主などに対する割り当てを確定し、一月二二日を限度に株式引受証拠金一株二円五〇銭の払い込みを実施した。

一九〇七年一月一九日は、小林一三が家族とともに証券会社の設立に希望を抱いて来阪した日であった。すでに述べたように、大阪株式取引所の株価は、この日に最高値をつけたのち暴落した。箕面有馬電気鉄道は、一九〇七年三月二五日に一株につき一二円五〇銭の第一回払い込みを通知したが、証拠金の二円五〇銭を捨てても払い込みに応じないという株主が続出し、一一万株のうち五万四一〇四株、すなわち約半数の株式が未引き受けとなってしまった。設立認可を受けた当時は一株につき二〇円ものプレミアムがついていたのに、反動が来ると人気が落ち、約半分の株式の引き受け手がいなくなってしまったのである。

こうして箕面有馬電気鉄道の設立は危ぶまれ、解散の瀬戸際まで追い込まれた。京阪電車（京都〜大阪間）、神戸市電（神戸市内）、兵庫電車（神戸〜明石間）、奈良電車（大阪〜奈良間）ならばいざ知らず、有馬温泉や箕面公園に電車を敷設しても見込みがないというのが大方の見方であった。そればかりか、発起人の間でもすでに使ってしまった二万数千円の創立費をどのように負担するのか、解散するのならできるだけ早いほうがよいなどという意見が続出する始末であった。

沿線住宅地の販売というアイデア

箕面有馬電気鉄道の発起人会や重役会は、省線池田駅の山手側の丘の上にあった阪鶴鉄道の本社で行われていたので、小林はしばしば大阪から池田に通うことになった。その際、二度ばかり箕面有馬電気鉄道の計画線の沿線を歩いた。歩きながらあるアイデアが浮かんだ。沿線には理想的な住宅地がたくさんあり、しかも地価が安い。したがって一坪一円で五〇万坪を買い集め、これを鉄道開通前後に二円五〇銭の利益を乗せて転売すれば、半期ごとに五万坪売れたとしても各期一二万五〇〇〇円の利益が出ることになる。小林は、当初から住宅地経営を始めておけば、電車でもうからなくても利益が出て、株主を安心させることができると考えたのである。

また小林は、ある日北浜銀行の岩下清周を訪ね、電気鉄道の敷設に必要な諸機械や材料を、三井物産から買えれば第一回払込株金の一三七万五〇〇〇円で開業できる。この仕事をぜひやってみたいので、未引き受けの五万余株の引受人をこしらえてもらえないかと頼み込んだ。岩下は、機械や材料の心配はいらない。開業してから代金を支払えばよいと言った上で、問題は「君が私に仕事をやらせて頂き度いといふやうな中條では駄目だ。君も三井を飛び出して独立したのであるから、自分一生の仕事として責任を持ってやって見せるといふ決心が必要だ。その決心があるならば面白い事業だと思ふが、全体仕事自体が大丈夫かい」と諭された[4]。そして、いくつかのアドバイスをもらった。

小林は、岩下のアドバイスを受け入れ、まず未引き受けの五万四〇〇〇株のうち約一万株を佐竹作太郎、根津嘉一郎、小野金六ら、故郷の甲州系財界人によって引き受けてもらった。特に親戚でもあった小野金六は、斡旋の労をとってくれた。残りの四万株は、岩下の北浜銀行に引き受けてもらった。こうして第一回払込株金一三七万五〇〇〇円を調達した。ついで小林は、三井物産に頼み込み、代金の支払いは開業後二年以内という条件で電気鉄道の敷設に必要な資材や機械を確保した。いうまでもなく、これも岩下の橋渡しで実現した。

箕面有馬電気鉄道は、一九〇七年六月一日に社名を箕面有馬電気軌道と改めた。そして小林は、同年六月三〇日に箕面有馬電軌の発起人田艇吉《でんていきち》と「契約書」を取り交わし、同軌道の創立事務一切を引き受けることにした。「契約書」の文面は次の通りである[5]。

契約書

今般箕面有馬電気軌道株式会社株式引受並ニ創立事務ニ関シ小林一三（以下甲トス）ト同会社発起人及ヒ創立委員（以下乙トス）ト契約スル条件左ノ如シ

第一条　現在引受未定ノ株式総数五万四千百〇四株ヲ甲ニ於テ引受ケ（甲ハ之ヲ甲以外ノ他人ニ分割スルヲ得ルモノトス）来ル七月十日迄ニ証拠金一株ニ付金二円五十銭宛ヲ払込ムヘシ

但シ本文株式ハ新ニ引受ケタルモノ故是迄ノ利子ハ支払ハサルヘシ

第二条　甲ヲ発起人及創立委員ニ加ヘ創立事務執行者トナスヘシ

第三条　来ル七月十日ヨリ会社創立ニ関スル一切ノ事務（合併解散等ヲ包含ス）ハ甲之ヲ専行ス乙ハ何事ヲモ関渉ヲナサス又ハ異議ヲ唱ヘサルモノトス

第四条　前各項ノ権利ヲ甲ニ附与スルニ付テハ万一不幸ニシテ本会社成立セサルカ又ハ解散セサルヲ得サル場合ニハ創業費其他発起人並ニ創立委員ニ於テ負担スヘキ金銭上ハ勿論其外一切ノ責任ハ甲ニ於テ之ヲ負担シ乙ニ何等ノ煩累ヲ及ホササルモノトス　以上

本契約書二通ヲ作成シ甲乙之ヲ所有スルモノ也

明治四十年六月三十日

箕面有馬電気軌道株式会社

発起人並ニ創立委員長

田　艇　吉

発起人並ニ創立委員

速　水　太　郎

発起人

土居通夫
野田卯太郎
弘　道輔
池田貫兵衛
米澤吉次郎
株式引受人
大阪市南区天王寺烏ヶ辻町
五千七百五十一番地
小林一三

小林は、このように金銭上の責任もすべて負い、創立事務の一切を取り仕切ったのである。創立費三万円弱と毎月四〇〇〇円程度の雑費が必要であったが、いざとなれば四、五万円ぐらいの自腹を切るという覚悟を決めると、押しの一手で話を進めることができた。なお、阪神電気鉄道の取締役の島徳蔵は片岡直輝、岩下清周を同社の重役にし、専務取締役の今西林三郎も岩下の一党であったから、小林はいずれ阪神電気鉄道が箕面有馬電軌を合併するのではないかと心配し、島に尋ねてみたが、杞憂に終わった。

こうして小林が箕面有馬電軌の創立事務一切を取り仕切ることになった。事務経費を倹約するため、かつての三井銀行名古屋支店、同大阪支店で小林の上司であった平賀敏の経営する桜セメントの二階の一室を家賃二〇円で借り、創業事務を行なった。給仕も小使も、また電話代も電灯代もすべて桜セメント持ちであった。

創立総会の開催と開業

小林の尽力で、箕面有馬電気軌道は一九〇七（明治四〇）年一〇月一九日、大阪商業会議所で創立総会を開催した。創立委員長の田艇吉は、第一回払い込みの締切日であった九月二八日の段階で未払込株数が二万三二三一株あったが、すべて失権の手続きをとり、新たに引受人を得て一〇月一日に払い込みを完了したと報告した。また、株主から定款変更の建議があり、箕面有馬電気鉄道という社名を箕面有馬電気軌道と改め、内務大臣による命令書の条項を遵守することになった。そして、取締役の互選をもって社長一名、専務取締役一名を置くことになっていたが、社長または専務取締役のみを置くことも妨げないとされた。

取締役には、井上保次郎、松方幸次郎、志方勢七、藤本清兵衛、小林一三が選任され、互選によって小林が専務取締役となり、社長は空席とされた。また、野田卯太郎、平賀敏、速水太郎が監査役となった。検査役に指名された上田寧、上畠益三郎は、商法に規定された各項の調査はすべて適法かつ正当であると報告した。なお、一九〇八年三月三一日の「株主姓名録」によれば、小林の所有株式数は五万株で最大株主であった（図表1・2）。

図表1・2　箕面有馬電気軌道の大株主（500株以上）

	氏　名	府県	株　数		氏　名	府県	株　数
1	小林　一三	大阪	50,000	21	弘　道輔	大阪	1,000
2	池田鐵太郎	兵庫	2,725	22	野田卯太郎	福岡	1,000
3	井上保次郎	大阪	2,000	23	野田　しけ	福岡	1,000
4	松方幸次郎	兵庫	2,000	24	上田　寧	兵庫	790
5	松永安左エ門	大阪	2,000	25	米澤政太郎	兵庫	700
6	藤本清兵衛	大阪	2,000	26	丹澤雅一郎	大阪	604
7	志方　勢七	大阪	2,000	27	河野　幸友	大阪	600
8	平賀　敏	大阪	1,500	28	堀内庄三郎	東京	580
9	土居　通夫	大阪	1,167	29	田中市太郎	大阪	550
10	速水　太郎	大阪	1,050	30	遊上政五郎	大阪	520
11	根津嘉一郎	東京	1,050	31	飯田　義一	東京	500
12	岩田作兵衛	東京	1,000	32	原田　敬三	東京	500
13	岩下　清周	大阪	1,000	33	加藤　眞吉	大阪	500
14	小野　金六	東京	1,000	34	吉田　五郎	大阪	500
15	米澤吉次郎	兵庫	1,000	35	田中徳次郎	大阪	500
16	長井　敬	大阪	1,000	36	村上　満壽	東京	500
17	福澤　桃介	東京	1,000	37	上畠益三郎	大阪	500
18	田　艇吉	大阪	1,000	38	宮原　清	大阪	500
19	佐竹作太郎	山梨	1,000		合計		87,836
20	島　徳蔵	大阪	1,000		比率		79.85%

［出典］ 箕面有馬電気軌道株式会社『株主姓名録』1908年3月31日。

　ところで、箕面有馬電軌が線路用地を買収する際に、岡町登記所の官吏に勧業債券（一〇円券）五枚を贈ったことが発覚し、専務取締役の小林一三は罰金三〇円の刑に処せられた。その責任をとって、小林は一九一〇年三月三日に専務取締役から平取締役に降格となった。箕面有馬電軌はその年の三月一〇日に開業した。平取締役になったとはいえ、それは形の上だけのことで、小林が実質的には専務の役割を果たし、一人で切り回していたことには変わりがなかった。なお、小林が専務取締役に復帰するのは一九一六（大正五）年一〇月であった。

創立総会を終えた箕面有馬電軌は、さっそく第一期線大阪～池田～宝塚間及び箕面支線の敷設工事に取りかかった。電灯・電力の供給、娯楽機関の経営、土地・家屋の売買営業を付帯事業として営むことになり、箕面公園の開発については大阪府との交渉に入った。また一九〇九年八月二四日には、大阪市と梅田～野江間の延長線敷設特許に関する契約を結んだ。なお、電気機械、軌条、付属品、橋梁材料、工場機械などの外国注文品は、三井物産の仲介・金融により延払契約を結んだ。また小林は、みずから家賃を負担して池田町に自脩舎という寄宿舎をつくり、不景気で就職できなかった学校出の青年を一〇人ほど集めて養成した。

鉄道建設工事は、鉄道工務所の速水太郎が管轄し、大林芳五郎が工事を担当した。速水は当代きっての鉄道エンジニアであり、大林は大林組の創業者で岩下清周の信頼も厚い土木請負業者であった。

その結果、先行していた京阪電車、神戸市電、兵庫電車の建設や、南海鉄道の電化よりも早く工事が進み、一九一〇年三月一〇日から第一期線の営業を開始することができた。予定していた四月一日よりも、二一日も早い開業であった。

北浜銀行事件

第一次世界大戦が勃発する直前の一九一四（大正三）年四月、大阪日日新聞という夕刊紙が岩下清周への攻撃を開始した。大阪軌道（現近畿日本鉄道奈良線）の計画は無謀であると、社長の広岡恵三（加島銀行頭取）と重役の一人であった岩下清周に警告を与えたのが発端であった。大阪軌道の本線は大阪～奈良間を結ぶのであるが、この間には生駒山脈があり、そこを貫くトンネル工事が思わぬ難工事となり、工事費も嵩んだ。岩下の北浜銀行が、この工事資金のすべて融通していたのである。大阪日日新聞の警告を受けて、大阪軌道社長の広岡は辞任し、岩下が後任の社長となった。

しかし、大阪日日新聞の岩下への攻撃はその後も止まず、一九一四年六月には北浜銀行が大打撃を受け、岩下は責任をとって頭取を辞職した。後任の頭取には杉村正太郎が就任したが、北浜銀行は八月一九日、ついに支払停止に陥った。そして、森下亀太郎という弁護士が岩下の国会議員辞職を求める勧告書を公表し、二八日には大阪地方検事局に岩下を背任、文書偽造の疑いで告発した。

大阪府知事の大久保利武をはじめ、中橋徳五郎、小山健三、片岡直輝、土居通夫、永田仁助らが藤田伝三郎を囲んで善後策を協議し、高倉藤平を頭取とする重役陣が誕生した。一二月一〇日に整理案がまとまって北浜銀行は営業を再開したが、高倉も、そのあとの頭取の高橋安次郎も堂島や北浜でならした「大相場師」であった。この時小林は、「この人々が銀行の頭取に罷り通るのであるから、世間から鼎の軽重を問はれるのは初めから判ってゐる」として、「箕面電車の方針を一変する」と覚悟を決めた。[6] すなわち、この際、北浜銀行からの自立を図ろうと決心したの

図表1・3　箕面有馬電軌の営業収入比較　（単位：円）

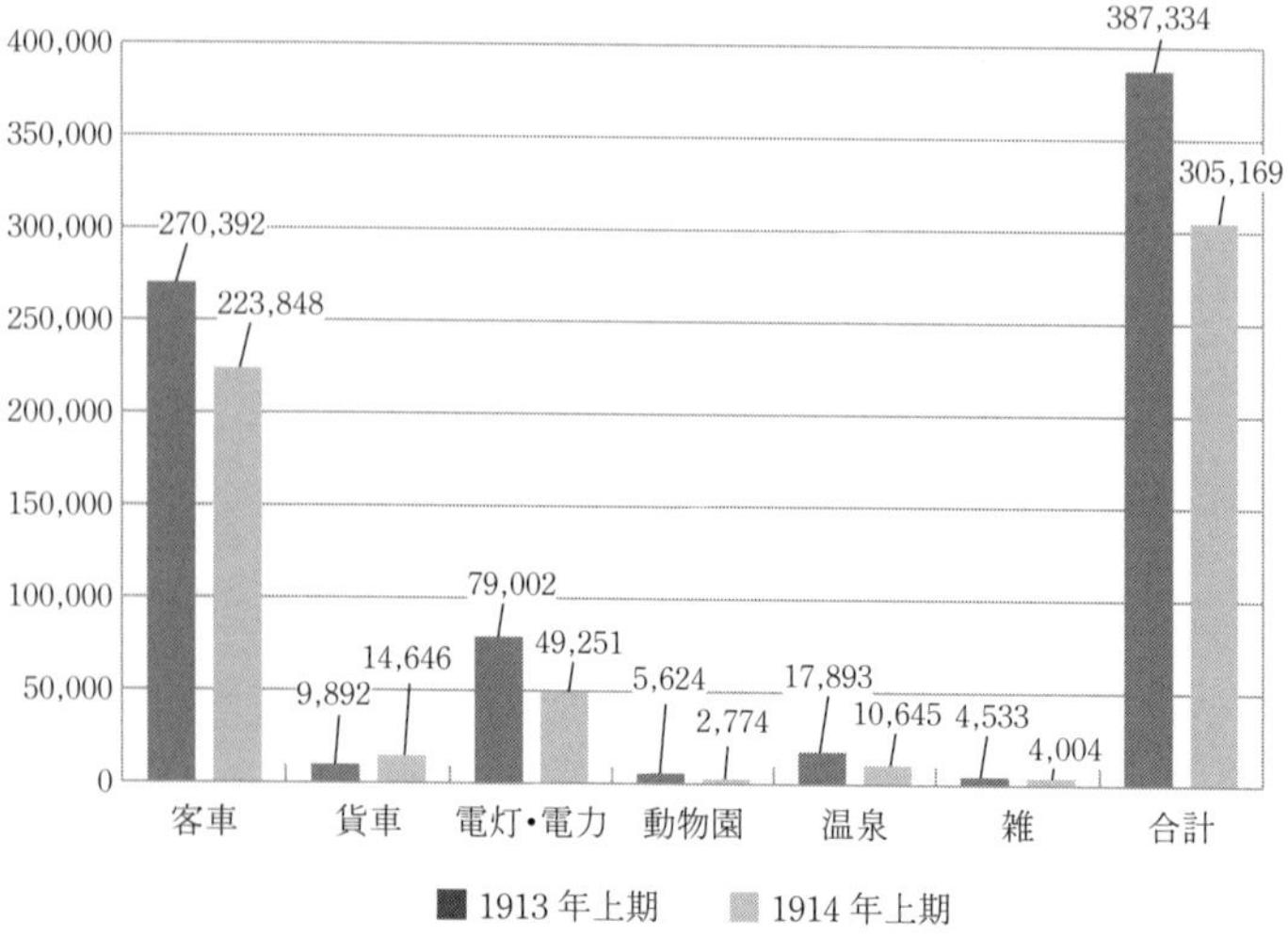

［出典］　平賀敏『箕面有馬電気軌道株式会社ノ真相ニツキ株主諸君ニ告グ』1914年10月10日。

である。

箕面有馬電軌は、創業当初から北浜銀行の助力を受けて来たので、同行の破綻によって致命的な打撃を受けるといわれ、株価は払込額の半分に下落した。そこで、箕面有馬電軌監査役の平賀敏は、一九一四年上期の決算が終わった時点で『箕面有馬電気軌道株式会社ノ真相ニツキ株主諸君ニ告グ』（一九一四年一〇月一〇日）を著した。

それによって、一九一四年上期及び一三年上期の営業収入を比較すると**図表1・3**のようになる。貨車収入を除くと、客車収入が二七万三九二円から二二万三八四八円へと四万六五四四円（一七・二パーセント）ほど減少し、電灯・電力収入も七万九〇〇二円から四万九二五一円へと二万九七五一円（三七・七パーセント）の減少を示した。また動物園経営、新温泉経営の収入も減少し、全体では三八万七三三四円から三〇万五一六九円へと八万二一六五円（二一・二パーセント）も減少したのである。

しかし、その要因は不景気のために乗客が減少したことと、大阪軌道開業の影響を受けて乗客が減少したことで、決して北浜銀行が破綻したことではなかった。北浜銀行との取引は、破綻当時においてはわずか二〇〇〇余円を借り越しているにすぎなかったというのである。

それどころか、箕面有馬電軌は収入減に対処して社内革新を断行し、経費の節約を図った。また、**図表1・4**（六六ページ）にみるように、一マイルあたり建設費も京阪電鉄、阪堺電鉄、阪神電鉄よりも少なく「大阪附近ニ於ケル最廉ノ電鉄」であった。

土地経営も不振で、一九一四年上期には新築家屋二六棟が売れ残り、二四七一円の損失が生じていた。しかし平賀によれば、箕面有馬電軌沿線の「山容水態ハ住宅地トシテ前途有望ノ健康地」であるので、「一時ノ不況ニ遭遇シタリトテ決シテ失望スベキニアラザル」というのであった。すでに、池田、桜井、岡の住宅地を経営し、一九一四年上期には豊中住宅地を売却し、**図表1・5**（六六ページ）のように二四一戸、一五万七三九坪、一一二万五六一六円の住宅地を販売してきた[7]。

このように、平賀は株価の下落など、箕面有馬電軌の経営諸指標の悪化は、北浜銀行破綻の結果ではなく、景気の後退や大阪軌道の開業によって乗客が減少したことによるものであると主張

図表1・4　関西私鉄の1マイルあたり建設費比較　（単位：円）

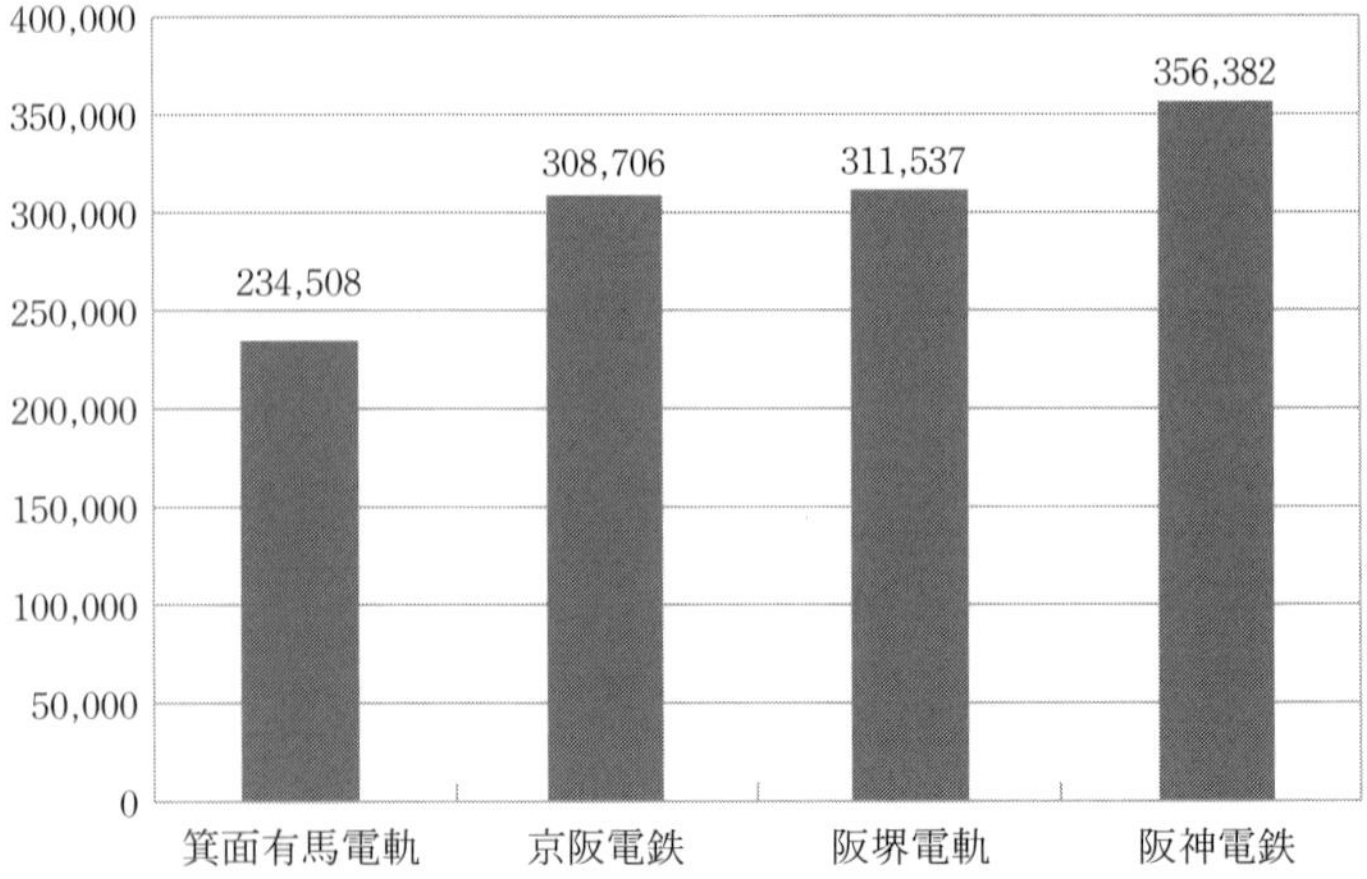

［出典］　平賀敏『箕面有馬電気軌道株式会社ノ真相ニツキ株主諸君ニ告グ』1914年10月10日。

図表1・5　箕面有馬電軌の住宅地経営

	現金にて売却	延払にて売却	合計
戸数	78	163	241
坪数	27,964	122,775	150,739
価額（円）	262,054	865,562	1,125,616

［出典］　平賀敏『箕面有馬電気軌道株式会社ノ真相ニツキ株主諸君ニ告グ』1914年10月10日。

したのである。

北浜銀行からの自立

北浜銀行の整理を契機に、小林一三は箕面有馬電気軌道の北浜銀行からの自立を模索し始めた。一九一五（大正四）年一月、箕面有馬電軌社長の岩下清周と重役で北浜銀行との関係が深い加藤恒忠、松方幸次郎が辞任した。そして、新社長には平賀敏が就任し、清水栄次郎、井上周が取締役となった。小林は、北浜銀行との関係を断ち切ろうとしたが、これまでの因縁もあり簡単ではなかった。北浜銀行の新頭取・高倉藤平は「所謂札付き」であったが、その「子分」を箕面有馬電軌の重役に据えるよう要求してきた。小林は、結局断り切れず、四月の定時総会で、高倉の子分格の濱崎照道を監査役、片岡直輝が推挙する山本辰六郎を北浜銀行の代表として取締役に迎えた(8)。

小林一三はこの人事に不満で、北浜銀行の所有する箕面有馬電軌の株式を引き受けて独立的な行動が取れる立場になりたいと真剣に考えるようになった。そこで、北浜銀行が所有する箕面有馬電軌の株式を処分する際には、同社の重役に優先的に売り渡すこと、という条件をつけた。すると、三、四日後に今すぐに処分したいので引き受けてほしいという申し出があった。小林には資金がなかったので困ったが、この機会を逃すわけにはいかないと考え、できるだけ借金をして、できるだけ多くの株式を引き受けるようにした。日本生命、大同生命、その他友人に二万数千株を引き受けてもらい、小林自身も「身分不相応の借金」を背負って大株主となった[9]。こうして、箕面有馬電軌は、北浜銀行との関係を断ち、自立することになった。

小林には、岩下清周の世話になった実業家は多いのに、岩下の疑獄事件が暴かれると、誰もが「いかにも自分だけがよければいい、岩下はどうなってもいいというような考えで動」いているようにみえた。そこから小林は、「非常に人間というものは、どうもいざとなると頼み難いものだ。実に薄情なものだ。こういう世の中と知ったら僕は俯仰天地に恥じず、どこへ行っても人をたのんじゃいかん。自分で自分の思うことを正々堂々とやるより行く途はない」と考えるようになり、「人生に対する方針をすっかり自分で変えた」のであった。北浜銀行事件が起こる一九一四年までは、岩下に引き立てられるなど、「大勢の人に厄介もかけ」てきたが、以後は「誰にも厄介にならん」という考えにかわったのである。小林は、これをマイナスの生活から「プラスの生活」（他人の厄介になる人生から他人の役に立つ人生への転換）への変化と表現している。奇しくも小林は、北浜銀行の破綻を契機に、慶應義塾時代に福澤諭吉から学んだ「独立自尊」の精神の大切さを改めて認識したのである[10]。

ところで小林は、大阪新報という新聞社の経営にも関係していた。大阪新報は、一九〇〇年頃、政友会の大物政治家であった原敬が大阪毎日新聞の社長を辞めて東京に帰った時、大阪には朝日、毎日のほかにもう一つ新聞があってもよいと考え、岩下が資本を出し、原敬の指図を受けて番頭格の山田敬徳が社長兼編集長として仕事をするという約束で、売りに出ていた大阪新報を買収して始めたものである。山田は、新聞人らしからぬ温厚な人物で、大阪新報もまじめではあったが面白くなく、売れない新聞であった。

それでも日露戦争の頃までは、特に北浜銀行に迷惑もかけずに経営していた。その後、山田ではだめだということで加藤恒忠が社長に就任した。新社長の加藤は、色刷りの印刷機を据えつけるなど、積極的な経営を展開した。しかし、販売政策がうまくいかず、小林は岩下から片手間に手助けをしてやってほしいと頼まれたのである。

元来が就職先に新聞社を希望していた文筆人であったので、小林は喜んで無給の手弁当で引き受けた。箕面有馬電軌の仕事を片づけて、毎日午後の三、四時に出社し、面倒をみていた。大阪新報の借金は二十数万円の当座貸越で、一年に三万円程度の欠損が生じていた。そこで、大阪の今橋二丁目にあった本社の土地家屋を古河合名会社に一五万円で売却し、一五万円を北浜銀行に定期預金として預け、その利子を積み立てて北浜銀行に返済するという整理案を考えたが、北浜銀行の小塚征一郎支配人の反対にあい、実現にはいたらなかった。小塚は、うまくやれば大阪新報は黒字になると考えていたのである(11)。

野江線の計画と放棄

野江線は、梅田から京阪電鉄の野江駅を結ぶ路線で、箕面有馬電軌は一九〇九(明治四二)年三月三日に敷設免許を得た。この頃京阪電鉄は、大阪の天満橋と京都の五条大橋を結ぶ路線(四六・六キロ）を建設中で、一九一〇年四月に開通した。野江線が完成すれば、箕面有馬電軌は、前述の神戸線とあいまって神戸〜大阪〜京都の連絡が可能となるのであった。野江線は、一九一三年二月一五日に工事施行が認可された。

野江線は、大阪市内を走るので、鉄道省の認可を受けるには、大阪市会の承認を得て大阪市と市内乗り入れの契約を結び、その契約書を添えて出願しなければならなかった。当時、大阪市政を牛耳っていたのは市会のボス天川三蔵、市役所の七里清介、高級助役の松村敏夫の三人であったが、小林はこの三人と全く面識がなかった。

その時に大阪市と裏面工作をしてくれたのが、松永安左ェ門であった。松永は小林の後輩で、一八九八年に慶應義塾を中退していたが、同じく慶應義塾の先輩の福澤桃介と「福松商会」という石炭とコークスの販売会社を起こし、神戸を中心に事業を展開していた。三井銀行大阪支店の田中徳次郎は大の親友で、田中を通じて平賀敏や小林一三とも懇意になった。その松永が、野江線の大阪市内乗り入れ契約締結のために昵懇であった大阪市会の天川を通じて裏工作をしてくれたのである。具体的には、箕面有馬電軌の新株を先の天川、七里、松村らに贈って、便宜を図ってもらったのである。

こうして野江線の大阪市内乗り入れ契約が結ばれ、鉄道省の認可も得たのであるが、やがて大阪市政改革の世論が高まり、野江線をめぐる裏面工作が暴かれた。小林と松永は、検察当局の取り調べを受けたが、当時の法律では収賄側のみが裁かれ贈賄のほうは裁かれることはなかった。

しかし、小林と松永は相手を慮って自白しなかった。結局、事態を知って驚いて東京からやってきた福澤桃介が代理自白をし、松永がそれにサインをするという形でおさまった。その結果、大阪市高級助役の松村が有罪判決を受けたが、小林と松永は無罪であった。小林は、のちにこの結末を「結局松村君は有罪の判決を受け、一生を日蔭に送って、秀才の前途をあやまるに至った。その不運に引替へ、私達は幸福に生活してゐるのであるから、実にお気の毒で、痛ましく思ふのである」と記している[12]。

小林が苦心を払って獲得した野江線の敷設権であったが、北浜銀行が破綻したため資金繰りが苦しくなったばかりか、北浜銀行が所有していた箕面有馬電軌の株式を買い受けなければならなくなったため、放棄せざるをえなかった。野江線の建設費の調達が難しくなったのである。

小林は、今日までの建設実費だけ負担してもらえれば無償で譲るという条件で京阪電鉄と交渉したが、同社の専務取締役・太田光煕が拒絶したため、不調に終わった。そこで、小林は一九一七年一〇月の株主総会で廃止の承認を得て、大阪市に無償で譲渡した。

灘循環電軌を合併

灘循環電気軌道会社は、西宮と神戸を結ぶ路線（灘循環線）の敷設免許を得ていたが、敷設工事に着手できないでいた。発起人は、兵庫県知事の服部一三、神戸電鉄社長の村野山人、川崎造船社長の松方幸次郎らであった。一方、箕面有馬電軌は灘循環線と連絡する計画を立て、宝塚線の十三から伊丹をへて西宮線の門戸にいたる路線の敷設を出願し、一九一三（大正二）年二月二日に認可を得た。灘循環線に連絡して、大阪～神戸間を直通する電車を走らせようというのである。

ところで一八九九（明治三二）年六月創立の阪神電気鉄道は、安田善次郎の資金援助を受けて一九〇六年四月に大阪～神戸間（約三〇・六キロ）の複線工事を完成させ好成績をあげていた。阪神電鉄の路線は海岸寄りを走っていたが、箕面有馬電軌はそれよりも山手を走って西宮で灘循環線と連絡し、大阪～神戸間を結ぼうというのであった。大阪～神戸間には国有鉄道線も走っていたので、箕面有馬電軌の計画が実現すれば、阪神電鉄との間に相当熾烈な競争が発生すると思われていた。

灘循環電軌の株式の多くは、北浜銀行によって所有されていた。そのため、同行が一九一四年八月に経営破綻すると、灘循環電軌の株式をどう処分するかが問題となった。岩下清周にかわって新たに北浜銀行の頭取となった高倉藤平は、阪神電鉄に灘循環電軌を買収するよう勧告した。阪神電鉄は、当時尼崎～安治川間の未建設の特許線を持っていたので、灘循環電軌線と連絡すれば安治川から尼崎を通り、灘循環電軌の山手線をへて神戸にいたるもう一つの新線を建設することができた。また、阪神電鉄の専務取締役であった今西林三郎が北浜銀行の新重役に就任したので、阪神電鉄が灘循環電軌を買収するものと思われていた。

もし、灘循環電軌が阪神電鉄の手に帰すると、箕面有馬電軌の大阪～阪神間の電車直通計画は崩れるので、同社にとっては死活の問題であった。そこで、小林は阪神電鉄と交渉を始め、次のような三つの案を提示した。第一案は、北浜銀行の頭取・高倉藤平の勧告のように、阪神電鉄が灘循環電軌を買収するのであれば、箕面有馬電軌は阪神間直通線敷設の計画を放棄する。しかし、そのために無価値となる十三〜門戸間の線路敷設のために費やした実費を負担してほしいというものであった。第二案は、もし阪神電鉄が灘循環電軌を買収しないのであれば、同軌道を阪神電鉄と箕面有馬電軌が協同して経営する。そして第三案は、阪神電鉄が第一案にも第二案にも賛成できないのであれば、箕面有馬電軌は北浜銀行を整理するため、やむをえず阪神間直通電鉄の計画を進捗させるというものであった[13]。

これに対して阪神電鉄は、箕面有馬電軌が阪神間の直通運転を開始してもそれほど脅威と感じなかったためか、灘循環電軌を買収しても異議はないと回答してきた。そこで箕面有馬電軌は、阪神間直通線の建設計画を立て、一九一六年四月二八日の臨時株主総会の決議をへて灘循環電軌の合併を認可申請した。

神戸線の開業

この頃、箕面有馬電気軌道は資金繰りに困っていた。資本金五五〇〇万円のうち払込資本金は三八五万円、社債が二〇〇万円であった。その上、唯一の取引銀行であった北浜銀行は破綻してしまい、建設資金の捻出はすこぶる困難であった。北浜銀行筋の大株主は箕面有馬電軌の計画にことごとく反対し、浜崎永三郎は箕面有馬電軌が阪神山手線を建設するのであれば、箕面有馬電軌の株を売り払うと予告し、すべて手放してしまった。そのため箕面有馬電軌の株価は暴落した。

苦しい財政の中から、箕面有馬電軌は、灘循環線の建設費と利息二〇万円ほどを北浜銀行に支払った。新社長の平賀敏は藤本ビルブローカー銀行を引き受けたとはいえ、実態は同行の整理を無理やり押しつけられただけであった。新しい取引銀行は加島銀行であったが、社長の広岡恵三は、電鉄資金は鬼門だと融資を逃れるのであった。

小林は、東京に出て福澤桃介に相談した。福澤は、十五銀行副頭取の成瀬など二、三の銀行を紹介してくれたが、不調であった。そうした中で、九州電灯の専務取締役田中徳次郎が融通をしてくれた。東京から福岡に帰る途中大阪に立ち寄り、九州電灯の金を藤本ビルブローカーに預金するから、それを使うようにとのことであった。こうして、小林は一時の急を逃れた。

ちょうど第一次世界大戦期の好況に遭遇し、箕面有馬電軌の業績は向上し始めていた。こうした好機をとらえて、同社は十三〜門戸間の敷設と灘循環線の特許線の合併を認可申請した。すると阪神電鉄は、同年六月一六日に箕面有馬電軌の株主であった結城林清及び那須善治らの名で、灘循環電軌の合併に関する株主総会が無効であると主張し訴訟を起こした。

小林は、神戸行き電車の建設資金を調達するため、関西の財界人クラブとして利用されていた箕面の松風閣という建物を買ってもらった岸本兼太郎を訪ねた。岸本は、小林に船舶経営を勧めたが、小林は「一人一業」の方針で臨むことを説明し、ついに六・五パーセントの低利で三〇〇万円を借用することに成功した。

一九一七年一〇月一日、新淀川及び神崎川の堤防が決壊して十三〜三国間の線路が浸水し、交通が一五日間も途絶えた。秋の行楽シーズンでのこうした出来事は、遊覧電車的性格の強い箕面有馬電軌にとっては大きな打撃であった。

それでも小林は、一九一八年二月四日に社名を箕面有馬電気軌道から阪神急行電鉄（阪急電鉄）と改称し、二〇年七月一六日に神戸線を開業した。神戸線を開業するかわりに小林は、有馬線、野江線を放棄し、松風閣を売却した。小林は、神戸線の電車を「新しく開通した大阪（神戸）ゆき急行電車、綺麗で、早うて、ガラアキで、眺めの素的によい涼しい電車」と宣伝した。[14]

阪急電鉄は、一九二〇（大正九）年七月一六日、西宮〜神戸間の灘循環電軌と連絡し、大阪〜神戸間の新線（神戸線）を開業した。同社は、箕面有馬電軌時代の一九一三年二月二〇日、灘循環線と連絡するため、十三駅で分岐し、伊丹駅経由で西宮線の門戸駅にいたる新線の敷設特許を得ていた。

ところで、灘循環電軌をめぐる阪神電鉄との訴訟は一九一六年六月から一八年一二月までの二年半にわたったが、一審、二審、そして大審院まで争って勝訴となった。小林は、のちにこの裁判を振り返って「若しあの時、阪神電車が正しい道を踏んで、其逆境に沈淪してゐた箕有電車を助ける意味から、灘循環電車を引き受けて居つたならば、今日はどうなつて居るだらう。私達は箕面宝塚の山容水態に対して、詩人らしいセンチメンタルの感情的生活に、田舎電車の遊覧設備、それも、みすぼらしい旅役者のやうな芸当を演じて居つたかも知れない」と述べている。[15] 灘循環軌道線の買収は、阪急電鉄の経営にとって決定的に重要だったのである。

阪神電鉄との合併談

箕面有馬電軌は、創立時から「あのやうな田舎電車は、結局、阪神電鉄に売り付けるのが目的だ」と言われていた。[16] 小林自身も、田舎電車で苦労するよりも、岩下清周、今西林三郎、島徳蔵らとともに、阪神電鉄の重役になったほうがどれだけよいかと考えていた。

そんなある日、小林は岩下から北浜の花外楼に呼び出された。行ってみると、岩下と今西がおり、阪神電鉄と阪急電鉄の合併の話が出された。岩下は、元々阪神電鉄を中心に郊外電鉄を合併統一するという計画を持っていた。合併話が出ると、阪急電鉄の株が暴騰した。今西が仕掛けたものと思われる。

その後も、阪神電鉄との合併談があった。すでに富士山麓に隠退していた岩下がやってきて、片岡直輝が阪神電鉄と阪急電鉄を合併したいと言っているというのである。片岡は、南海電鉄の社長でもあり、関西の電鉄界の大物であった。片岡によれば、阪神電鉄と阪急電鉄が対等条件で合併し、片岡が社長、小林が専務取締役になるが、仕事はすべて小林に任せるというのである。小林は、早速合併草案大綱を書いて昼食後銀行集会所の片岡を訪ねた。同席をした渡辺千代三郎が大綱をみて、これでは阪急が阪神を合併するようだと述べた。片岡も、阪神が阪急を合併するのだと言ったが、小林はそれでは社長の平賀に相談し、重役会を開いた上でなければ返事はできないと答えた。

平賀の意見は、阪神の伝統的な経営方針には反対なので、阪神が阪急を合併するのであれば、賛成はできないというものであった。平賀は、小林はわがままなので、阪神に飛び込んでいくと必ず失敗するなどとはぐらかしながら合併談を断った。しかし、それ以来小林は片岡直輝とはもちろん、その息子の直方とも疎遠になってしまった[17]。

(1) 小林一三「逸翁自叙伝」『全集』第一巻一二七ページ。
(2) 同前一三〇～一三一ページ。
(3) 同前一三四～一三五ページ。
(4) 同前一三七～一三八ページ。
(5) 同前一四一～一四二ページ。
(6) 同前一九〇ページ。
(7) 以上の記述は、平賀敏『箕面有馬電気軌道株式会社ノ真相ニツキ株主諸君ニ告グ』(一九一四年一〇月一〇日)による。
(8) 前掲「逸翁自叙伝」『全集』第一巻一九〇～一九一ページ。
(9) 同前一九一ページ。
(10) 小林一三「私の人生観」『全集』第一巻二二九ページ。
(11) 前掲「逸翁自叙伝」『全集』第一巻一九三～一九六ページ。

（12）同前一七五〜一七六ページ。
（13）同前二〇一〜二〇二ページ。
（14）同前二〇七ページ。
（15）小林一三［一九三二］、「此の会社の前途はどうなるか?」吉原政義編『阪神急行電鉄二十五年史』（同社）二〜三ページ。
（16）前掲「逸翁自叙伝」『全集』第一巻二一三ページ。
（17）同前二一七ページ。

Ⅳ　宝塚の経営

箕面動物園の開設

箕面有馬電気軌道の乗客を増加させるには、一日も早く沿線を住宅地として開発しなければならなかった。しかし、短日月のうちに住宅地を開発するのは難しいので、沿線が発展して乗客数が固定するまで、何らかの遊覧施設をつくって乗客を誘引する必要があった。

小林は、「宝塚生い立ちの記」の中で、「乗客の増加をはかるためには、一日も早く沿線を住宅地として発展させるより外に方法がなかった。しかし住宅経営は、短日月に成功することはむずかしいので、沿線が発展して乗客数が固定するまでは、やむをえず何らかの遊覧設備をつくって多数の乗客を誘引する必要に迫られた」と記しているが、(1)その遊覧地の候補として選ばれたのが箕面と宝塚であった。箕面には、渓谷と山林美を活かして新しい形式の動物園を開設し、宝塚に

図表1・6　箕面動物園の入園者数　（単位：人）

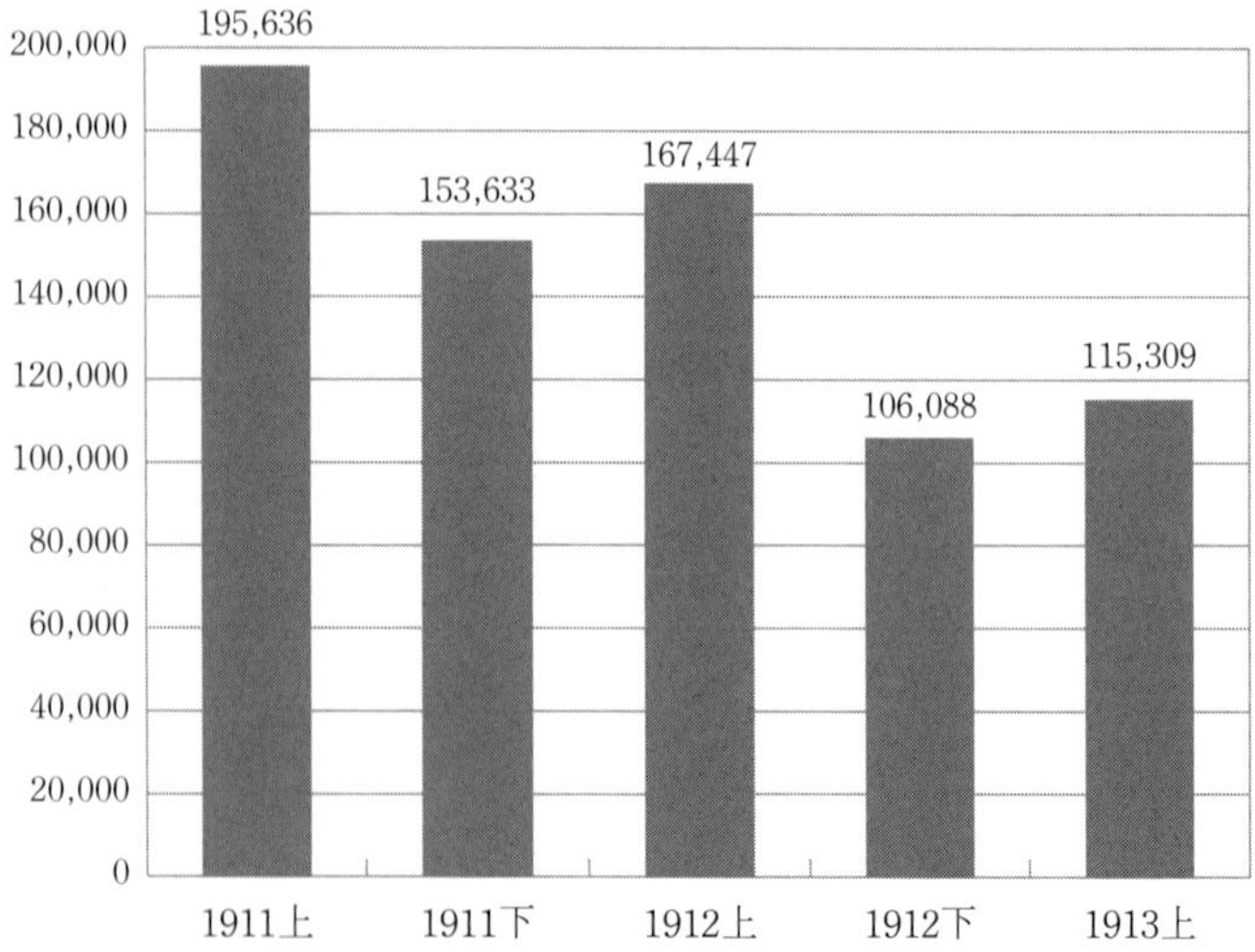

［出典］　箕面有馬電気軌道株式会社『営業報告書』各期。

は武庫川東岸の埋立地を買収して、大理石造りの大浴場と瀟洒な家族向けの温泉をつくったのである。

箕面に動物園が開園したのは一九一〇（明治四三）年一一月一日であった。当時近畿地方では、京都以外には動物園がなかったので、多くの遊覧客を集めた。箕面有馬電軌の『第七回営業報告書』（一九一〇年下期）が、「開園後引続キ園内ノ設備ヲ完成シ動物ノ整理ヲ為シ漸次入場者ノ増加ヲ見ルニ至リ運輸収入ニ対シ多大ノ影響ヲ与ヘ両々相俟テ既ニ本期間中相当ノ利益ヲ挙ゲ得ルニ至レリ」と述べているように[2]、箕面動物園入園者の増加に伴って箕面有馬電軌の乗客数も増加した。小林のねらいは的中したといえる。

箕面動物園の入園者数の推移をみると図

表1・6のようで、一九一一年上期の入園者数は一九万五六三六人であった。同年下期には一〇月に山林子供博覧会が開催されたため、冬枯れの時期にもかかわらず一五万三六三三人の入園者を維持した。そして、一九一二年上期には、ドイツのハーケンベック動物園にならい、豹舎など猛獣舎が建設され、空中展望車も回転を開始し、箕面動物園は「其施設ノ天然的ニシテ巧ニ人工ヲ調和シ矚目変化ニ富ミ終日来リ遊ブモ倦ムナキ」遊覧施設となり、入園者は一六万七四四七人（一日平均九一五人）を記録した。[3]

しかし、その後は入園者の数も減少に転じ、一九一二年下期には一〇万六〇八八人（一日平均五八三人）となった。米価騰貴、金利の暴騰などによって景気が冷え込んだだけでなく、同年七月末に天皇が逝去したため自粛ムードが拡がったからである。箕面有馬電軌は、これを「一時的現象」とみなし、「清新ニシテ多趣味ナル箕面動物園ハ一陽来復ト共ニ乗客ノ増加ト相俟テ入場者モ亦多カルベシト信ズ」と、やや楽観的な見通しを示していた。[4] 一九一三年上期には、阪神電気鉄道香櫨園内の動物園が廃止となったのに伴い、新たに象、虎、カンガルー、手長猿などを収容したため、入園者は若干増加し一一万五三〇九人となった。

箕面動物園の営業収入をみると図表1・7（八二ページ）のようで、一九一一年上期に九一九八円を記録している。当期には、「日本一ノ名に反カザル」動物園とするため、施設の充実が図られ、各種の動物が収容されただけでなく、昆虫類標本室や空中展望車などが新設され、「都人士清遊ノ一大楽園」となった。[5] しかしその後は、一九一一年下期には七三二三円、一二年上期に

図表1・7　箕面動物園の営業収入　（単位：円）

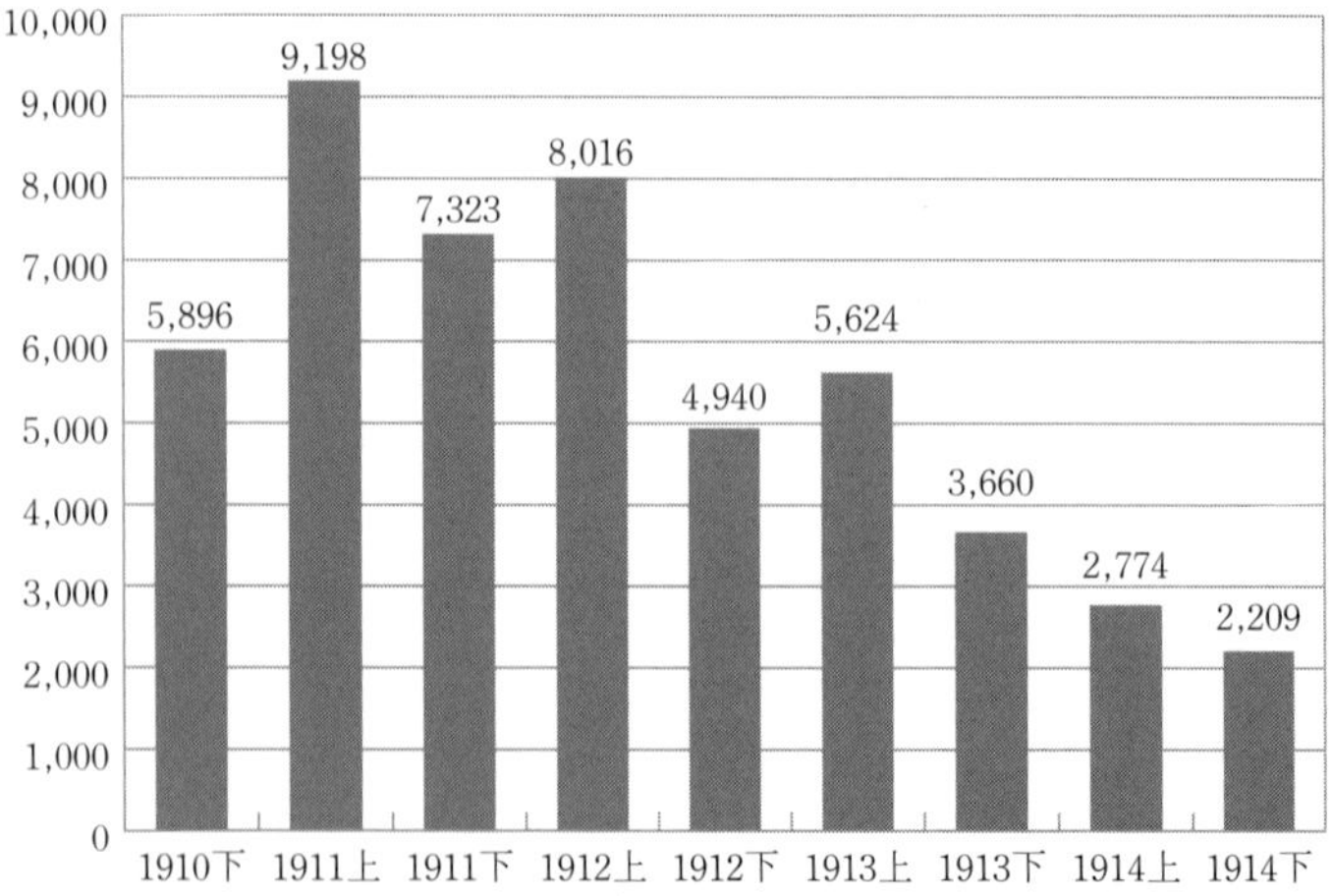

［出典］　箕面有馬電気軌道株式会社『営業報告書』各期。

は八〇一六円であったが、同年下期には四九四〇円に落ち込み一三年上期にやや回復するものの、一三年下期からは減少の一途をたどった。

その後も、箕面動物園の営業収入は増えなかった。第一次世界大戦の開始に伴う景気の悪化による遊覧客の減少が大きな要因と考えられるが、一九一四年一月に天王寺公園内に大阪市立動物園が開設されたことも大きな打撃となった。

箕面動物園の閉鎖と宝塚集中主義

こうして箕面動物園の経営は失敗に終わった。箕面動物園は自然の岳岩を利用して猛獣を飼ったが、軽微な地震でも岳岩に亀裂が入り、土砂の崩壊が起こった。また、猛獣の飼育は難しく、維持費も嵩んだ。さらに、箕面公園は自然の景観が美しい天然公園であったので、ここを俗化させることは、大阪市民の望むところではなかった。小林一三は、箕面動物園の閉鎖にいたる顚末について次のように語っている。(6)

また箕面動物園も、いろいろの設備を充実するにつれて来遊者は増加し、予想外の好成績を挙げたが、しかし宝塚新温泉の経営開始後間もなく、その方針は一変されて、箕面公園はこれを俗塵の境として、その自然美をそこなうよりは、むしろ煤煙の都に住む大阪の人々のために、天然の閑寂を保つにしかずという主義によって森林美、箕面公園の大自然を永久に保護しようということになり、ここに宝塚経営に集中主義をとることとなり、箕面動物園はついに閉鎖された。

このように小林は、箕面の開発をあきらめて「宝塚集中主義」をとり、宝塚を一大娯楽センターに仕上げていくことにした。箕面動物園は一九一六年三月に閉鎖となり、跡地は岸本汽船の社長・岸本兼太郎に売却された。岸本は、箕面動物園の出資者でもあり、一九二六年には箕面学園尋常小学校（現箕面自由学園小学校）を設立した。

箕面有馬電軌の終点である宝塚は、六甲山の峰続きである譲葉嶽の山麓に位置し、生瀬の渓谷から流れ出てくる武庫川の早瀬にそった「すこぶる風光明媚な景勝の地」であった。そこには宝塚温泉があった。その起源は古く、寛政八～一〇年（一七九六～九八年）にかけて刊行された『摂津国名所図会』に、「塩尾湯同所山下にあり。これを汲んで温湯とし、浴する時は能く疾病を治す。有馬温泉がながれ来りて、ここに涌出すともいふ。この山脈川面村に続く。このゆゑに川面湯ともいふ」と記述されている。この「塩尾湯」ないし「川面湯」が、一八八五（明治一八）年に、武庫川右岸の小松原で鉱泉として開発され、その周囲に浴場や旅館が開業したのである。これが宝塚温泉の起源であった(7)。

小林は、沿線での住宅地経営が軌道に乗るまでの乗客誘引策として、宝塚温泉に遊覧設備をつくろうとした。元湯を二つに分け、一方は火力で温湯とし、高地にタンクをつくって湯槽を設け、旧温泉の大衆風呂や各旅館の内湯に配給する。もう一方は冷泉炭酸風呂を新設し、箕面有馬電軌が引き受ける。小林は、このような計画を立て、旧温泉の側に提案した。しかし、旧温泉側では四、五人の有力者が、宝塚をどのように発展させるかという大局を忘れ、水道の権利、元湯の使用権、さらにはその分配の独占権などを主張し、地主は地価の値上がりのみに関心を示し、小林の提案を受け入れなかった。

そこで小林は、武庫川原の埋立地を買収し、一九一一（明治四四）年五月一日に宝塚新温泉を開業した。新温泉には、大理石の大浴場を建設し、大広間には大シャンデリアをしつらえた。男子大浴場の脱衣場の壁面には洋画家岡田三郎助の油絵が飾られた。浴槽の面積は五〇平方メートルで、ライオンの口から湯が注がれ、その右奥に、当時としては珍しい蒸気風呂が設備されていた。

開業当初の入浴料は、大人五銭、小人二銭であった。また、梅田～宝塚間の往復運賃は税込みで三九銭、所要時間は五〇分であった。箕面有馬電軌の『第八回営業報告書』（一九一一年上期）によれば、開業当初の宝塚新温泉の賑わいは次のようであった。[8]

前記報告セシ宝塚温泉ハ五月一日ヲ以テ開業セリ。建物ノ宏壮、設備ノ完美ハ都鄙ニ宣伝セラレ浴客ノ数実ニ驚クベク、有料入浴者弐拾四万九千六百参拾弐人、此一日平均千六百参拾壱人ニシテ、一日平均入浴料ハ普通温泉七拾壱円四拾参銭、家族温泉金弐拾壱円四拾五銭、合計金九拾弐円八拾八銭ニ上ボレリ。一面ニ於テ新温泉ノ開業ハ地方ノ殷盛ヲ促シ、商家旅館相次テ新築セラレ、今ヤ面目一新ノ感アリ。由来宝塚ハ温泉ヲ以テ著ハル。加フルニ風光明媚、其武庫川ヲ隔テ、巒峰ニ対スルノ佳景云フベカラズ。将来ノ発展期ス可ナリ。

こうして宝塚新温泉の浴客数は、開業早々の一九一一年上期に早くも二四万九六三二人（一日平均一六三一人）に達し、既述の箕面動物園の開園と相俟って「電車収入ノ激増ヲ来タシタ」のであった。宝塚新温泉の浴客数の推移をみると**図表1・8**（八六ページ）のようで、冬期に入浴者数が減少するという傾向があるが、ほぼ順調に増加している。こうして宝塚新温泉は、「今ヤ一小市街ヲ形造」ってかなりの賑わいをみせ、電車収入の増加にも寄与した。[9] なお、宝塚新温泉

図表1・8　宝塚新温泉浴客数の推移

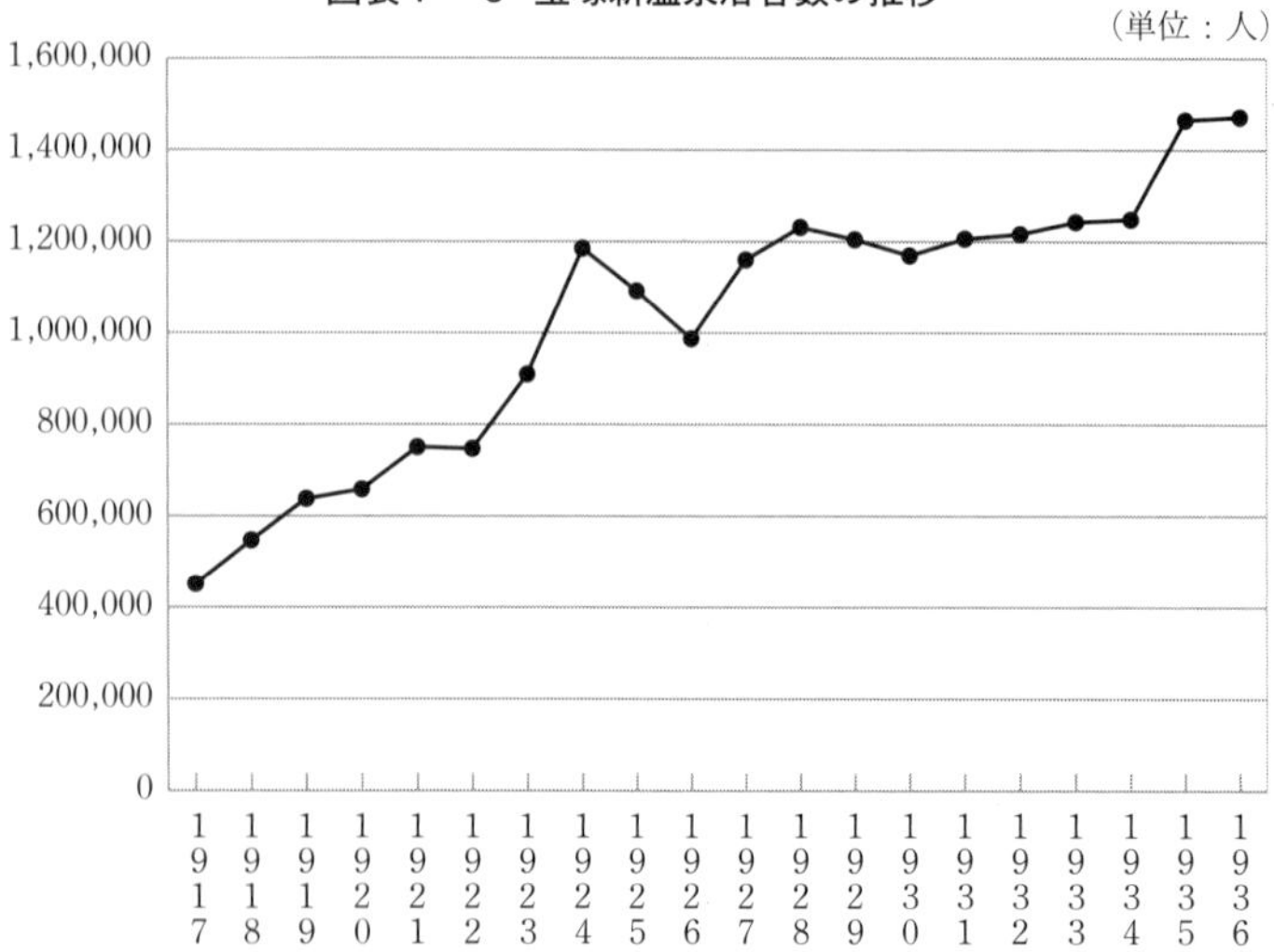

［出典］　阪神急行電鉄株式会社『営業報告書』各期。

には、家族で楽しめる「家族温泉」も設置されており、新中産層をターゲットとして事業を展開してきた小林の面目が躍如として表れている。

　開業の翌年、一九一二年七月一日には大浴場の左隣に、欧米式にならった娯楽場「パラダイス」（夏期水浴場）がオープンした。正面の左右に塔屋を設け、三階建てのメルヘンチックな洋風建築であった。このパラダイスに室内水泳場が設けられた。日本で最初の本格的なプールは、一九一五（大正四）年にできた大阪府立茨木中学校（現茨木高校）のプールであるといわれているが、レジャー用とはいえ、それよりも三年も早く室内プールが宝塚新温泉に誕生したことになる。

　箕面有馬電軌の『第一一回営業報告書』

（一九一二年下期）は、宝塚新温泉を桜花、箕面動物園を梅花にたとえ、「新温泉ハ温泉トシテノ設備完キノミナラズ其附属遊楽場タル『パラダイス』ノ楽園アリ」と、宝塚新温泉が娯楽施設を備えた「楽園」として発展している様子を伝えている。[10] なお、宝塚新温泉では一九一二年三月二三日から婦人博覧会を開催し、多くの観客を集めた。また一九一四年下期には、図書室、玉突場、食堂などを増設し、家庭博覧会も開催し、総収入は前年同期の六〇パーセント以下に落ち込んではいるが、箕面有馬電軌は「当温泉ハ近畿ニ於ケル他ノ温泉ニ比シ依然トシテ好評ヲ持続シツ、アルノ実況ニ徴スルモ敢テ悲観スベキニアラザルベシ」とみていた。[11]

しかし、宝塚新温泉のパラダイスに設置された室内プールは、完全に失敗であった。小林一三は『逸翁自叙伝』の中で次のように述べている。[12]

この水泳場は大失敗であった。標準プールには到底及ばないが、飛込の出来る深さと、子供達の遊ぶ浅さと、斜めに出来て居ったから、開場当初の間は、いつも百人近い若い人達を得たけれど、その頃は男女の同浴を許さないのみならず、水中に於ける各種競技を、二階から見物することすらも許されなかった。

然しそれだから失敗したといふのではない。屋内の水泳場は日光の直射がないから、僅かに五分間も泳ぐことの出来ないほど冷たい。外国の水泳場には水中に鉄管を入れ、そこに蒸気を送って適度に温めてゐることを知らなかったのである。

とはいえ、ここに宝塚少女歌劇が誕生することになった。小林は、プールの水槽を観客席、脱衣場を舞台、舞台の下を楽屋、二階を桟敷に改造し、当時大阪で人気を博していた三越百貨店の少年音楽隊を真似て、少女歌劇を温泉の余興として演じさせた。ここに宝塚唱歌隊が誕生したのであった。

西宝線の開通と宝塚

箕面動物園を一九一六（大正五）年三月に閉鎖し、箕面の開発をあきらめた小林一三は、いわゆる「宝塚集中主義」をとり、宝塚を阪急沿線の代表的な行楽地に仕上げていった。一九三七〜三八年頃に執筆されたと思われる『小浜村誌稿』によれば、宝塚には、温泉旅館が立ち並び、東洋一の歌劇場、旧温泉、ダンスホール、ホテル、大運動場、ゴルフ場などが整備され、「阪神間唯一の歓楽境となり、その盛隆日に月に進み四季を通じての娯楽機関の完備せる事恐らくは他に比類なき地」となった[13]。小林は、『宝塚漫筆』の中で、宝塚について「四十余年前、武庫川畔の一寒村が今日、大衆娯楽のメッカ、宝塚という都会に生長した。演劇や文筆にあこがれた私の若い日の情熱が、事業家としての夢が、そのまま宝塚歌劇に、宝塚の街に実を結んでいる」と語っている。宝塚は、小林が文字通り心血を注ぎ、「無理にこしらえた都会」であったのである[14]。

一九一七年から二二年までの宝塚経営の動向をみると、**図表1・9**のようである。一九一七年

図表1・9　宝塚経営の収入における新温泉収入の割合（単位：円・%）

年度	新温泉（a）	宝塚経営（b）	a／b
1917	41,151	47,138	87.3%
1918	59,575	76,601	77.8%
1919	90,670	142,244	63.7%
1920	116,758	201,489	57.9%
1921	133,995	453,074	29.6%
1922	139,311	483,386	28.8%
1923	168,182	661,363	25.4%
1924	229,595	1,177,299	19.5%
1925	213,756	1,215,690	17.6%
1926	190,484	1,109,584	17.2%
1927	222,949	1,266,863	17.6%
1928	237,162	1,368,033	17.3%
1929	267,807	1,481,080	18.1%
1930	323,926	1,465,038	22.1%
1931	326,008	1,551,322	21.0%
1932	321,267	1,541,712	20.8%
1933	330,788	1,488,435	22.2%
1934	331,953	1,501,733	22.1%
1935	391,564	1,858,975	21.1%
1936	392,822	1,926,366	20.4%

［出典］　阪神急行電鉄株式会社『営業報告書』各期。

度における宝塚新温泉の浴客数は四五万一〇五七人、収入は四万一一五一円で、阪急電鉄の『第二一回営業報告書』（一九一七年下期）によれば、これは、「当温泉設備完全シ関西随一ノ遊覧地トシテ汎ク好評ヲ博セルト専属少女歌劇ノ非常ナル人気ニ因ルモノ」であった[15]。

その後も宝塚新温泉の浴客数、収入は順調に増加し、一九二二年にはそれぞれ七四万七三四一人、一三万九三一一円となった。一九二一年上期には前年同期よりも浴客数で七五二七人、収入で五〇四円の減少となったが、阪急電鉄の『第二八回営業報告書』（一九二一年上期）は、その要因について「一般ノ不景気ニ加フルニ中春行楽最モ盛ナルベキ日曜祭日ニ当リ天候概ネ不良ナリシ結果」であるとみていた。したがって、これは「一時的ノ減収」であって、「楽園トシテノ宝塚ハ西宝線ノ開通ト相俟ツテ阪神間唯一ノ遊覧場トシテ前途益々有望」であるというのであった。[16]

西宮から宝塚にいたる西宝線が開業したのは一九二一年九月二日であったが、同年下期には、阪急電鉄の『第二九回営業報告書』（一九二一年下期）が予測していたように、前年同期よりも浴客数で九万九五七五人、収入で一万七七五二円の増加をみた。しかも阪急電鉄は、翌一九二二年四月一日に西宝線の全線複線化が完了すると、宝塚を「遊覧場トシテ内外ノ設備ヲ充実セシムル」という方針をたてた。[17] そして、一九二〇年までは宝塚新温泉の浴客による収入が宝塚経営の収入総額の過半数を占めていたが、一九二一年には二九・六パーセント、二二年には二八・八パーセントとなった。宝塚新温泉の収入に大きく依存していた宝塚経営にも次第に変化がみられるようになったのである。

宝塚ホテルと六甲山ホテル

一九二一（大正一〇）年九月、阪急西宝線が開通すると、宝塚南口駅が宝塚新・旧温泉への玄関口となった。それから数年後の一九二六年五月、その宝塚南口駅前に洋館五階建ての宝塚ホテルが開業した。総工費は二三万八〇〇〇円、建設を請け負ったのは大林組であった。

宝塚ホテルの資本金は五〇万円で、取締役には平塚嘉右衛門、須藤久之助、南喜三郎、岩田常右衛門、山口幸太郎、木村篤三、監査役には林治作、吉野重三郎が就任し、平塚が代表取締役となった。平塚は、良元村（現宝塚市）の旧家の出身で、宝塚歌劇場の入口「桜通り」に建立された顕彰碑にあるように、「阪急電鉄と提携し宝塚旧温泉、宝塚ホテル、宝塚ゴルフ倶楽部を創設し」、宝塚市の「観光住宅都市としての繁栄の基礎を築」いた人物として知られている。

宝塚ホテルは南喜三郎が「一流観光地にふさわしいホテルを造れという小林一三の指示」によって建設し、阪急電鉄も資本金の半額を出資した。宝塚ホテルの「設立趣意書」には、「大阪神戸ニハ多数ノ内外人カ気分ノ好イ簡易ナホテルヲ要望シテ」おり、「文化生活ノ趨勢ハ将ニ宝塚温泉ホテルノ出現ヲ勢望シテ」いると述べられている。宝塚は、「阪急電鉄ノ劇場経営ニ依テ今ヤ理想的民衆郷」となっており、それにふさわしいホテルが求められていたのである[18]。なお、一九二六年八月に宝塚倶楽部が発足し、阪急電鉄取締役の上田寧が理事長となった。囲碁、将棋、撞球（ビリヤード）、ゴルフ場、テニスコート、弓道場などが利用でき、阪神間に居住する著名人の社交の場となった。

しかし、宝塚ホテルの経営は必ずしも良好ではなかった。宝塚ホテルは、一九二八（昭和三）年一〇月の臨時株主総会で倍額増資を決めると、阪急電鉄は同ホテルの株式を大量に取得し、同年一一月には宝塚ホテルの別館として六甲山ホテルの建設に着手した。工事を請け負ったのは、竹中工務店である。すでに、阪急電鉄は六甲山の開発に着手しており、山頂に食堂と宿泊施設を兼ね備えた「六甲阪急倶楽部」を開設していた。六甲山ホテルは、この「六甲阪急倶楽部」を改築したもので、箱根宮ノ下にある洋式ホテルの老舗・富士屋ホテルを模範としていた。

六甲山ホテルは、世界大恐慌が起こる直前の一九二九年七月一〇日に開業した。夏期の避暑客を対象としていたので、営業時期は七、八の二カ月のみであった。小林自身も、夏期にはしばしば六甲山ホテルを利用していた。小林は、これを機に六甲山索道株式会社を設立するなど、六甲山の観光開発を本格化していった。

宝塚ホテルは、一九三〇年一月に宝塚南口駅構内に売店を設け、同年五月には六甲山ホテルが「六甲山上阪急食堂」を開業した。六甲山ホテルは、一九三九年には宝塚南口駅にサービスステーションを設け、物品販売、手荷物の一時保管、宝塚の案内業務などを開始し、同年七月には六甲山上展望台に一部を賃借して喫茶店を開業した。

それにしても、宝塚ホテルや六甲山ホテルの経営は困難を極めた。小林は、のちに「元来ホテルの経営位むつかしいものはない」と述べ、「私は宝塚ホテル、六甲《ママ》ホテル、熱海ホテル、別府ホテル、琵琶湖ホテル、その他直接間接に関与して、どれ丈赤字を負担したことであろう。なぜ日本のホテルは、ウマクゆかないのか、どうすればよいのかに就て若い人達を外遊せしめ、調査せしめ、相当に苦労したに拘らず、結局要領を得ずして其経営の至難なるに萎縮した」と、ホテル経営の難しさを嘆いている。[19]

宝塚の進化

一九二三（大正一二）年一月二二日、宝塚新温泉で火災が起こり、温泉浴場一棟を残して、歌劇場、食堂、休憩室、廊下などを焼失した。しかし小林は、これをむしろ好機ととらえ、宝塚を「民衆娯楽の理想郷[20]」とするべく、中劇場の新築に取りかかり、ほぼ二カ月後の三月二〇日に竣工させ、四月一六日から公演を開始した。さらに遊園地、小劇場などの諸設備が完成し、遊園地の隣接地に大植物園を建設するという計画も立てられた。新築のパラダイスや洋食堂も八月一五日までにすべて完成し、運動場もつくられた。こうして宝塚新温泉は面目を一新したのであるが、阪急電鉄の『第三三回営業報告書』（一九二三年下期）は、その様子を次のように記している[21]。

宝塚新温泉ハ諸設備ノ充実ニ伴ヒ益々好成績ヲ挙ゲ得タルガ二月中ハ歌劇場ヲ東京市村座尾上菊五郎一座ニ貸与セリ、目下建設中ノ大歌劇場モ近ク竣成ノ予定ニ付之レガ完成ノ暁ニ於テハ更ニ一段ノ盛況ヲ呈スルニ至ルベク加フルニ運動場、遊園地、植物園等モ亦日ヲ追フテ充実スベク以テ一般遊覧客ノ利用ニ提供シ尚ホ震災後解散シタル日本運動協会ノ選手ヲ引継ギ宝塚運動協会ヲ設立シタレバ運動場ノ利用ハ将来益々頻繁ナルニ至ルベシ。

関東大震災後の一九二四年七月一九日には大劇場も竣工した。この大劇場は約四〇〇〇人の観

宝塚大劇場　1924年

客を収容することができ、マックス・ラインハルトの主宰するドイツ・ベルリンのグローセ・シャウシュピールハウスに比肩しうる大劇場で、小林の「新民衆的大劇場主義」という理想を体現したものといえる。小林が大劇場主義を主張するのは、「いゝ芝居を、安い料金で、広く大衆に見せたい」と考えていたからである。中小劇場では、一人あたりの入場料がどうしても割高になってしまい、演劇が「一部少数の特権階級の娯楽」になってしまうというのである[22]。

大劇場では、尾上菊五郎一座、市川猿之助一座、劇団築地小劇場、水谷八重子一座などを招聘した。また、宝塚国民座が組織され、新民衆劇団として活躍した。ロシアやイタリアのグランドオペラ、アメリカのデニショーン舞踏団、中国の名優・梅蘭芳や緑牡丹なども招聘された。阪急電鉄の『第三四回営業報告書』（一九二四年上期）は、「宝塚新温泉ハ諸設備ノ充実ニ伴ヒ益々好成績ヲ挙ゲ得タルガ殊ニ七月下旬ヨリ大歌劇場ノ開場スルニ至リ一段ノ盛況ヲ呈シ」と大歌劇場の開場を契機に宝塚の賑わいがいっそう増していったとしている。[23]

一九二二年六月には宝塚運動場の一部に大野球場が竣工し、遊園地も同年一一月に完成した。また、遊園地に隣接して大植物園を建設する計画も立てられた。小林は、関東大震災の影響で解散を余儀なくされた日本初の職業野球団「日本運動協会」に働きかけ、一九二四年に宝塚運動場を本拠とする宝塚運動協会として再出発させた。ほかに職業野球団がなかったので、日本運動協会はもっぱら学生や実業団、クラブチームと対戦していた。一九二五年上期には、シカゴ大学の野球選手を招聘し試合を行なった。また、一九二六年七月にはスタンフォード大学、九月にはワシントン大学と試合を行なった。

箕面有馬電軌は、当初は箕面にグラウンドを持っていたが、野球の試合ができるほどの広さではなかった。そこで、一九一三年六月の豊中停留場の開設に合わせて豊中にグラウンドを開場した。豊中停留場の開設は、一九一三年一〇月一日とされているが、同年六月には枕木づくりの仮設停留場が開設していた。グラウンド開きのイベントには、慶應義塾大学とアメリカのスタンフォード大学との試合が行われた。豊中の野球場では、第一回、第二回の「全国中等学校優勝野球大会」（現在の全国高等学校野球選手権大会）が行われた。しかし、豊中の野球場は遅くとも一九二〇年三月九日には閉鎖され、宝塚に野球場が開設されたのである。[24]

その後小林は、一九三六年一月に大阪阪急野球協会（阪急）という職業野球団をつくった。一九三五年一〇月、ワシントンに滞在していた小林のもとに、ライバルの阪神電鉄が年内にも職業野球団を結成するという情報が舞い込むと、小林は職業野球団の結成を即座に決断し、大阪阪急野球協会をつくった。そして、翌一九三七年五月には西宮駅北口に阪急西宮球場を建設した。

小林は、後楽園スタヂアム（野球場）の開設にも深くかかわっていた。一九三五年の秋頃から後楽園スタヂアム創設の気運が高まり、予定地の東京砲兵工廠跡地の払い下げが日程にのぼった。小林は、その代表者になるようにと頼まれたが、職業野球についてはアメリカでも相当苦労しており、日本ではまだ一〇年早いと断った。しかし、外遊中に職業野球団の結成を決断し、一九三六年一一月には株式会社後楽園スタヂアムの創立発起人に名を連ねた。この時、小林の幼くして離別した父・甚八の子供である、田邊七六、宗英の兄弟も発起人に名を連ねていた。

後楽園スタヂアムの取締役会長には田邊七六が就任し、田邊宗英は専務取締役となった。小林は、正力松太郎とともに相談役に就任した。後楽園スタヂアムは、一九三七年九月から営業を開始したが、経営は良好とはいえなかった。そうした中で小林は一九三八年六月に同スタヂアムの株式の過半数を取得した。当時、同スタヂアムの株価は額面を一、二円割っていたが、小林は額面で引き受けたのである。小林からすれば、この広大な野外劇場を大衆娯楽の専門家の手で活用すれば、必ず大観衆を獲得しうると考えられたのである。なお、一九四二年一二月、後楽園スタヂアムの社長に田邊宗英が就任した。(25)

話題が少し横道にそれたが、宝塚新温泉の浴客数は不景気のため、一九二六年には著しく減少し、その後も伸び悩んだ。しかし、小林はこの間、一九二九年一一月一日にはルナパーク、三一年一一月一日には外園を新設し、宝塚植物園を合併した。そして、一九三〇年一月一日には、宝塚新温泉の構内と宝塚ルナパークの園内を結ぶ陸橋を新設し、共通の入園料を大人三〇銭、小人一五銭とした。不況下でもあったので、浴客数は減少したが、収入は増えた。

宝塚新温泉では、図書館、女子青年会館を新設するとともに、一九三二年七月末には五〇〇〇人の観衆を収容できる五〇メートルの公認プールを竣工した。開設当初は敷地面積二〇〇〇余坪、経営費二万円足らずであった宝塚新温泉も、今や敷地面積五万坪、経営費六六万円、設備費二七〇万円の行楽地となった。宝塚は、「今や阪急の宝塚にあらず、関西の宝塚にも非ず、実に日本の大宝塚」となったのである[26]。

その後、一九三五年一月二五日には、宝塚大劇場を火災で焼失したため、一九三四年下期の浴客数は前年同期よりも六万二八五人も減少し、総収入で一万二七六四円、食堂・その他で二万四三一八円の減少となった。しかし、一九三五年四月一日に大劇場が華々しく復活すると、一九三五年、三六年には浴客数、収入とも大幅に増加した。

宝塚経営の動向を示した図表1・9（八九ページ）によれば、一九二三年度の宝塚新温泉の収入の宝塚経営総収入に占める割合は二五・四パーセントであったが、二八年度には一七・三パーセントまで下がった。一九三〇年上期に入浴料金の改定がなされたため、その後は上昇に転じるが、二〇パーセント前後で推移している。宝塚の開発が進むにつれて、新温泉の入浴料以外の収入の割合が増えたのである。「宝塚設備費」とは、劇場、歌劇学校、グラウンド、遊園地など、「宝塚ニ於ケル諸設備」の勘定科目で、従来は「建設費」として支弁されていたものが、設備の拡張とともに一科目として処理されることになったものである。[27] 宝塚経営の利益を宝塚設備費で除して利益率をみると、一九三三年度までは極めて低率で、マイナスの年度も少なくはなかった。ようやく利益率が五パーセントを超えるのは、一九三四年度からであった。このように宝塚の開発は著しく進展するのであるが、宝塚経営の利益率は低調であった。

宝塚唱歌隊の充実

宝塚唱歌隊第一期生が採用されたのは、一九一三(大正二)年七月であった。そのメンバーは、高峰妙子、雄山艶子、外山咲子、由良道子、八十島楫子、雲井浪子、秋田衣子、関守須磨子、三室錦子、小倉みゆき、大江文子、松浦もしほ、三好小夜子、筑波峰子、若菜君子、逢坂関子の一六名であった。

唱歌隊の指導者には安藤弘・智恵子の夫婦が就任した。安藤は、第一次鳩山一郎内閣の文部大臣安藤正純の弟で、本願寺の僧侶の経験もあるという異色の経歴の持ち主であるが、「多年歌劇に一つの理想を持って」いた。妻の智恵子は、三井物産の重役小室三吉の娘で、のちに世界的なオペラシンガーとなる三浦環のライバルであった。上野音楽学校出身の藤本一二の妹が智恵子の同級生であったという縁で招かれたのである。小林は、安藤弘の宝塚唱歌隊指導者への就任を「宝塚の幸運」と歓迎していた。(28)こうして、安藤弘が指導者として宝塚唱歌隊を統括し、唱歌は妻の千恵子、音楽は高木和夫が指導した。そして、事務については宝塚新温泉の主任安威勝也が取り仕切ることになった。宝塚唱歌隊の体制が整えられたのである。

当時、宝塚唱歌隊の内部では二つの方針が対立していた。一つは、唱歌を歌うだけではあまりにも単純なので、歌劇を上演すべきだという考え方である。もう一つは経営者的な見解で、本格的な歌劇では高踏的にすぎて温泉場の余興にはふさわしくないので、もっと平易なものを上演すべきだという見解である。一時的に対立したこともあったが、双方が歩み寄って高尾楓蔭、久松一声を振付に招聘し、第二期生として瀧川末子、篠原浅茅、人見八重子、吉野雪子の四名が加わって、宝塚少女歌劇養成会が組織された。

宝塚少女歌劇養成会の教育方針は、ほぼ東京音楽学校（現東京芸術大学）の規則に則っていた。入学資格は小学校修業一五歳以下の少女で、修業年限は三年であった。その間に、彼女らは器楽、唱歌、和洋舞踊、歌劇などを学ぶのであった。

第一回公演は、一九一四年四月一日、パラダイスの室内水泳場を利用して行われた。水槽の全面に床を張って客席とし、脱衣場を舞台に改造したのである。ただし、この時点では夏には再び水泳場にするつもりでいた。第一回公演で演じられた曲目は、歌劇「ドンブラコ」（北村季晴作）、喜歌劇「浮れ達磨」（本居長世作）、ダンス「胡蝶の舞」（宝塚少女歌劇団作）であった。

日本の劇壇史の大きな画期となる宝塚歌劇は、こうして温泉場の余興として生まれたのである。しかし、それは同時に新国民劇へと成長していくための小さな第一歩でもあった。

その後、宝塚少女歌劇養成会では、一九一四年八月一日から「浦島太郎」(安藤弘作)、「紅葉狩」(小林一三作)、「音楽カフェー」(安藤弘作)、一九一五年には「平和の女神」「兎の春」「雛祭」(薄田泣菫作)などが上演された。この頃は、小林一三も脚本を書いていた。

処女公演は成功をおさめ、公演回数を春、夏、秋、冬の年四回と定めて、新作歌劇を上演した。しかし、第一次世界大戦が勃発すると日本経済が不況に陥り、観客の数が減少した。こうした時に大阪毎日新聞社が、一つは宝塚歌劇を世の中に紹介するため、もう一つは大毎慈善団の基金募集のために、大毎慈善歌劇会を年末に開催することになり、第一回目の公演が一九一四年一二月一一日から三日間、北浜の帝国座で開催された。

大毎慈善歌劇会は好評で、一九一六年末の第三回目からは道頓堀の浪花座に進出して行われたが、殺到する観客を収容し切れなかった。そこで、第五回目からは中之島の中央公会堂で開催することになった。そのほか、鐘淵紡績慰安会、愛国婦人会慈善会、京都青年会大バザー、医科大学慈善会などからも招聘され、大阪、京都、神戸と出張公演を行なった。経営難に悩みながらも、楳茂都陸平(振付)、三善和気・原田潤(作曲)らを歌劇団の教師に招き、新しい舞台芸術を育てていった。

少女歌劇養成会は、その後いっそう拡充して音楽歌劇学校とする方針がとられ、一九一八年一二月二八日に私立学校令による認可を受け、一九年一月六日に宝塚音楽歌劇学校が創設された。初代校長には小林一三が就任した。東京音楽学校、フランスの歌劇学校に範をとったもので、予科一年、本科一年、研究科からなり、生徒の技芸の向上ばかりでなく、品性の陶冶も重視した。宝塚少女歌劇養成会の生徒は、自動的に宝塚音楽歌劇学校に入学することができた。宝塚少女歌劇団は、宝塚音楽歌劇学校の職員、生徒、卒業生によって組織され、同校で修得した音楽、歌劇、演劇、舞踊劇の発表機関となった。

非営利本位の経営

宝塚少女歌劇を観た作家の坪内逍遥は、『宝塚少女歌劇集』第一号（一九一六年一〇月）に次のような一文を寄せている。[29]

私は予て主張して居る舞踊劇の立場からしても常に双手を挙げて歌劇の隆興を賛して居るものだが、なかなか現在の日本の社会では盛んな流行の見えて来そうな模様がない。その社会の現状に対して愛らしい少女歌劇などの出来たのは思いつきだといわなければなるまい。しかもその少女歌劇団にお伽のものを遣らせて少年少女を歌劇趣味に導きつつ徐々に社会の新趣味を向上させようとの思いつきは頗る適当な方法だと思う。

一言に歌劇といっても、大きいのもあれば、小さいのもあり、深いのもあれば、浅いのもあるに違いないが、先ず現今では浅い小さいものから始めて行かなければなるまい。夫れには子供の趣味に適したお伽のようなものもよかろうし、歴史噺のようなものもよかろうが、次第次第に歩みを進めて、彼のワグネル等の試みたような大作を演ずる大オペラ団の出現するようになって欲しいものだ。歌劇に就いての研究家等も、昨今では、先ず先ず喜歌劇ぐらいから社会に広めて行くのが今の場合適度だろうと論じて居るような折柄だから、愛らしいこんな少女歌劇団も賛成されるに違いない。

坪内は、お伽噺や歴史噺を題材にした宝塚少女歌劇団に、将来「彼のワグネル等の試みたような大作を演ずる大オペラ団」に成長するものと大きな期待を寄せていたのである。宝塚少女歌劇団は、一九一八年五月に帝国劇場で東京公演を実施した。東京公演は、その後毎年行われるようになったが、築地小劇場の主宰者である小山内薫も、同公演をみて、「少女歌劇そのものの発達が日本将来のオペラだと言ったら言い過ぎもしましょうが、とにかくこういう物から本当の日本歌劇が生れて来るのではないかと思います」と、宝塚少女歌劇に期待を寄せていた。また、宝塚少女歌劇を本場のオペラと比較して「形式は先ずオペレットです。歌の間に素の台詞の這入る奴です。併し『竹取物語』などというものになると、可なりオペラらしい分子が多量に這入っていました。でも宝塚の幹部達は何処までも少女歌劇と言って貰いたい。オペラとは言って貰いたくないと言っていました。その謙遜な態度も私には気に入りましたね」と、オペラに匹敵する演劇であると評価していた[30]。

ところで宝塚少女歌劇は、新温泉の余興として誕生したので、料金を取るようになったのは帝国劇場での公演からであった。帝劇公演を皮切りに、東京では新橋演舞場、歌舞伎座などにも出るようになり、やがて東京宝塚劇場を建設した。

小林は、一九二一年頃から大劇場主義による新国民劇の創生という独自の構想を打ち出していくが、同時に演出家や作曲家、事務担当者など、宝塚歌劇の指導者たちを欧米に派遣した。一九二一年三月、宝塚歌劇団の理事であった吉岡重三郎を渡米させ、アメリカの劇界を視察させた。一九二三年五月から翌年一一月まで、作曲家の高木和夫を欧米に派遣した。そして一九二六年一月から翌年五月まで、岸田辰弥を演出企画の勉強を兼ねて欧米に外遊させた。そして、この岸田の帰国後最初の作品が「モン・パリ」であった。これは、中国、セイロン（現スリランカ）、エジプトを経てパリに旅した思い出をレビューで辿るというもので、主題歌の「うるわしの思い出、モン巴里、我が巴里」が大ヒットとなった。次いで、一九二八年一〇月から三〇年五月まで外遊していた白井鐵造が、帰国後に書いた「パリゼット」も大ヒットした[31]。

しかし、宝塚少女歌劇の経営は振るわなかった。小林によれば、「宝塚は学校も歌劇団も利益のみを目的として存在しているのではな」く、「むしろ欠損を覚悟して、将来の新しい劇芸術の大成のために勉強し努力しつつある」のであった[32]。

宝塚歌劇団の経営は、電鉄会社からの巨額な補助金がなければ決してやっていけないのである。もし営利的に経営しようと考えると、「清く、正しく、美しく」という理想は踏みにじられ、ありふれた劇団に沈み込んでしまうというのである。宝塚には、小林の三〇年来にわたる「高い理想と、国家的使命と、そして人格的芸能の大成と相俟って、新しい芝居を大成しようという」主張が貫かれている。(33)

(1) 小林一三「宝塚漫筆」『全集』第二巻四四六ページ。
(2) 箕面有馬電気軌道株式会社『第七回営業報告書』一九一〇年下期一八ページ。なお、『営業報告書』の引用にあたっては、旧字を常用漢字（または正字）に改めた。以降の注では「株式会社」を省略する。
(3) 箕面有馬電気軌道『第一〇回営業報告書』一九一二年上期二三ページ。
(4) 箕面有馬電気軌道『第一一回営業報告書』一九一二年下期二三ページ。
(5) 箕面有馬電気軌道『第八回営業報告書』一九一一年上期一八〜一九ページ。
(6) 前掲「宝塚漫筆」『全集』第二巻四四六〜四四七ページ。
(7) 宝塚市史編纂専門委員［一九八二］、『宝塚市史』第八巻（同市）五ページ。
(8) 箕面有馬電気軌道『第八回営業報告書』一九一一年上期一九ページ。
(9) 箕面有馬電気軌道『第九回営業報告書』一九一一年下期二〇ページ。
(10) 箕面有馬電気軌道『第一一回営業報告書』一九一二年下期二三〜二四ページ。
(11) 箕面有馬電気軌道『第一五回営業報告書』一九一四年下期二二ページ。
(12) 小林一三「逸翁自叙伝」『全集』第一巻一八一ページ。
(13) 「小浜村誌稿」一九三七〜三八年頃［一九七九］、前掲『宝塚市史』第六巻三三九ページ。
(14) 前掲「宝塚漫筆」『全集』第二巻四四三ページ。

(15) 阪神急行電鉄株式会社『第二一回営業報告書』一九一七年下期二三ページ。以降の注では「株式会社」を省略する。
(16) 阪神急行電鉄『第二八回営業報告書』一九二一年上期二四～二五ページ。
(17) 阪神急行電鉄『第二九回営業報告書』一九二一年下期二六ページ。
(18) 新阪急ホテル25年史編纂委員会［一九九二］、『新阪急ホテル25年史』（同社）一ページ。
(19) 小林一三「私の人生観」『全集』第一巻二五〇ページ。
(20) 吉原政義編［一九三二］、『阪神急行電鉄二十五年史』（同社）六ページ。
(21) 阪神急行電鉄『第三三回営業報告書』一九二三年下期二五ページ。
(22) 小林一三［一九五四］、「序」萩原広吉編『宝塚歌劇四十年史』（宝塚歌劇団出版部）所収。
(23) 阪神急行電鉄『第三四回営業報告書』一九二四年上期二三ページ。
(24) 正木喜勝［二〇一四］、「豊中グラウンドの誕生とその意義」『阪急文化研究年報』第四号二三ページ以下。
(25) 株式会社後楽園スタヂアム社史編纂委員会編［一九九〇］、『後楽園スタヂアム50年史』（同社）九～三五ページ。
(26) 前掲『阪神急行電鉄二十五年史』七ページ。
(27) 阪神急行電鉄『第三二回営業報告書』一九二三年上期一〇ページ。
(28) 前掲「宝塚漫筆」『全集』第二巻四四九ページ。
(29) 同前四五五～四五六ページ。
(30) 同前四五六～四五八ページ。
(31) 津金澤聰廣［一九九一］、『宝塚戦略――小林一三の生活文化論』（講談社現代新書）五六～五八ページ。
(32) 前掲「宝塚漫筆」『全集』第二巻四六九～四七〇ページ。
(33) 同前四七〇ページ。

Ⅴ　阪急百貨店の開業と発展

阪急電鉄本社ビルの建設

箕面有馬電気軌道は一九一八（大正七）年二月に阪神急行電鉄と社名を変え、二年後の二〇年七月に大阪の梅田と神戸を結ぶ神戸線を開業した。そして、その年の一一月、梅田駅構内に赤煉瓦造り五階建て（建築面積八三・一九坪、地下一階・地上五階で延面積は約五〇〇坪）のビルディングが竣工した。この建物は、阪急電鉄本社ビルと呼ばれ、三階から五階までは本社事務所として使用し、二階で阪急電鉄直営の食堂を開業したが、一階では白木屋百貨店と賃貸契約を結び、食料品や日用雑貨などを扱う売店を開業させた。

白木屋は、三越と同様に江戸期の呉服商に起源を持ち、一九〇三年一〇月に百貨店に転換し、一九年二月に株式会社組織となった。東京の本店を中心に各地に支店を出店していたが、当時、大阪の堺筋備後町角にビルディングを建築中であったので、梅田への出張店の開設を希望していた。したがって、梅田出張店の開設は、白木屋の要請であったともいえる。しかし、それは以下に述べるように、小林のターミナル・デパート開設のための市場調査の一環でもあった。

なお、阪急ビル二階の食堂のメニューは洋食のみで、一皿三〇銭均一のビーフステーキ、カツレツ、オムレツ、ハムサラダ、コロッケ、カレーライス（コーヒー付き）などが人気を呼んだ。一円の定食（五品・コーヒー付き）は一九二一年三月に廃止され、四〇銭のコーヒー付きランチとなった。カレーライスはのちに二五銭となり、やがて二〇銭に値下げされ、どこよりも安く洋食を提供するレストランとして好評を博した。

小林一三が、梅田駅で阪急百貨店の開業を思いついたのは、次のような考えからであった。越後屋呉服店は、一九〇四（明治三七）年一二月に「デパートメント宣言」をして三越百貨店を創業し、近代日本の百貨店業界を牽引してきたが、客集めに苦労をしていた。客の興味を引くため催事を実施するほか、東京駅から三越までの徒歩一〇分の距離に一四の座席を備えた「赤自動車」を走らせ、できるだけ多くの客を集めようとしていた。

一方、阪急電鉄のターミナル梅田駅では、一日に十数万人の乗降客がある。したがって、ここに百貨店をつくれば電車の利用者がそのまま顧客となるので、集客にコストをかけなくてもよく、その分一割程度の廉売ができる。

このように考えて小林は、阪急電鉄本社ビルの一階を白木屋に賃貸したのである。のちに小林は、「初めは、梅田駅頭（神戸行電車のりば）へ極く小規模の建物を作って試みに白木屋にやらせて見たのである。さて開店して見るとその成績はなかなかよい」[1]と述べているように、阪急ビルの一階を白木屋に賃貸したのは、みずからのターミナル・デパートの構想を確実なものとするための市場調査という意味合いをもっていた。店舗の賃貸料を固定せずに売上歩合制としたのは、そのためであった。賃料を稼ぐというよりは、売上歩合を口実に日々の売上高を調べたかったのである。このように、直営の百貨店を開業する前に他店に開業させて市場調査を試みるというような、用意周到な経営は「小林式経営法」と呼ばれる。「電鉄会社が百貨店を経営してゐるところは日本にはもとより、外国にもその例がな」かったので[2]、小林は慎重だったのである。

阪急マーケットの開業

阪急電鉄では、一九二五（大正一四）年二月、阪急マーケット準備委員会を組織し、直営マーケット開設の準備に取りかかった。準備委員会のメンバーは素人ばかりであったが、「マーケットで何を売るか」という課題を提起し、調査・研究を始めた。小林は、準備委員会に「今度マーケットを開業するが、何も派手なことをすることはない。また商品のすべてをならべることもない。ただマーケットで一番よく売れそうなものをならべたまえ」と指示した[3]。

準備委員会は、小林の指示を忠実に実行し、阪急梅田の白木屋出張所のほか、阪神の大海堂、京阪の野田屋、大軌の三笠屋など電鉄沿線に位置する食料品店を調査した。また、白木屋梅田出張所をはじめ、各電鉄始発駅の売店出入口に立って、客の数を丹念に調べた。そして、その結果を踏まえて準備委員会は、二階の売場で食料品（菓子類、乾物、調味品、佃煮、果物）、三階の売場で小間物、化粧品、家庭用品、麦藁帽子《むぎわらぼうし》などの季節物を販売してはどうかという報告書を提出した。

一九二五年四月、白木屋との賃貸契約期限が満了となり、白木屋梅田出張所は閉鎖された。そして、五月五日の端午の節句を期して、すでに買収していた大阪日日新聞社の建物に本社事務所を移転させ、六月一日に五階建ての阪急電鉄本社ビルの二、三階をすべて利用して阪急電鉄直営の阪急マーケットを開業した。なお、本社ビルの一階には停車場への出入口、待合室がつくられ、二階にあった食堂は四階と五階で営業を続けた。新食堂の面積は一四〇・三七坪（客席一〇七・九六坪、料理場三二・四一坪）と二倍近くに拡大し、来客数も増加した。一日平均来客数は、一九二五年には三三三七人であったが、二六年には四〇九二人、二七年には四七七八人となった[4]。

阪急マーケットは、一九二五年六月一日に開業した。電鉄会社が直営でマーケットを経営するのは、日本ではいうまでもなく、世界的にみても初めてのことであった。阪急電鉄の阪急マーケット係は、次のような「開業に際し御願ひ申上ます」という案内ビラを五万枚作成し、三万枚を沿線の新聞に折り込み、二万枚を梅田駅と神戸駅で乗客に配布した[5]。

今回当社直営の下に沿線御在住者の御便宜の為めに梅田阪急ビルディング階上にてマーケット開設日用品の販売を始めました。

皆様の御利益本位で親切な商売を致したいと存じますが何分初めての仕事とて定めし御不満の点も多々ございませうからどうか皆様のマーケットとして御気附の事は御遠慮なくお申付下さいまして漸次充実せるマーケットになりますます様何卆御引立の程御願ひ申上ます。

阪神急行電鉄株式会社

阪急マーケット係一同

こうして、日用品販売を目的とする、当時としては大型のマーケットが開業した。売場面積は各階とも八〇坪で、二階は菓子類、缶詰、瓶詰、佃煮、乾物、果物、書籍・雑誌、煙草、玩具、その他一般食料品、三階は化粧品、洋品、台所用品、その他一般家庭用品、現像焼付の売場となった。営業時間は午前九時から午後九時までの一二時間で、店員の数は一三三名であった。開店当日は予想外に顧客が押し寄せ、すさまじい混雑となった。特に二階の食品売場、三階のカンカン帽売場の混雑がひどかった。カンカン帽とは、当時流行していた夏季用の男性用麦藁帽子で、通常は二円ぐらいであったが、九〇銭で販売したため、割安感があって大ヒットしたのである。

阪急マーケットは、開業以来「俄然沿線居住者の熱狂的歓迎を受け」[6]、順調に売上高を伸ばした。阪急沿線の住民はもとより、阪神電鉄や省線電車の沿線住民も買い物に押し寄せ、一九二五年六月の売上高は五万八〇〇〇円であったが、半年後の一二月には一三万九〇〇〇円となり、二・四倍に増加した。[7]

そのため、仕入れ先の開拓が経営上の大きな課題となった。職業別電話帳をたよりに著名な商店を調べ、直接訪問したり興信所に調査を依頼したりして開拓していたが、一九二五年六月七日付『大阪毎日新聞』に次のような広告を掲載した。[8]

卸売問屋の御主人へ

会社直営阪急マーケットを六月一日より開業致しましたけれど素人の寄合で仕入先が頓と判らぬのでマゴツイて居ります。阪急沿線御在住の方の家庭へ必要なもので「こういふ物は必ず買ったお客様がお喜びになる」と信ずる商品について御教へを願度い。

阪神急行電鉄株式会社
阪急マーケット仕入係

三越のような江戸期の呉服店に起源を持つ百貨店は、古くから取引を続けてきた老舗の問屋など、仕入先は豊富であったが、阪急百貨店は歴史が浅く仕入先をみずから開拓しなければならなかった。小林は、阪急マーケットは、沿線の家庭が必要とするもので、買った客が喜ぶと信じる商品を提供する「大衆本位の事業」にすることを目指していたが、それが何であるかを教えてくれるようにと問屋に要請したのである。

阪急百貨店の開業

阪急マーケットの業績が向上すると、一六〇坪の売場では狭隘となり、一九二七（昭和二）年三月に社長に就任した小林は、本格的な百貨店の建設を考えるようになった。同年一二月、阪急マーケットは御堂筋の正面、すなわち梅田郵便局跡地に建築面積三二八坪、地下二階、地上八階の新館の建設に着手し、二九年三月に完成させた。旧阪急マーケットは、四月一五日から旧マーケットを新館に移転し、阪急百貨店として営業を開始した。一階には梅田駅のコンコースがあり、二階から六階までは日用品や雑貨類を主力とした直営の百貨店で、七～八階には直営の食堂が入った。そして、地下一階は魚菜市場を中心としたマーケットとなっている。開業前の四月一三日、一四日の両日にわたって、小林は『大阪朝日新聞』に次のような新聞広告を出した。(9)

阪急百貨店

いよ〱四月十五日から開店いたしますが

どこよりもよい品物を、

どこよりも安く売りたい、

と、いふ阪急百貨店の大方針に添ふやうにしたいと思ふと、中々品物が揃はない、頗る貧弱で、不行届で、お恥かしい次第でありますが、然し我々の希望は、気長に、堅実に、立派な店に育てたいと思って居りますので、それにはどうしても皆様方の、御同情と、御指導と、御引立に、よるより外に、途はないのでありますから、開店早々賑々敷御光栄のほど、伏して御願申上ます。

阪神急行電鉄株式会社
社長　小　林　一　三

小林は、阪急百貨店の経営方針を、「どこよりもよい品物を、どこよりも安く売りたい」と表現した。小林は、アメリカの百貨店について「流石科学的経営法の本場だけあって、その宣伝や販売の巧妙さについてはたしかに眼につくことが多い」と評価しながらも、「私どもの考えでは、お客様に対する本当のサービスは良い品を安く売るにある」と述べている。[10]

また、のちに小林は「阪急百貨店の大方針」という新聞広告を掲載し、なぜ「どこよりも良い品を、どこよりも安く売る」ことができるかと自問し、「経費がかゝらないからである」と答えた。そして、経費がかからない理由として、①広告費が少なくてすむから、②現金売りを主としているから、③外売りをしないから、④遠方配達の経費も省けるから、⑤阪急電車の副業であるから、⑥家賃がいらないからの六点を挙げている。[11] そして、この「どこよりもよい品物をどこよりも安く」売りたいという信条が、「遂日一般ニ認識セラレ日々多数ノ顧客ヲ迎ヘテ幸ニ順調ナル進展ヲ示シツ、好成績ヲ収メ」たのである。[12] こうして、食料品、雑貨、食堂を中心とした、本邦初のターミナル・デパートが誕生したのである。

百貨店法と阪神百貨店の開設をめぐって

小林一三は、一九三六年一一月に著した『次に来るもの』という著書の中で、「日本の百貨店組織は欧米に比し非常に発達してゐて、古来主として範を米国百貨店にとってゐるから、欧洲の百貨店がアメリカを真似しようとしてゐる今日の時代にはほとんど規模の厖大以外に驚くことが少ない」と述べた。規模の大小を除けば、日本の百貨店は欧米と遜色のないほどの発達を示しているというのである。そして、欧米の百貨店は、「いかにして安く売るかといふことよりも、いかにしたらお客様に好感を売ることが出来るか、有利に売れればたとへお客様に不要なものでも巧妙な売り方で売り付けるといふ行き方が多い。従って宣伝が第一であり、販売術が巧妙である」とみていた。[13]

しかし、世界的な不況下で、どこの国の百貨店も苦戦を強いられていた。アメリカの百貨店は、チェーンストアの進出によって圧迫され、ドイツやフランスでは、小売商との対立が激しく、百貨店に対する統制が強まり、累進税が相当高くなっていた。日本でも、百貨店法案が議会に上程されるなど、統制の傾向が強くなってきた。こうした中で「あまりに小売商を圧迫する種類の積極政策は却って統制を早めるといふ見地から、出来得る限り控へ目にして、その間にこれに対する大方針を立てて置くべきである」と述べた[14]。すなわち、百貨店は、チェーンストア、消費組合、及び政府による統制に慎重に備えなければならないというのである。

このように百貨店の経営環境が厳しくなる中で、阪神電気鉄道は一九三七年の春、百貨店法案が貴・衆両院を通過する直前に、大阪梅田駅前の区画整理地区内に約二三五〇坪の土地を得て、阪神百貨店の設立を計画した。阪急百貨店の真向かいに、資本金二〇〇万円の、売場面積二万数千坪に及ぶ大規模百貨店を開設するというのである。百貨店法案が成立すれば、店舗の拡張・新設はほとんど不可能になるので、それを見越して計画したものと思われる。

阪急電鉄は、阪神百貨店の計画に対して『阪神百貨店ノ新設ニ就テ』（一九三七年七月三〇日）を著して阪神百貨店の計画を批判した。それによれば、一九三〇年代になると、百貨店は「消費大衆ノ要求ニ適合セル配給機関」として発展し、一般小売商の顧客を奪いとった。そのため、百貨店は「小売業者ノ怨嗟ノ的」となり、百貨店と小売商の対立は、単なる経済問題ではなく社会問題となった。

一九三三年四月に百貨店商業組合が設立され、百貨店は自制協定を結び、商工省の承認のもとに統制規約を制定し、競争激化のもとで陥りやすい不当競争のもたらす弊害を除去しようとしてきた。しかし、商業組合は強制加入の規定を欠いていたので、統制の効力は加盟店の範囲にとどまり、アウトサイダーを拘束することはできなかった。そのため、百貨店法制定促進運動が展開され、一九三七年三月の第七〇議会で、百貨店法が貴族院を通過したが、衆議院で討議中に議会

図表1・10　大阪市内の百貨店売場面積（1937年）

店名	売場面積（坪）	拡張計画（坪）
大丸大阪本店	12,246	
三越大阪支店	6,334	
高島屋	14,755	10,000
松坂屋大阪支店	11,638	3,400
大阪そごう	10,186	1,400
阪急百貨店	11,138	
大軌百貨店	3,328	3,300（第1期）
京阪デパート	2,500	
大鉄百貨店		6,900（第1期）
合計	72,125	25,000

［出典］　阪神急行電鉄株式会社『阪神百貨店ノ新設ニ就テ』1937年7月30日。

が解散となり、成立をみなかった。阪神電鉄は、それを奇貨として阪神百貨店を設立したのである。

以上のように述べて阪急電鉄は、阪神百貨店の設立計画を「果シテ百貨店営業ノ実質ニ関シ、適確ナル認識ヲ有スルヤ疑ナキヲ得サル」と厳しく批判した。大阪市の百貨店の売場面積は**図表1・10**のように七万二一二五坪にも及び、拡張計画二万五〇〇〇坪を加えると九万七一二五坪にもなる。六大都市の百貨店の売場面積一坪あたりの人口を比較すると**図表1・11**のようで、大阪市は四一人と最も少ない。第二位が京都市の六二人、第三位が東京市の六六人であるから、大阪市は他市を圧倒的に引き離している。そのため、大阪市内での百貨店間の販売競争は激しく、各種の廉売、出張販売、囮《おとり》販売などの弊害が生じている。こうした中で、大阪市に新たに二万数千坪の売場面積を持つ阪神百貨店が出現すれば、百貨店間の販売競争はいっそう激しくなり多くの社会問題を惹起することになると警鐘を鳴らすのである。

図表1・11　六大都市における百貨店1坪あたり人口（1937年）

都市名	人口（万人）	1坪当り人口（人）
東　京	600	66
大　阪	300	41
京　都	110	62
神　戸	100	83
名古屋	110	68
横　浜	70	93

［出典］　阪神急行電鉄株式会社『阪神百貨店ノ新設ニ就テ』1937年7月30日。

とりわけ、阪神電鉄と阪急電鉄は、阪神間に並行する路線を持ち、激しい競争を展開してきた。したがって、阪神百貨店が出現すれば、阪急百貨店との競争が激化するのは火をみるよりも明らかである。阪急百貨店は、阪神百貨店よりも一〇年ほど長い歴史を有しているので、阪神百貨店は大資本を擁して廉価販売を標榜して阪急百貨店に挑戦してくるに違いない。両社の競争は、「採算ヲ度外視シテ勢ノ赴ク所或ハ一方ノ百貨店ノ潰滅ヲ見サレハ止マサル」という破滅的競争に陥る。

阪神百貨店と阪急百貨店との競争は、両社間にとどまらず、大阪市内の他の百貨店にも波及するであろう。それればかりか、さらに一般小売商も競争に巻き込まれ、窮地に陥る。その結果、小売商の反百貨店感情が刺激され、せっかくおさまっていた百貨店対小売業問題が再燃するであろう。すなわち、「阪急、阪神両社ノ闘争ハ、惹テハ大阪市内各百貨店ニ及ヒ、更ニ小売業者ニ波及シ、経済問題ハ一転シテ社会問題ト化スル」のである。これは「愚の骨頂」である。(15)

(1) 小林一三「私の行き方」『全集』第三巻九七ページ。
(2) 同前九六ページ。
(3) 株式会社阪急百貨店社史編集委員会編［一九七六］、『株式会社阪急百貨店二十五年史』（同社）七八ページ。
(4) 同前七五ページ。
(5) 同前八七ページ。
(6) 狩野弘一編［一九三六］、『大・阪急』（百貨店新聞社）二一一ページ。
(7) 前掲『株式会社阪急百貨店二十五年史』八三ページ。
(8) 同前八六ページ。
(9) 同前一〇四ページ。
(10) 小林一三「私の事業観」『全集』第一巻三三九ページ。
(11) 前掲『株式会社阪急百貨店二十五年史』一二二ページ。
(12) 阪神急行電鉄『第四五回営業報告書』一九二九年下期二三ページ。
(13) 小林一三「次に来るもの」『全集』第七巻四二ページ。
(14) 同前四五ページ。
(15) 以上の記述は、阪神急行電鉄株式会社『阪神百貨店ノ新設ニ就テ』（一九三七年七月三〇日）による。

Ⅵ　田園都市会社・目黒蒲田電鉄の経営

田園都市会社の設立

阪急電鉄の経営に敏腕をふるった小林一三は、一九二一（大正一〇）年六月から田園都市株式会社の経営に参画し、二八（昭和三）年五月から三六年一一月まで目黒蒲田電気鉄道及び旧東京横浜電気鉄道の取締役となった。田園都市会社は、第一次世界大戦後の一九一八（大正七）年九月に渋沢栄一らによって設立された、土地・家屋の分譲を目的とする会社であった。

渋沢は、イギリスのエベネザー・ハワードによって提唱された「田園都市」に関心を持ち、有産階級の東京市内から郊外への住居の移転を進めたいと考えていた。そのため、みずから委員長となって一九一六年一一月に田園都市会社の創立委員会を開き、池上付近に土地・家屋の分譲と電車事業を営む新会社を設立することになった。一九一八年一月に発表された設立趣意書によれば、同社は「中流階級の人士を、空気清澄なる郊外の域に移して健康を保全し、且つ諸般の設備を整えて生活上の便利を得せしめん」ことを目的としていた。そして、荏原郡玉川村及び洗足池付近の四二万坪を事業対象とし、すでに認可を得ていた池上電気鉄道、武蔵電気鉄道のほか、大井町から洗足、玉川の開発予定地に達し、玉川電気鉄道の駒沢付近を経て新宿にいたる、荏原電気鉄道の敷設も計画していた。[1]

田園都市会社は一九一八年九月に設立され、資本金は五〇万円(一万株)であった。渋沢栄一が一六〇〇株、東京商業会議所会頭の中野武営が六〇〇株を所有し、そのほかでは服部金太郎(一八〇〇株)、緒明圭造(一八〇〇株)、柿沼谷雄(一〇〇〇株)、伊藤幹一(一二〇〇株)、星野錫(六〇〇株)、市原求(六〇〇株)、竹田政智(四〇〇株)ら日本橋倶楽部のメンバーが大株主に名を連ねていた。日本橋倶楽部とは、一八九〇(明治二三)年に結成された日本橋界隈で事業を営む紳商の組織である。

田園都市会社の社長には中野、専務取締役には竹田が就任し、渋沢は実業界をすでに引退していたので、相談役にとどまった。ただし、中野は社長就任後まもなく逝去したため、実際の経営は専務の竹田によって担われることになった。

荏原電鉄は、一九二〇年一月、敷設予定線を大井町~調布村(現田園調布)間に変えて免許を申請した。根拠法の軽便鉄道法が廃止され、新たに地方鉄道法が施行されたからでもあるが、田園都市会社の経営地が洗足地区、大岡山地区、多摩川台(田園調布)地区に広がったので、この三経営地をいわば串刺しにするような路線に変更したのである。荏原電鉄は、一九二〇年三月に免許されると、四月に田園都市会社に無償で譲渡され、同社によって建設・経営されることになった。

こうして田園都市会社は、鉄道事業と電灯・電力供給事業を定款に加え、一九二一年二月には目黒線（大崎町～碑衾村〔現大岡山〕間）の敷設免許を受けた。そして、一九二二年八月に電灯・電力供給事業の許可を得て、土地・家屋の経営ばかりでなく、電灯・電力供給事業や電鉄業を兼営するようになった。

目黒蒲田電気鉄道の設立

田園都市会社の大株主であった日本橋倶楽部のメンバーは、一九二〇年の反動不況の中で本業の方が危うくなった。そこで渋沢は、第一生命保険の矢野恒太に田園都市会社の株を引き受け、社長になってくれないかと頼んだ。矢野は、株式は引き受けたが、社長就任については固辞した。そこで、第一生命の役員でもあった富士紡績社長の和田豊治に相談すると、箕面有馬電気軌道の専務であった小林一三に相談をしてみてはどうかとアドバイスされた。小林は、この頃には電鉄経営と沿線の住宅地開発を一体的に進めて成功した経営者として知られていた。

矢野は、一九二一年六月、大阪に出向いて小林に会い、社長就任を依頼した。小林は、最初は固辞していたが、矢野の熱心な依頼に根負けをして、①名前を出さない、②報酬は一切受け取らない、③毎月一度だけ日曜日に行くという条件をつけて重役会に出席することにした。

大阪を企業家活動の地盤とし、「一人一業」を信念とする小林が田園都市の経営を引き受けたのは、「外ならぬ矢野さんに頼み込まれた」からであった。矢野は、「君ィ、東京では渋沢栄一という人を担いで仕事をたくらむ人はいくらもあるけれど、渋沢栄一さんを助けて、渋沢さんから頼まれて仕事をするのはないらしい。（中略）お前が初めてそれをやるのだから、大いに威張ってやってもいいだろう」と、小林を口説いたとのことである。[2]

小林は、洗足方面での買収済みの六万坪のほか、玉川、調布方面で三〇万坪の土地の買収と造成を開始し、分譲地と都心を結ぶ鉄道と一体となった開発を進めようとした。しかし、小林が役員会で意見を述べても、なかなか実行されない。そこで、小林は荏原電鉄の経営者を探しに鉄道省に出向くと、武蔵電鉄常務取締役の五島慶太を紹介された。五島は、その経緯について次のように述べている。[3]

そこで小林は一ヶ月に一度づつ《ママ》来て、重役会議に出て意見を言うわけだ。小林は茶の袴に、白足袋をはいて、マントなんか着て、その時分来たよ。そして二、三度来たけれども、自分が意見を言うが、その次に来ても少しも実行の緒についていない。それで、自分の意見を忠実に実行する人が欲しいということで、鉄道省に人をもらいに行った。小林が矢野の使いで鉄道省に行って、誰がいいかということを相談したが、鉄道省は、武蔵電気をやっている五島慶太に頼んだらいいだろうということで、今度は僕が目黒蒲田電鉄に関係するようになったわけです。

五島についての詳細な経歴は省略するが、一九一一年七月に東京帝国大学を卒業したのち鉄道省に入り、一八年九月に私鉄の監督局総務課長となり、退官するまで私鉄の監督行政を担当してきた。武蔵電鉄は一九一〇（明治四三）年六月に設立され、東京渋谷から平沼にいたる路線免許を持っていた。しかし、資金が集まらないで着工できず、一九二〇年に郷誠之助が社長になったが、同年三月の戦後不況に直面してやはり着工できなかった。五島は、このような武蔵電鉄の経営に携わっていたのであるが、小林から次のように諭されたという(4)。

君はいま郷さんと一緒に東京横浜間の武蔵電鉄をやろうとしておるが、これはなかなか小さな金では出来ないぞ。それよりも荏原鉄道をさきに敷設し、田園都市計画を実施して、現在田園都市会社が持つておる土地四十五万坪を売つてしまえば、みんな金になるのだから、まずこれをさきにやれ。そして成功したらその金で武蔵電鉄をやれば良いではないか。おれがとにかく話してやるから……。今すぐに武蔵電鉄を合併して一緒にやつてくれというても田園都市や荏原鉄道の株主はこわがつて武蔵電気鉄道にとつついて来ないから、まず君は荏原鉄道に専務取締役として入社して、僕のきめたことを実行してくれないか。

五島は、小林の忠告に従って田園都市会社電鉄部の経営を引き受け、一九二二年九月に電鉄部を独立させて、資本金三五〇万円の目黒蒲田電鉄を設立した。なお、五島は専務で、社長には田園都市会社専務の竹田政智が就任した。

目黒蒲田電気鉄道と田園都市会社の合併

田園都市会社は、一九二一（大正一〇）年までに玉川、調布、碑衾、平塚、馬込、池上などに四八万坪の土地を買収し、二二年六月に洗足の六万四〇〇〇坪の土地を第一回分譲地として販売し、二七（昭和二）年までに洗足、多摩川台を中心に約三二万坪の土地を分譲した。分譲地の売れ行きは好調で、田園都市会社は一割の配当を続けた。

分譲地の売れ行きがよかったのは、この間に田園都市会社の分譲地周辺の鉄道が整備されたからであった。五島は、「何しろ四十五万坪の土地を生かすには、目黒から一本路線を敷いただけではだめだ。蒲田からも、五反田からも、大井町からも、渋谷からも敷くというふうに、何本も増設しなければ、せっかく作った田園都市が生きて来ない」と考えて、鉄道建設を推進したのである。(5)

まず目黒蒲田電鉄は、一九二三年三月に目黒～丸子間、同年一一月に丸子～蒲田間を開業し、目蒲線（目黒～蒲田間）全線が開通した。武蔵電鉄は一九二四年一〇月に東京横浜電気鉄道と改

目黒蒲田電鉄を視察する小林一三（右から５人目）　1923年　50歳

称し、二六年二月に丸子多摩川〜神奈川間の営業を開始した。これによって神奈川線と目蒲線が相互に乗り入れ、目黒〜神奈川間の直通運転が可能となった。そして、一九二七年八月には渋谷〜丸子多摩川間の渋谷線が開業し、神奈川線と合わせて東横線と名づけられた。

目黒蒲田電鉄は、蔵前にあった東京高等工業学校（現東京工業大学）の土地を大岡山の社有地と換地して売却し、その売却益で武蔵電鉄の株を購入し実権を握った。一九二四年一〇月には、郷誠之助ら武蔵電鉄の重役を一掃し、田園都市会社の社長矢野恒太を社長に据えた。五島は、みずからも専務取締役となり、武蔵電鉄の経営陣をすべて田園都市会社及び目黒蒲田電鉄の関係者で固めた。

目黒蒲田電鉄は、一九二七年七月に大井町線（大岡山〜大井町間、大岡山〜二子多摩川間）を開

通させ、二八年五月に田園都市会社を合併した。この頃までに田園都市会社の経営地はほぼ売りつくされており、同社は当初の目的をほぼ達成していた。そのため同社を存続させる意味がなくなり、土地事業は目黒蒲田電鉄の副業として位置づけられるようになった。田園都市会社の電灯・電力供給部門も目黒蒲田電鉄の電灯部門となった。

合併後の目黒蒲田電鉄の資本金は一三二五万円となった。それに伴い矢野恒太が社長の座を退き、五島慶太が代表取締役となった。五島は、名実ともに目黒蒲田電鉄の経営の最高責任者となったのである。

こうして（旧）東京横浜電鉄と目黒蒲田電鉄は、東京西郊から横浜にかけての地域を地盤に、近郊電鉄として発展をとげることになった。東京高等工業学校など学校の沿線への誘致、砂利業、田園グラウンド、綱島温泉浴場、等々力・駒沢ゴルフ場などが整備され、積極的な旅客誘致がはかられた。なお、その後東京横浜電鉄は、一九三九年一月に目黒蒲田電鉄を合併した。

小林一三と五島慶太

東京横浜電鉄は、一九四二（明治一七）年五月に京浜電鉄と小田急電鉄を合併して東京急行鉄道となり、四四年五月には京王電鉄も合併して「大東急」となった。この「大東急」を率いる五島は小林から数々の示唆を得てきた。五島は、みずからの半生を描いた『七十年の人生』（一九五三年）の中で、小林一三について以下のように語っている。やや長文にわたるが、引用してみ

よう。(6)

このように長い苦闘の歩みではあつたが、その間というものは、私は一に小林一三の知恵をかりた。まあ教えを受けたというかたちだ。彼は今太閤というくらいの人だから知恵はあつた。結論はすぐつく。何を相談に行つてもなんでも小林のところに行けば、すぐに解決策をさずけてくれた。最近はそうでもないが、実業家になつて以来三十年間というもの、何でも彼に相談した。

また私には篠原三千郎という友人がいる。彼は服部金太郎の婿で温厚な人で、田園都市株式会社の専務であつたが、これを目蒲に合併し、東急に合併したからこつちに入つて来た。服部金太郎が田園都市会社と荏原電気鉄道の一番の大株主で、その婿だから入つて来たわけだ。私はこの篠原という友人を前の楯においた。そして小林一三を後のつつかい棒にした。いくら大風が吹いたところで篠原が先にいる。のれんに腕押しみたいなものだ。さつぱり倒れない。倒れかかつてくると、小林がつつかい棒をしてくれる。仕事をするときには私はそういう方式でやつてきた。だから今でも篠原には敬意を表しているし、小林にも敬意を表している。実業界に入つてからはほんとうに敬意を表して、私が相談相手にしたのは篠原と小林一三だけだ。矢野とか門野重九郎とかみんな厄介になつたけれども、終始一貫自分が知恵を借りて自分の決心を固めたものは小林一三だ。百貨店も全く小林の知恵により、阪急百貨店と同じようなものをつくつた。あれは「私鉄が模範的最善の設備をするには、百貨店よりほかにしようがない。沿線の住民にサービスをしなければならん」と思つてやつたのだ。映画をやるときには小林に相談しなかつたけれども、やはり小林のまねで、ようやく最近一息入れたものの、小林同様私も一応失敗した。そういうことで大体、大衆を目当とした現金収入の商売をするということを原則として来た。ブルジョア階級を相手にしてやつている商売はだめだ。大衆を相手にする現金商売というものは、鉄道とか映画とかあるいは百貨店というものだ。これは全部小林の知恵だ。

篠原三千郎は、服部時計店の創業者服部金太郎の女婿で、田園都市では専務取締役の地位にあった。五島とは、東京帝国大学時代の同期生で、目黒蒲田電鉄、東京横浜電鉄では常務取締役となり、専務取締役の五島を助け、五島が社長となると専務取締役となった。五島は、篠原と小林に支えられて大東急をつくり上げたといえる。なお、五島慶太は「強盗《ごうとう》慶太」という異名を持つが、それは池上電鉄、玉川電鉄、京浜電鉄、湘南電鉄、東京地下鉄などの株を買い占めて、経営権を奪ってきたからであった。

ところで、小林と五島との間には、三越百貨店をめぐる興味深い逸話がある。五島は、一九三八、三九年頃、三越百貨店の取締役などを歴任した実業家である前山久吉から、同百貨店の株式一〇万株を譲り受けたことがあった。五島は、東横百貨店を充実させるため、三越百貨店との合併を画策したのである。

三越百貨店の総株式数は六〇万株であったから、五島の所有株数はわずか六分の一にすぎなかった。しかし、当時の商法では、一〇分の一以上の株式をもてば株主総会を招集する権利を得ることができ、これだけの株を持てば重役になって乗り込むことも可能であった。

三越百貨店は、元々三井の事業であった。三井銀行は、三越百貨店を五島に奪われては困るので、池田成彬や小林一三を動かして、五島による三越百貨店の株式の買い占めを妨害した。五島によれば、小林はこの時「よせ、渋谷のような田舎の百貨店がそんなことをするのは、蛇が蛙を呑むより無理だ」と言ってきたので、「僕は鉄道なら君に負けないが、映画や百貨店なら君の言う通りになろう」と言い返したという。

小林の説得に譲歩して、五島は五万株を三越の子会社二幸に譲渡し、残りの五万株は東横電鉄と小林一三の阪急電鉄が所有することになった。そして、小林は一九三九年三月に三越百貨店の取締役となった。かつて三井銀行時代の小林は、三越百貨店の副支配人に招かれたことがあったが、実現しなかった。それから三十数年をへて、小林は三越百貨店の取締役に就任したのである。(7)

ところで五島は、戦後になってからみずからの事業を振り返り、「小林のまねをして」まず鉄道を敷設し、沿線に土地、住宅、さらにはターミナル百貨店、娯楽文化施設など関連事業に手をひろげてきたと語っている。(8) 五島は、小林のビジネスモデルを模倣したのである。

五島は小林から、ビジネスモデルだけではなく、いわば事業を成功に導く秘訣をも学んだ。それは、次の五点である。第一は、大衆相手の事業でなければ成功しないということ。第二は、一年先をみて事業の目標を立てるということ。一〇年先、二〇年先を目標にして計画を立てるのではなく、一年先を目標にし、その後は必要に応じて事業を拡張すればよいというのである。第三は、電鉄を敷設しても、そのままでは沿線は発展しないということ。区画整理を実施し、人工的に人口増加をはからなければ、沿線は発展しないのである。第四は、鉄道沿線の居住者が、沿線に住むことを誇りに感じるような電鉄経営を行わなければならないということ。そして第五は、人間は常に貸方に回っていなければならないということである。事業経営にあたって銀行から借金をしても、ある程度の預金をしておくことが大事である。五島は、また書画骨董、茶の湯の趣味も小林の手ほどきを受け、多少はわかるようになったという(9)。

こうして、電鉄経営を中心に、土地・家屋の分譲、ターミナルデパート、遊園地・レジャー事業など、大衆相手の事業を沿線で展開するという小林式の経営は大東急の総帥、五島慶太に引き継がれた。ただし、東京工業大学、慶應義塾大学、青山師範（現東京学芸大学）、東京都立大学（現首都大学東京）など、沿線への大学の誘致は、小林からの請け売りではなく、みずからの発案によるものだとしている(10)。

（1）東急不動産株式会社総務部社史編纂チーム編［一九七三］、『街づくり五十年』（東急不動産）三〜五ページ。なお、以下の叙述も同書を参考にしている。

(2) 小林一三「私の生活信条」『全集』第三巻五三二ページ。

(3) 小林一三・中野友礼・五島慶太〔一九五二〕、『仕事の世界』（春秋社）九〜一〇ページ。

(4) 五島慶太〔一九五三〕、『七十年の人生』（要書房）二八〜二九ページ。

(5) 前掲『仕事の世界』七ページ。

(6) 前掲『七十年の人生』三九〜四一ページ。

(7) 以上、五島慶太による三越の株取得をめぐる小林と五島の対応については、前掲『仕事の世界』一〇〜一三ページによる。

(8) 前掲『仕事の世界』一〇ページ。

(9) 五島慶太〔一九五八〕、『事業をいかす人』（有紀書房）一八九〜一九〇ページ。

(10) 同前四四〜四六ページ。

Ⅶ　東京電燈の経営再建と電力国家管理

東京電燈の社長に就任

小林一三が阪神急行電鉄の社長に就任したのは一九二七（昭和二）年三月、五四歳の時であったが、この年の七月には東京電燈の取締役に迎えられ、翌二八年三月に副社長、三三年一一月に社長となった。ちょうど昭和初期の恐慌の時代で、一九二七年三月の震災手形二法案をめぐる議会での片岡直温蔵相の失言が引き金になって各地で銀行の取り付けが起こり、渡辺銀行をはじめ九行が休業となった。翌四月には、鈴木商店に対する巨額な不良債権をかかえていた台湾銀行の経営が破綻し、近江銀行（大阪）や十五銀行（東京）などの有力銀行も休業に追い込まれた。

小林を東京電燈に招いたのは、三井銀行の池田成彬であった。当時、東京電燈の社長は甲州財閥の若尾璋八で、同社は若尾の放漫経営によって経営危機に陥っていた。そこで池田は、長年東京株式取引所の理事長を務め、財界の世話役的な実業家として知られていた郷誠之助を会長にすえ、小林と大橋新太郎を取締役としたのであった。三井銀行は、東京電燈に多額の融資をしていたので、何としても同社の経営を立て直さなければならなかったのである。なお、大橋は家業の博文館のほか、東京瓦斯専務取締役、王子製紙取締役などを歴任した実業家であった。

小林も若尾も甲州(山梨県)の出身で、小林の父の実家の丹沢家は若尾家と深い関係にあった。また、東京電燈は、日清戦争後の一八九八(明治三一)年一二月に佐竹作太郎が社長に就任して以来、神戸挙一、若尾璋八と山梨県出身者が社長となっていたので、甲州系の事業とみなされていた。そのため、小林の東京電燈の役員就任をめぐっては、「昭和元年東京電灯会社長若尾璋八の懇請に依り、東電副社長の椅子に就任し」たとの説もあるが[1]、当時東京電燈の人事権を握っていたのは三井銀行の池田成彬で、小林を口説き落としたのも池田であった。池田は、のちに「東京電燈というものは借金が減らないばかりではない。非常に殖えてくる。到底若尾君ではいかんというので最初に小林君を宝塚から引っ張って来ようとした[2]」と述べており、小林に大きな期待を寄せていたことがわかる。東京電燈の内部改革を進める上で、小林が最も適任と考えられたのである。

阪急電鉄の社長になったばかりの小林は、東京電燈の取締役に就任するのを拒んだが、再三にわたって口説かれ、ついに一九二七年七月、取締役就任を承諾した。小林は、「二十年間、わが手塩にかけて来た阪急ももう自分がゐなければならぬ」ということはない。それならば、「東京へ乗出して、大阪財界人の腕を見せてやるのも悪くは」ないと考えたのであろう(3)。こうして小林は、阪急電鉄の経営を専務取締役の上田寧にまかせ、東京と大阪を往復する生活を始めることになった。

なお小林は、一九三四年一月に阪急電鉄の取締役会長となった。小林が社長から会長に退くと、専務の上田寧が副社長となり、やがて社長となった。一九三六年一〇月、小林は会長も辞め、佐藤博夫が社長となった。こうして、小林は阪急電鉄の役職を退き、以後は東京電燈の経営に専念することになった。阪急電鉄の社長は、佐藤ののち太田垣士郎、和田薫と続くが、重要な経営上の問題については、小林が相談にのっていた。

東京電燈では、若尾社長が一九三〇年六月に辞任に追い込まれると、郷が会長と社長を兼ね、郷・小林体制が成立した。その後、一九三三年一一月二五日に小林が社長となり、郷は会長職のみとなった。

当時、東京電燈の払込資本金は三億一五七二万四〇〇〇円にのぼり、南満洲鉄道をのぞけば日本最大で、従業員の数も一万数千人に達していた。また、他の五大電力の資本金は、大同電力一億二一七〇万円、東邦電力一億二五五〇万円、日本電力六五七〇万円、宇治川電気五九七〇万円であったから、東京電燈の資本金額は、五大電力の中でもずば抜けて大きかったといえる。小林は、このように「日本一の大会社」であった東京電燈の社長に就任したのである。

ところで、小林が東京電燈の社長となると、阪急電鉄を辞めるのではないかといううわさが立った。これに対して小林は、「東電は日本一の大会社であるからといって、小なりとも日本一の模範的電鉄たる阪急のプライドに比較すれば雲泥の差である。（中略）創立時代から今日までに育て上げ、なほこれを大成すべき計画を遂行しなければならない責任の地位を捨てて、東京に移るべき理由は毛頭ないのである」と否定した。東電は「日本一の大会社」ではあったが、小林にとって阪急電鉄は「私の会社」であり、「小なりとも日本一の模範的電鉄」であった。小林は、「創立時代から今日までに育て上げた」阪急電鉄という「宝の山」を見捨てて東京に打って出るほどの馬鹿ではないというのであった。[4]

しかし、小林が経営にかかわっていく頃の東京電燈の経営は著しい悪化を来していた。**図表1・12**（一三六ページ）にみるように、社債・借入金は増加傾向にあり、利益金は一九三〇年上期以降減少しつつあった。払込資本金利益率は一九三〇年上期に一〇パーセントを切って七・五パーセントとなり、その後も漸減した。固定資産利益率もほぼ同様の傾向を辿り、一九三〇年上期に四・一パーセントとなり、以後も漸減した。配当率も一九三〇年上期に前期の八・〇パーセントから五・〇パーセントに落ち込み、三〇年下期には四・〇パーセント、三一年下期には三・〇パーセントとなった。

社内改革の実施

小林は、さっそく社内改革に着手し、まず「無駄」の排除を訴えた。特に、社員に対して「商

図表1・12　東京電燈の経営状況

(単位：千円)

期	払込資本金	固定資産	社債	借入金	積立金	利益金	払込資本金利益率	固定資産利益率	配当率
1927年下期	345,699	566,330	163,591	80,304	20,930	19,527	11.3	6.9	8.0
28・上	407,149	706,299	216,541	109,535	21,882	20,751	11.0	6.5	8.0
28・下	407,149	717,911	364,604	2,625	22,777	21,210	10.4	6.0	8.0
29・上	407,149	728,775	359,863	8,020	23,789	21,174	10.4	5.9	8.0
29・下	407,149	741,814	359,863	8,201	24,765	21,209	10.4	5.8	8.0
30・上	407,149	749,958	355,033	27,660	25,775	15,283	7.5	4.1	5.0
30・下	407,149	750,827	355,033	37,599	26,576	13,151	6.5	3.5	4.0
31・上	429,562	799,312	394,337	40,930	28,365	13,460	6.4	3.5	4.0
31・下	429,562	796,392	394,137	43,943	29,111	13,369	6.2	3.4	3.0
32・上	429,562	793,908	386,808	44,985	29,683	13,401	6.2	3.4	3.0
32・下	429,562	786,711	386,441	41,948	30,285	11,125	5.2	2.8	2.0
33・上	429,562	779,598	377,158	47,212	30,802	12,703	6.0	3.2	—
33・下	429,562	774,314	375,958	39,364	31,152	10,701	5.0	2.8	—
34・上	429,562	768,074	369,434	38,102	31,152	13,481	6.2	6.2	—
34・下	429,562	765,983	384,233	22,487	31,152	19,183	9.0	9.0	4.0
35・上	429,562	765,308	380,396	22,182	33,815	24,538	11.4	6.4	6.0
35・下	429,562	769,184	379,236	15,750	36,660	23,632	11.0	6.2	7.0
36・上	429,562	769,838	372,993	15,750	39,634	29,622	13.8	7.6	8.0

[出典]　東京電燈株式会社［1936］、『東京電燈株式会社開業五十年史』（同社）及び東京電燈『報告』各期。
[注]　利益金には、役員賞与金・社員退職金・外債償還差損引当金を含む。

品濫費の駆除」を要請し、「当社各店各所を通じ不必要な点灯特に昼間及之に類するものは総て即時之をやめること」を呼びかけた。(5)

次に小林が取り組んだのは、綱紀の粛正と接客態度の改善であった。会長兼社長の郷誠之助は、一九三一年七月に開催された第七回支店長会議で、東京電燈の当面する課題として綱紀の粛正と接客態度の改善を挙げた。すなわち、郷は「之は従来屢々申上げてゐる問題で申す迄もなく、会社経営の根幹であつて、綱紀紊乱して正当の意味に於て会社の繁栄した例は無いのでありますから、何事にも先んじて刷新して戴きたいと思ふのであります。然るに各所に於て、相不変不正事件が発見せらるゝのは寔に遺憾至極のことであります。(中略)之に関し此際特に申上げたいのは、其の処置、方法であります。どうも現在会社の処置は稍もすれば微温的に流れる虞があります。使込みに対して弁償すれば事足れりとする傾向は無いのでありませうか。元来罪は罪として弁償は弁償で、弁償したから罪がなくなつたと云ふものではありません」と述べ、綱紀粛正の必要を訴えている。また、接客態度の改善についても「兎角東電はお役所風、官僚式で困る」ということをよく耳にする。「電気事業の如き独占的の事業は、此の幣に陥り易いのであるが、「御互に店員の心持で其職を努め、御客を大切にし、親切に取扱ひ同時に公共事業に従事する我々は其事業に対し、忠実なる公僕として其業務に当らなければならない」と述べていた。(6)

社員のモラルの低下や官僚的な接客態度の責任を若尾にのみ帰すことはできないが、政友会に所属し、経営よりも政治活動に重きをおいていた若尾がそうした問題点を解決してこなかったのは事実である。東京電燈が直面していたこれらの課題を解決したのは、ほかならぬ小林一三であった。小林は、社員の不正に対して厳罰をもって臨み、容赦なく解雇した。東京電燈のモラルの退廃を解決するには、トップマネジメントが厳正な生活態度を示すとともに、不正を行なった社員に対しては非情ともみえる処置が必要であった(7)。

しかも小林は、料金徴収の過程で生じる「使込み」の問題も、「御客を大切にし、親切に取扱」うかどうかという接客の問題も、営業にかかわるものであるとし、単なるモラルの問題としてではなく、東京電燈の営業戦略にそって、すなわち「営業の革新」を進めるという方向で解決しようとした。すなわち小林は、料金事務の効率化と責任の帰趨を明確にする新しい事務システムを開発するとともに、需要の開発を目的とした電気器具の販売を通して「商売人精神」をも涵養しようとし、営業本位・サービス本位の経営への転換を強調したのである。

しかし、小林の社内改革は、必ずしも順調に進展したわけではなかった。若尾との関係がうまくいかず、小林自身が「業績の益々悪化するのは、若尾君の事毎に反対を受くるが為め」であると語っているほどであった(8)。東京電燈では、東京電力を合併したのち、松永安左ェ門が所有株式数を一挙に増やし、一九二九年下期には五〇万八三九六株を所有する筆頭株主となった。こうして若尾璋八の株主としての勢力は弱まったといえるが、いわゆる甲州系の株主の持株まで含めれば八〇万株ほどに達し、若尾はなおも総株数の一割弱の勢力を保持していたのである。

図表1・13　東京電燈の水力余剰電力量

（単位：kw ／時）

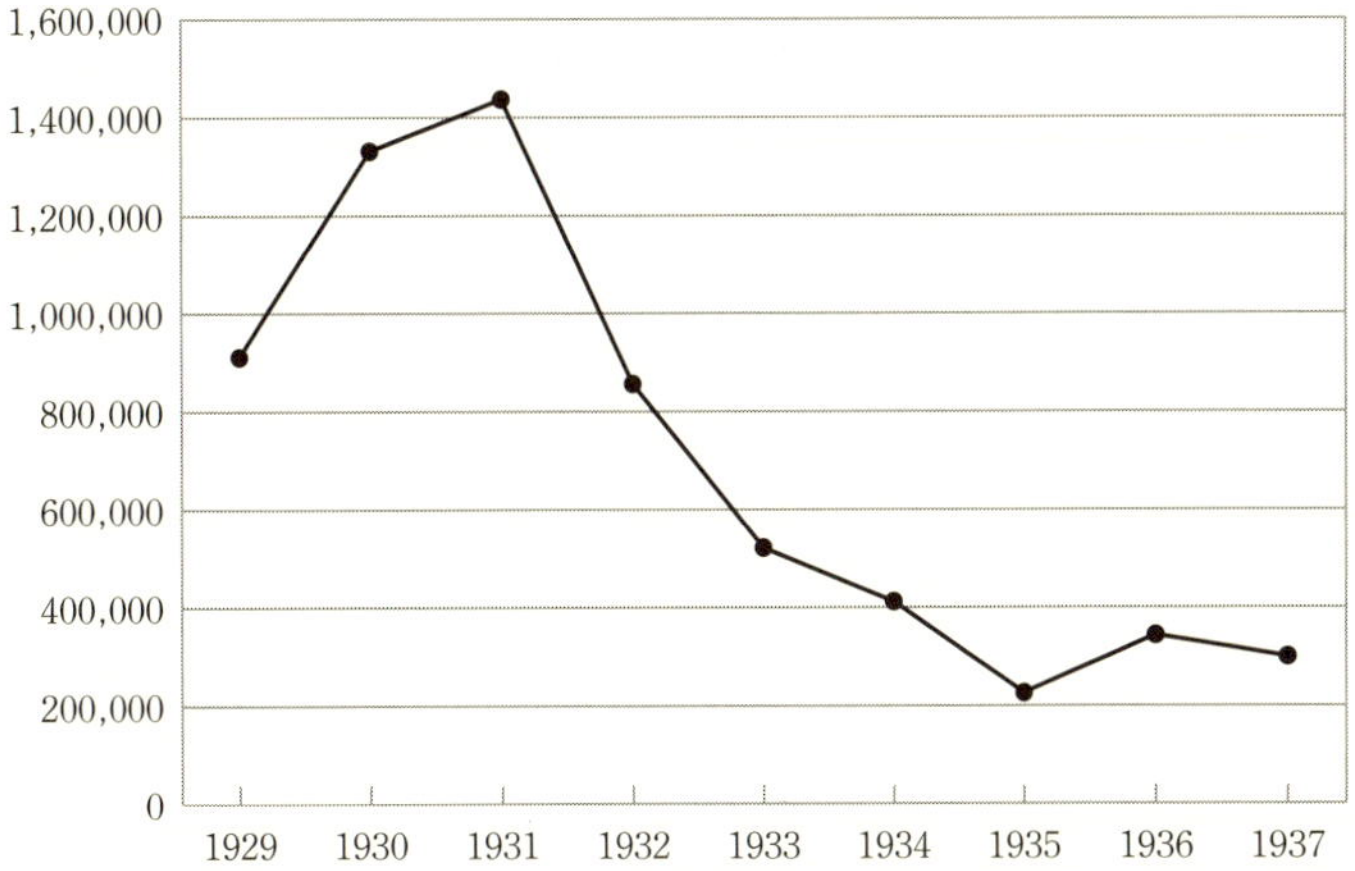

［出典］　東京電力株式会社［2002］、『関東の電気事業と東京電力』（同社）439ページ。

余剰電力の解消

小林一三が取り組んだもう一つの課題は、余剰電力の解消であった。東京電燈の余剰電力の推移をみると図表1・13のようで、昭和恐慌下の一九三一（昭和六）年度にピークに達していた。一九二九年度に九一万六八五キロワット／時であった余剰電力は、三〇年度に一三三万一四六七キロワット／時、三一年度に一四三万六六五四キロワット／時と著しく増加した。副社長の小林は、余剰電力発生の原因を、①毎年六〜七万キロワットの需要増加を見込んで発電設備を建設し、電力購入契約を推進してきたが不景気で需要が減退したこと、②東京電力の合併によって所有電力が増加したこと、③日本電力の東京進出によって得意先を奪われたこと、④鉄道省による火力発電所の運転開始によって、五〜六万キロワットの需要を失ったことなどを挙げた上で、「それよりも、何によりも不景気の襲来によつて受けたる打撃が一番大きいと思ってゐる」と分析していた[9]。

小林は、このように余剰電力問題を把握し、社員の営業意識の革新と余剰電力の解消をセットでとらえ、「商売人精神」という考え方を社員に根づかせると同時に、既存の配電設備を利用して資金をかけずに増収を図ろうと考えた。具体的には、増灯・増燭、とりわけ電気器具の販売を奨励し、「商売人精神」を社員に植えつけようとしたのである。東京電燈の『社報』(開業五十周年記念号、一九三六年一〇月)には、社員から次のような一文が寄せられた[10]。

我が東電が近年著しく、営業成績の向上発展をなしつゝあるのは、一面一般需要の増加せるに因ると雖も、他面に於て営業の第一線に在る、社員其他の従業員諸氏が、小林社長の営業方針を克く体得して、その不断の努力活躍が、茲に到らしめたものと、私は断言するに憚らぬものである。私がこゝに喋々するまでもなく、古い方々はよく御承知の通り、需要家に対するサービスの仕方、言葉の遣ひ方、器具販売勧誘の仕方等に就いて、七八年前迄は、今日の如く、電球、ラヂオ、電熱器其の他の器具勧誘に社員自ら出馬し、はては、街頭に夜店を出したり、御用聞車を引張り歩いたりし、或は需用家本位をモットーとして、百パーセントのサービスをなすべく、腐心しようなどゝは、夢想だにせられなかつたことゝ思ふ。

小林が提唱した「商売人精神」は短期間のうちに社内に浸透し、東京電燈の企業文化を根底から覆しつつあったのである。

小林は、一九三一年一二月に東京市内一七営業所体制を構築して、電力需要の開発を推進した。東京電燈は、一九二八年三月に東京市内の営業区域を中部・東部・南部・西部の四営業所体制とした。しかし、一営業所あたりの需要家数が過大であったためか、サービスは旧態依然たるもので、「東電の仕事は何を頼んでも、何回本社へ電話をかけても愈々実行に掛るには一ヶ月もかゝる」などといわれていた[11]。東京電燈の出張所や派出所は、これまでほとんどすべての指図を本社から受けていた。その意味では、「出張所派出所の受付台は本社受付台の延長」で、工事にしても料金事務にしても、いちいち本社の指示を受けなければならなかった[12]。

そこで小林は、一営業所あたりの需要家数を約五万軒（三〇万灯内外）ほどにし、これまでの四営業所体制を東京市内一七営業所体制に再編した。これによって、出張所は営業所となり、新たに本社内に連絡営業所が設置された。また、需要家に対する日常的な意思決定の権限を本社から営業所に移譲し、対需要家業務は営業所の責任とした。営業所には経理係、営業係、工事係の三係がおかれたが、業務を敏速に遂行するため相互の連絡を密にし、営業所長の采配で無駄を省いて仕事の能率を高めた。官庁や大口需要家については、連絡営業所が取り扱うことになった。

さらに小林は、一九三四年の第一二回支店長会議で、「出張所、派出所を事務的に立派に営業向きにサービスの出来る様に指導して貰いたい」という指示を、全国の支店長に出した。すなわち、対外的には顧客サービスを徹底し、対内的には作業の迅速化と事務の透明化を図れというのであった。顧客サービスの徹底は「大いに儲ける為の手段」であり、いわゆる「商売人精神の発揚」に通じるものであった。作業の迅速化とは業務分担を超えた協力体制の構築を意味し、事務の透明化は金銭トラブルをなくし、社員のモラルの低下を防ぐために必要であった(13)。

電力外債問題と財務戦略

東京電燈は、一九二〇年代に外債による資金調達を活発化していたため、一九三一(昭和六)年一二月に金輸出再禁止が実施されると、円の為替相場が暴落し外債の利払いが一挙に増加した。東京電燈は、一九三二年一一月に外債の買い入れを政府に申請し、三六年上期末の外債買戻手持高は米貨債一〇九八万八〇〇〇ドル、英貨債一九万四一〇〇ポンド、信越米貨債八四万二〇〇〇ドルに達した。

なお、外債信託契約の減債基金条項にしたがって、外債の償還を行うと、約五五四四万円の差損が生じる。そこで、東京電燈は、外債満期償還の際の差損を補塡するために一九三五年上期から外債償還差損引当金勘定を設け、外債償還期限の一九五三年下期までの三八期間にわたり毎期一五〇万円を計上し、社内に留保することにした。

また、東京電燈が一九二八年六月に外債を発行した際に受諾者と締結した信託契約書には、減価償却に関する特約条項があり、各半期に法定準備金、維持費を含んで金貨七五〇万円に加えて純増加財産の一分五厘に相当する金貨円を支出に計上することになっていた。しかし、金輸出禁止後、円の為替相場が暴落したので、この方法で減価償却金を算出すると膨大な金額となり、外債の償還期限前に抵当財産が償却しつくされてしまうということになる。それどころか、アメリカも金本位制を離脱したので、金約款はどの対外為替相場によるのかあいまいになり、様々な見解が生じた。こうした中で、小林はこの問題について次のように発言した。(14)

世間では信託契約に資産償却を金円即ち金輸出を禁じてゐない時代の円で行ふべしと規定されてゐるやうに思つてゐる向きもあるが、そんなことは書いてはない、ただ毎期七百五十万円以上の資産償却を行へとあるだけなのだ、それを飽くまでも金円で償却しろ、それがため現在金本位を維持してゐる国の貨幣即ち金フランに対する相場の円で積立てをやれと説く者が出て来るのはかういふわけだ。

即ちこれとは全く別の問題たる増加財産の評価について両当事国の貨幣がともに金本位を離脱せる場合は金本位を守る第三国の貨幣価値により評価せよとの意味が書いてある点をこちらに応用しての議論なんだが、そんなことは結局議論に過ぎない何等明文がないのに金円で積立てよといふも紙幣ドルでやれといふも結局一片の解釈であり議論であるに過ぎない、だから単に「七百五十万円以上を」とある条文に只管忠実に従い、紙幣円で積立てればいゝに決つてゐるんだ。

小林は、以上のような立場から外債の受諾会社である三井銀行、ギャランティー・トラスト社（ニューヨーク）、ラザード・ブラザース商会（ロンドン）などと交渉した。そして、一九三三年下期の決算では利益金を計上しないという前提のもとに、諸損金を差し引いた残りすべてを償却し、金円による七五〇万円の償却を履行するつもりはないという意思を示した。そして、一九三四年一一月中旬には、ギャランティー・トラスト社及びラザード・ブラザース商会から「外債の信託約款に基く固定資産の償却金（半期七百五十万円及び増加財産の一％五に当る金額）は、金円を以てするを要せず、物価昂騰の事情を考慮した上、紙幣円を以て行ふも可」という回答を得た[15]。ただし、東京電燈は、一九三四年下期の決算で減価償却を紙幣円七五五万円にとどめていた。『東洋経済新報』は、「何しろ、相手がニューヨーク・ギャランティー・トラストであり、三井銀行であるのだから、余程当局者が金融資本家から信用を得てゐなければ、金円償却問題など片付く筈がない」と、小林を高く評価していた[16]。

さらに東京電燈は、内国債の低利借り換え、購入電力の整理と料金の引き下げ、余剰人員の整理と人件費の削減など、小林のリーダーシップのもとに経営の再建・整理に取り組んできた。そして、社債や借入金による外部からの資金調達を抑制し、内部留保を徹底させることによって財務を再生させた。

昭和肥料と日本軽金属

小林一三は、電力業との関連で昭和肥料と日本軽金属という製造業に進出した。電鉄業、百貨店、レジャーなど、都市型第三次産業を主要な事業としてきた小林にとっては、やや異色ではあるが、それは余剰電力問題を解消する手段でもあった。

小林は、一九二八（昭和三）年一〇月、鈴木忠治、森矗昶《のぶてる》とともに昭和肥料株式会社を設立し、監査役に就任した。化学肥料工業は電力多消費産業であり、東京電燈が直面している余剰電力問題を解決するのに最も効果的であると考えられたからである。

高瀬川筋、千曲川筋、阿賀野川筋に合計八万キロワットの発電所を持つ、東信電気株式会社という電力の卸売会社があった。卸売会社とは、電灯・電力を供給区域内の需要家に販売する小売会社に、電力をまとめて販売する会社のことで、味の素の鈴木三郎助、鈴木忠治、森矗昶らが共同出資をして設立した会社である。東信電気は、発電電力をすべて東京電燈に販売し、東京電燈の子会社である東電証券は東信電気の筆頭株主であった。

昭和肥料の資本金は一〇〇〇万円で、東京電燈、東信電気、それに鈴木三郎助、森矗昶らが出資をしていた。新潟県の鹿瀬に石灰窒素工場、神奈川県川崎に硫安工場を建設し、鹿瀬は一九二九年九月から、川崎は三一年二月から操業を開始した[17]。その後昭和肥料は、資本金を一九三一年七月に一五〇〇万円、三三年一〇月に三〇〇〇万円とし、三九年に日本電工と合併して昭和電工となった。なお、昭和肥料は、東京電燈の余剰電力を解消するために設立されたのであるが、日本の化学肥料工業の発展にも大きな足跡を残した。

また、小林は、一九三五年九月から三六年四月にかけて欧米を旅行したが、三五年一二月にソビエト連邦のドニエプル工業地帯を訪問した。そこでは、ドニエプルの大発電所が五五万トンの電力を発電し、一万トンのアルミニウムが製造されていた。アルミニウム工業は電力を大量に消費する産業で、一トンのアルミニウムを生産するのに、少なくとも三万キロワット／時の電力が必要であるとされていたので、小林は東京電燈の余剰電力の消化に役立つのではないかと考えた。

東京電燈は、富士の裾野に「富士川電力というのと大井川の上の電力」を持っていたが、金がかかり捨てる量が膨大にのぼる「一番質の悪い電力」であった。小林は、これを活かすにはドニエプルと同じようにしなければならないと考え、大きな発電所を一つ建設し、富士川、蒲原のあたりに工業地帯をつくろうとして土地を買収した。一九三七年七月に日中戦争が勃発すると、大倉、古河の両財閥とともに三九年に日本軽金属株式会社を設立してアルミニウムの生産を開始し、小林は初代の社長となった。日本軽金属は、静岡県と新潟県に工場を持ち、戦時中には五万トンにも及ぶアルミニウムを生産した。(18)

競争から統制・国家管理へ

一九三〇年代は、五大電力を中心に競争が激化した時代である。東京電燈は、東京電力との無謀な競争を合併によって切り抜けると、今度は日本電力との競争に悩まされることになった。小泉又次郎逓信大臣は、東京電燈の陳情を受け入れずに、日本電力に東京侵入、すなわち新たな電力供給区域を認可したのである。

小林一三は、こうした競争の弊害から脱するために電力統制を主張した。独占の弊害を打破するため、電力各社の競争促進政策がとられたが、結局は合併ないしは協定によって維持されているにすぎなかった。例えば、東京市電気局、日本電燈及び東京電燈は激しい競争を展開したが、いわゆる三電協定によって妥協し、その後日本電燈は東京電燈と合併した。また、東京電力は東京侵入を果たし、東京電燈との間に熾烈な競争を引き起こしたが、一九二八（昭和三）年四月に東京電燈と合併した。

小林によれば、自由競争によって電力料金は逓減し、需要者を利すると考えられたが、実際には二重三重の投資、合併に伴う建設資金の増加などが、いたずらに電灯・電力の原価を引き上げ、料金の低減化を困難にしている。すなわち、需要の伴わない供給の増加は、かえって原価を高くするのである。たとえば一万キロの需要しかないのに二万キロの供給電力を持った場合には、二万キロの建設費を一万キロの需用家が負担することになるので、電力料金は高くなるというのである。

小林が、電灯・電力事業に求めるのは、営業本位にサービスをよくし料金を安くすることであった。そのためには、①需要を測定し、必要な電力を供給するための設備を最も経済的に建設する方法を講ずること、②原価を安くし余剰電力を避けること、③送電線連絡に実を挙げ、有無相通の設備を完成させること、④各社がそれぞれに予備火力発電所を建設するような不経済な方法を捨て、火力発電所建設の統一的計画を樹立し、電力の統制を図ること、などが重要な施策となる。しかも重要なのは、電力の統制が公営化や国営化によってなされるのではなく、あくまでも各利害関係者の協定によってなされなければならないということである。(19) 小林の電力統制論とは、ほぼ以上のようなものであった。

小林一三は、一九三五年九月、欧米視察に旅立った。そして、日本に帰ったら阪急電鉄や東京電燈など、関係する会社の役員をすべて退き、財界人稼業から身を引こうと考えていた。東京電燈を退いても相当の金がもらえるので、食うには困らない。「雅俗山荘」をつくって、そこで文化的な生活をしようと考えていた。

しかし、電力統制問題が起こり、東京電燈を辞めることができなくなった。電力統制問題は、一九二〇年代中葉から社会問題化し、三二年に電気委員会と電力連盟を両輪とする統制が実行され、一段落したかのように思われた。しかし、一九三六年三月に電力国営化を目指す内閣調査局案が現れ、電力国家管理論争が展開された。広田弘毅内閣のもとで頼母木桂吉逓信大臣は、民有国営化を目指す「電力国家管理要綱」を策定した。電気事業の所有は民有のままにしておくが、運営は国家が行う。小林はこれを、国家が無償で民間の電力設備を取り上げ、政府が電気事業運営の実権を握るものと批判した。

軍部は、頼母木の民有国営案を支持した。広田内閣は、一九三七年一月に電力民有国営案に関する四つの法律案と電気事業改正法律案を発表したが、内閣が瓦解してしまったため、議会に提出するにはいたらなかった。後継の林銑十郎内閣も、電力案の上程を見合わせると声明し、電力国家管理問題は消滅するかにみえた。

しかし、一九三七年六月に第一次近衛文麿内閣が成立すると、電力問題が再燃した。同内閣の逓信大臣永井柳太郎は、電力民有国営案を再び主張したのである。永井は、一九三七年一〇月、電力案を作成するために「臨時電力調査会」を設置し、みずから会長に就任した。同会の委員には、官民協力の名のもとに、日本電力社長池尾芳蔵、宇治川電気社長林安繁、東邦電力社長松永安左ェ門、大同電力社長増田次郎、東京電燈社長小林一三が電気事業者の代表として加わった。

永井逓信大臣は、電力調査委員会に対して、電力の統制・国家管理について国有国営、民有国営、民有民営という学説にとらわれることなく、「真に国家が要求するところを基礎として、いかなる程度において統制を行ふことが最も統制の目的をとり得る形式なりや、またいかなる企業形態をとることが個人の創意を及ぶべきだけ広範囲に働かし得るものなりやを、現実の立場より研究し、これを解決したいと思ふ」と述べた。小林一三は、この永井の発言に期待を寄せたが、政府原案ができあがってみると、それは民有国営で頼母木案と何ら変わるところがなかった。小林によれば、それは「資本主義革新の前奏曲」にほかならなかった[20]。

臨時電力調査会は、一九三七年一〇月二二日、逓信省内で二回目の会合を開いた。小林、池尾、林、松永、増田の五大電力社長は、①国家非常時には、企業形態を変更する必要はなく、むしろ軍需動員の主要原料としての電力の拡充と動員調整をすべきである、②日満支の水火動力の総合的開発調整を、日本の新たな電力統制の大方針とすべきである、の二点を骨子とする「電力統制試案」を提出し、電力国家管理に反対の意を表明した。

臨時電力調査会は、一一月一九日に最終総会を開催した。永井逓信大臣は、三五名の委員が電力国家管理に賛成の意を表明しているので、同調査会での委員の発言を参考に政府が原案を作成し次期議会に提出したいと述べた。永井によれば、もはや電力業を民間の自発的・任意的統制に委ねるのは不可能で、「国家管理の下におき発電、送電、配電の合理的、経済的計画の実現を期するとともにその国策的、公共的使命を達成することに努力すべきである[21]」というのであった。しかし、電力国家管理に賛成した三五名の委員の大多数は政府系委員であって、小林も他の四人の五大電力会社の社長とともに政府原案に反対した。

小林の政府当局の主張に対する批判は、およそ次のようである。すなわち、政府当局は①電力の国家管理によって豊富低廉な電気を供給する、②河川の使用や送電線の建設を国家的に集大成して全体主義的にやると、個別会社の場合より料金が低下するなどといって電力国営を主張しているが、①豊富低廉な電力の供給は、民営のままでも可能である、②発送電設備の統合連系によって設備利用を合理化することは、現行の電気事業法を活用すればできることであって、なにも国家管理にする必要はないのである。そして、電力統制は電気事業法の活用によって十分にできるのに、それを今日までやらずにきたのは民間事業者ではなく、むしろ逓信当局であるというのであった。[22]

小林の主張にもかかわらず、結局電力国家管理に関する「電力管理法案」「日本発送電株式会社法案」などは、一九三八年一月に衆議院に上程され、同年三月二六日に貴衆両院を通過し、同年四月に公布された。そして、五大電力をはじめとする民間電気事業者は、その電気設備を日本発送電会社及び九つの配電会社に対して出資をするか、それらの会社によって強制買収ないし任意買収された。東京電燈も、一九三九年四月一日、四一年一〇月一日、四二年四月一日の三回に分けて出資をした。

電力不足をどうするか

電力国家管理法が成立をみてから何ヵ月もたたないうちに、日本は深刻な電力不足に直面することになった。小林によれば、これは「余りに皮肉」な事態で、生産力拡充や輸出増進に万難を排して取り組むべき時に電力不足に陥ったことは、産業人はもちろん、国民の消費生活にも脅威であった。国家管理の精神そのものに反対はしないが、日中戦争のさなかに国家管理という大改革を実行したのは余りに無謀であるというのが小林の主張であった。

電力不足の要因としては、①電力需用の急増、②渇水、③石炭配給の不如意が挙げられる。しかし、電力需用の急増はいま始まったことではないし、渇水の程度も騒ぐほどのことではない。

問題は、火力用の石炭を十分に手当できなかったことにある。発送電の火力発電所を、すべて稼働できれば、電力不足は生じなかったのである。したがって、石炭の配給統制を改善し、発電所に優先的に配給することが何よりも大切である。小林は、電力不足問題の解決の方向をこのようにみていた。

ところで、小林と電力問題にかかわる興味深い事実がある。小林は、一九二六（大正一五）年八月四日から一九日まで一六日間にわたって、平生釟三郎を中心とする大阪ロータリークラブの台湾視察団の一員として植民地台湾を旅行している。この旅行は、ロータリークラブの仲間に誘われて急遽参加を決めたとのことであるが、それなりの準備をし、外地での新しい事業への思惑も秘めていたようである[23]。

それはともかくとして、当時台湾は電力飢饉に悩んでいた。旅行中の八月一一日に総督府で行われた茶話会の席上、小林は電力飢饉を解消するには、資金調達に目途の立たない水力発電所の工事再開を断念し、建設コストの安い一万五〇〇〇～二万キロワットの大容量火力発電所を台北と高雄に建設してはどうかとアドバイスをした。残念ながら小林案は受け入れられず、台湾では日月潭水力発電所の建設が進められ、火力発電所は一時しのぎの二〇〇〇～五〇〇〇キロワット規模のものが建設されるにとどまった。小林は、一九二〇年代に植民地台湾で、早くも電力不足の解消法について提案していたのである[24]。

本論に戻そう。興味深いのは、ここで小林は国家管理そのものを否定していたわけではなく、国家管理の機構や運営上の欠陥を改善し、発送電が十分に機能するようにしなければならないと主張していたことである。また、水主火従の方針のもとに未開発水力を活用し、わずかばかりの渇水に惑わされないように用意周到な水力発電所の建設計画をつくっておくことが大事であるとも主張していた。小林は、電力国家管理には強く反対していたが、国家管理が実現したあとの電力不足には、このように現実的に対応しようとしていた[25]。

とはいえ小林が、電力国家管理に強く反対していたことはいうまでもない。一九四〇年二月二〇日から二八日まで九日間連続で『日本工業新聞』に「電力問題はどうしたら旨く行くか」という意見書を発表した。ここでは、①電力行政機構の改革、②電力関係法規の改正、③石炭入手難の改善、④電源建設工事遅延の改善、⑤電力開発の重点主義などを主張しながら、国家管理の再検討こそが焦眉の課題であるとした。すなわち、電力不足に対処するには、国家管理を配電にまで及ぼすべきであるという見解に対して、「配電の事業は之を今日の状態に於きましても、現行電気事業法を改正して運用して行きますだけで、十分統制の目的を遂げるとが《ママ》出来まするし、且つ配電事業は常に大衆に接触して居る仕事でありますから、これは政府直接の経営よりは民間に委ねて置く方が一層利益が多いと思ふ」と反論し、電力国家管理の再検討こそが焦眉の課題であると主張した[26]。

小林一三の電気事業経営論

それでは、電力の国家管理を強く批判した小林の電気事業経営論は、どのようなものであろうか。これまであまり顧みられることがなかったが、小林は電気事業に関して多くの論説を執筆している。例えば、一九三五年五月に経済倶楽部で「電力事業経営の改革」という演題の講演を行い、それを「来るべき電力事業経営」と改題して『次に来るもの』という自著に収録した[27]。

高橋財政の下で軍需景気が起こり、電気事業の経営環境は好転した。しかし、重工業を発展させるためにはもっと電力料金を安くしなければならないという要請が各方面から起こってきた。小林によれば、電力料金を安く抑えるには、ほぼ以下のように三つの方法があった。

第一は、建設費の安価な発電所を建設し、既設の高価な発電所の建設費とならして電力料金を安くするという方法である。第二は、配当金を制限して社内留保を増やし、原価の切り下げを実施するという方法である。そして、第三は、会社間の合同による整理と統制にもとづいて経費の節約を図るという方法である。

そこで、日本の電力業の実態をみると、建設費が非常に高い。一九三四年末の統計によると、発電量は、水力約三一五万九〇〇〇キロワット、火力約一四五万五〇〇〇キロワット、合計約四六一万四〇〇〇キロワットであったが、建設費は東京電燈、日本電力、東邦電力、宇治川電気、大同電力の五大電力会社では一キロワットあたり平均三八三円であった。しかし、これを外国の電力料金と比較すると、スイスを除き日本のような定額制を採用しておらず、料金体系が異なる

図表1・14　電化工業製品の輸入（1934年度）

品目	重量（トン）	金額（円）
硫安	160,901	13,806,538
苛性曹達	9,928	1,525,881
塩化カリ	45,863	5,790,445
アルミニウム	10,177	12,576,368
亜鉛	33,208	9,458,091
銅	51,368	28,389,216
合金鋼材	9,000	7,672,011
合　計	―	79,218,550

［出典］　小林一三「次に来るもの」『全集』第7巻81ページ。
［注］「合金鋼材」は、「マンガン」「シリコン」「タングステン」「モリブデン」「クロム」である。

のであるが、日本が特に高いわけではない。

しかし、小林によれば、国家のために電力料金を安くする必要がある以上は、事業当局の責任としてこのままにしておくわけにはいかない。小林は、ソビエト連邦のドニエプル電力開発計画を調査し、工業電力を保護するために一般家庭用の電力に制裁を加えることも、他山の石として考慮する値打ちがあるという。

日本は、**図表1・14**にみるように、一九三四年度に硫安、苛性曹達、塩化カリ、アルミニウム、亜鉛、銅、合金鋼材など、電化工業の製品を約八〇〇〇万円輸入していた。日本で一六万二〇〇〇キロワットの電力を、一キロワットあたり五厘以下で売ることができれば、この八〇〇〇万円の輸入を根絶できるというのである。つまり、小林にとっては、輸入防遏のために安い電力を供給する必要があった。小林によれば、静岡県の大井川水系では二一万六〇〇〇キロワットの電力を六厘八毛ぐらいで売ることができた。そして、国家非常時には、静岡県のみでなく、全国でこうした電力開発を行わなければならない。小林は、電力に対して次のような認識を持っていた[28]。

ただここで一寸考へさせられることは、およそ電力事業の中でも水力事業といふがごとき国家百年の大計と終始すべき性質のものは、必ずしもその建設費に対する利潤のみを考へて事業化するといふことよりも、道路または港湾のごとく、一国産業の基礎工程に処して必要欠くべからざる設備の一つとして考へて見る時代が来たのではないかと思はれます。それは丁度、神戸港とか横浜港などを築港するのは、その港が立ちどころに利廻計算を見せてくれなくてもよい、結局それは国家を強大ならしむる利器となるのであるから……といふのと同じやうに水力電気を考へる時代が次に来るのではないだらうかと思ひます。

こうして、電力、とりわけ水力発電は産業発展のための社会資本として重要で、先ほどの静岡県の大井川水系の開発の例でみれば、六厘八毛の電力を提供して各種工業が起これば、八〇〇〇万円の輸入を防遏し、それによって五〇〇万円の国税、地方税が生まれ、静岡県では二五年で四分五厘の県債を全部償却した上に、巨額の税金をとることができ、土地は繁昌するのである。

このように考えるならば、電気事業者は電力料金を引き下げるあらゆる努力をしなければならない。しかし、それは配当を減らしたり、合同と統制に拠ったり、低価格の工事によって電力原価を引き下げるというようなものではない。小林は、それぞれの土地に水力発電を起こし、工業地帯をつくり出していくことを提唱している。そうすれば、送電に伴う電力ロスもなくなるからである。そして、さらに「統制をしてうまくやれば電力料は相当に廉くなるといふこのめぐまれた水利国が、この水利事業を今までのやうに利潤本位の企業会社で旧式にとらはれて昔のやうにやるべきものであらうか。或ひはまた、新しくこれからやるべき分は統制して国家または各府県がやるべきものであるか」を研究する必要があるというのである。(29)

(1) 伊藤常一編［一九二九］、『京浜在住山梨県紳士録』（山梨県人社）四七ページ。
(2) 池田成彬［一九四九］、『財界回顧』（世界の日本社）二三八ページ。
(3) 村島歸之［一九三七］、『小林一三』（国民出版）二四二ページ。
(4) 小林一三「奈良のはたごや」『全集』第六巻二九八ページ。
(5) 小林一三「如何にして無駄を省くか」東京電燈『社報』第三〇七号、一九二九年五月一五日一七ページ。
(6) 「第七回支店長会議に於ける社長の訓示」東京電燈『社報』第三三四号、一九三一年八月一五日一八ページ。
(7) 竹内朴児［一九六五］、『電気屋昔話　下』（電気商品連盟）七七ページ。
(8) 「動揺しつゝある東電の首脳部（下）」『東洋経済新報』一九三〇年四月一九日（東洋経済新報社）三一ページ。
(9) 「東電はなぜ儲からぬかイツもうかるか」『ダイヤモンド』一九三二年一月一一日（ダイヤモンド社）六一ページ。

(10)「営業線上に於ける画期的活動」東京電燈『社報』開業五十周年記念号、一九三六年一〇月二五日六八ページ。

(11)「東京各営業所長会議に於ける営業部長の挨拶要旨」東京電燈『社報』第三三九号、一九三一年一月一五日二六ページ。

(12)「東京中部営業所長福田豊　各出張員に対する挨拶」東京電燈『社報』第三三七号、一九三一年一一月一五日一五ページ。

(13)「第十二回支店長会議に於ける社長挨拶」東京電燈『社報』第三六四号、一九三四年二月一五日三四ページ。

(14)「『金円償却なんてどこにも書いてないよ』小林東電社長の気焰　さて配当復活は？」『中外商業新報』一九三四年一〇月一六日。なお、東京電燈の外債問題については、東京電力株式会社［二〇〇二］、『関東の電気事業と東京電力——電気事業の創始から東京電力50年への軌跡』（同社）を参照のこと。

(15)「東電の償却問題解決と復配」『東洋経済新報』一九三四年一二月一日（東洋経済新報社）二二ページ。

(16)「東京電燈」『東洋経済新報』一九三五年新年特大号、一九三五年一月（東洋経済新報社）一一九ページ。

(17)前掲『関東の電気事業と東京電力——電気事業の創始から東京電力50年への軌跡』三六九ページ。

(18)小林一三「私の人生観」『全集』第一巻二三八～二三九ページ。

(19)小林一三「雅俗山荘漫筆」『全集』第五巻一三三～一四一ページ。

(20)小林一三「電力問題の背後」『全集』第七巻三〇四～三〇五ページ。

(21)「民間の反対に抗し多数決で押切る　電力国家管理案　きのう調査会最終総会」『大阪毎日新聞』一九三七年一一月二〇日。

(22)この点については、小林一三「電力問題の背後」『全集』第七巻三〇三～三二五ページを参照のこと。

(23)伊井春樹［二〇一五］、「小林一三の台湾旅行記——和歌詠作の記録として」『阪急文化研究年報』第三号

（阪急文化財団）一ページ。

(24) 平井健介［二〇一四］、「平生釟三郎がみた植民地台湾」『平生釟三郎日記』第九巻付録（甲南学園）六ページ。

(25) 小林一三「電力不足をどうするか　上」『東京日日新聞』一九四〇年一月二五日。

(26) 小林一三「電力問題はどうしたら旨く行くか」『日本工業新聞』一九四〇年二月二〇日〜二八日。

(27) 小林一三「次に来るもの」『全集』第七巻七二〜八七ページ。

(28) 小林一三「来るべき電力事業経営」（「次に来るもの」に所収）『全集』第七巻八三〜八四ページ。なお、原文はほぼ全文に傍点が振られているが、割愛した。

(29) 同前八六ページ。

Ⅷ　東宝の成立と丸の内アミューズメントセンター

東京宝塚劇場の設立と国民劇

一九三二（昭和七）年八月一二日、株式会社東京宝塚劇場の創立総会が東京丸の内の中央電気倶楽部で開催された。同社設立の目的は、三〇〇〇人ほどの観客を収容しうる大劇場の建設であった。取締役に小林一三、岸本兼太郎、松岡潤吉、今村新吉、監査役に八馬兼介、石山賢吉が選任され、取締役の互選で小林一三が初代社長に就任した。

宝塚少女歌劇は、歌舞伎座、新橋演舞場などを借りて東京公演を行い、年に五、六回の公演を断行する実力を備えていた。しかし観覧料は、歌舞伎座では一等席で四円五〇銭、新橋演舞場では三円と、小林が目指す国民劇の理想からは高すぎた。小林は、一部の上流階級ではなく、一般大衆の娯楽としての国民劇の育成と、それを実現する大劇場の建設を主張していたのである。東京宝塚劇場の建設は、その夢への第一歩であった。同社の設立趣意書で、小林は新劇場に対する抱負を次のように語っている。[1]

宝塚少女歌劇の東京出演は、昭和三年以来、歌舞伎座、新橋演舞場などで実験した経験からみると、一年五回ぐらいは十分興行しうるという確信をえた。ただ、歌舞伎座のときは一等が四円五十銭、新橋演舞場のときは三円という観覧料が自分達の理想に反して高すぎるので、もっと安くすることができるなら、現在以上の大入りの盛況は疑いなしと思う。が、何ぶんにも他人経営の劇場を利用するあいだは、当方の勝手のみを主張するわけにもいかない。

十数年来自分の理想である大劇場、それによってはじめて創成しうべき国民劇は、どういう形式と内容をもって成り立つものかというような問題は、各人各説であろうが、ともあれ歌劇にしても、歌舞伎風の舞踊劇にしても、いつも時代の尖端を切って一世を指導している宝塚一党の自負は、東京において一年六回の公演を断行するのにいささかも不安を感じないのであって、このさい東京に大劇場を作って、安く、面白く、家庭本位に、清い、朗らかな演劇をご覧に入れたいと意図したのである。

じつは、宝塚の東京公演は、少女歌劇団経営の上にも非常に有利であり、且つ芸術的にも好影響があるので、これはぜひ実現せしめたいと心がけておった。幸い、日比谷公園の前、帝国ホテルの横に、東電の所有地千二百坪の売地があったので、これを買いうけ、ここに大劇場を新築することに決心したのである。場所が狭いので五千人というわけにはいかないが、三千人程度の劇場を立てて、一等二円、二等一円、三等五十銭を標準にして計算を立てても相当の経営が可能なので、いよいよ断行することにいたしたのである。

小林が、国民劇の育成を主張するのは、一日八時間の仕事を終えた一般大衆にとって、終業後の慰安は娯楽本位でなければならず、演劇が「娯楽の最高機関」であると考えていたからであった。したがって、国民劇を創生するには、大劇場をつくって観客数を増やし、観劇料を安くする必要があった。日比谷公園の前、帝国ホテルの横に建設される東京宝塚劇場は、東京第一の大劇場で、小林が十数年にわたって主張してきた大劇場主義と国民劇の構想を実現するものであった。

東京宝塚劇場の用地は、元々は東京電燈の所有地であった。このあたりには、邦楽座、日本映画劇場、朝日新聞、東京日日新聞、報知新聞、帝国劇場、日本倶楽部、電気倶楽部、帝国ホテル、ラジオ放送局などがあり、小林によれば「実に将来の娯楽地帯としての資格を完全に備えて」いた。しかも、皇居を前にした東京の中心地であり、日比谷の交差点だけで一日二〇万人にものぼる通行者があった。

東京電燈は、整理改革に伴い土地を処分しなければならなかった。そうした東京電燈の足元を見透かすかのように、ラジオ放送局は坪六五〇円ならば購入すると申し出てきた。このあたりの土地は、ひと頃は坪一一〇〇円で取り引きされていたので、東京電燈は坪七〇〇円での売却を望んでいた。そこで小林は、みずから坪七〇〇円で東京電燈の用地を購入し、大劇場をつくろうと考えたのである。東京電燈の用地は一五〇〇坪であったが、原邦造の率いる愛国生命が業務拡張のために三〇〇坪を購入したので、小林が購入したのは一二〇〇坪であった。

株式会社東宝劇場の計画が発表されると、株式の申し込みは「予想外の活況」を呈し、会社の設立は「至極順調に」進んだ。それは「宝塚に対する世人の長年の信用」と、「それを健全無比に盛り立てた事業家としての小林氏に対する一般の厚き信頼」によってもたらされたものであった。[2]

一九三二年一二月一日に地鎮祭が挙行され、翌三三年一二月二九日に東京宝塚劇場が竣工した。工事を担当したのは竹中工務店の技師鷲尾九郎であった。鷲尾は、一九三一年の秋に欧米をめぐって大劇場を視察し、帰国後はその長所を積極的に取り入れつつも日本に適応するよう様々な工夫を施して独自の大劇場を設計した。

東京宝塚劇場が開場すれば、少なくとも年に六カ月ほどは宝塚少女歌劇団が上京して公演を行うので、その出演者のための寄宿舎が必要であった。一九三三年六月、瀟洒な寄宿舎が芝区御成門に建設され、六月二七日に落成披露会が催された。小林は、招待した「劇文壇知名の士」を前に「東宝将来の抱負」を語った。[3]

一方、小林は、東京宝塚劇場の建築費を節約して、日比谷大神宮の跡地に日比谷映画劇場を建設するという計画を立て、一九三三年七月五日に地鎮祭を実施した。支配人に内定していた秦豊吉は、小林の命を受けて欧米の興行界の動向を視察に出かけた。

東京宝塚劇場の事務所は、一九三三年一〇月一日、日比谷三信ビルの一階に設けられた。小林は、午前一〇時に支配人の秦をはじめ、那波光正、月野安文、長谷川勝吾、樋口正美、西村晋一、島村龍三らの社員、それに嘱託の森岩雄、顧問弁護士の眞鍋八千代を集め、「東宝社員たるものはあくまで清く正しく美しく、所謂宝塚伝統の精神を堅持して業務に当り、興行界在来の陋習にまみれずして、将来立派な指導者となるべきを懇々と説」いた。その後、昼食をともにして一時解散、夜は新橋演舞場で公演中の宝塚少女歌劇をそろって観覧した。小林は、こうして東京宝塚劇場の経営の第一歩を踏み出したのである。(4)

東京宝塚劇場は、一九三三（昭和八）年の暮れも押し迫った一二月二九日に竣工した。竹中工務店から引き渡しを受け、五階の広間で厳かな修祓式《しゆばつしき》が行われた。その夜、こけら落としの正月興行に出演する宝塚月組の生徒一五〇名が東京駅に到着し、翌三〇日には夜通しの舞台稽古に入った。

かくて東京宝塚劇場は一九三四年元日に開場となり、午後一時から朝野の名士、劇文壇関係者約三〇〇〇名を集めて開場披露番組が演じられた。宝塚音楽歌劇学校生徒一同による「君が代」、皇太子殿下誕生の「奉祝歌」（中村孝也作詞、山田耕筰作曲）、「宝塚行進曲」の合唱ののち、「宝三番叟」、三〇分の休憩をはさんで「花詩集」が演じられた。「花詩集」は、「白井鐵造氏の過去の少なからざる佳作を優にしのぐ傑作であり、当時の所謂レヴュゥ物に明らかに一時代を画した大作」といわれた。[5]

なお、開場披露番組に招待された作家の菊池寛は、「小林君の仕事は、すべてウマク成功してゐるが、残念ながら此劇場は失敗だ。結局、松竹にやられると思ふ」という感想を漏らしたという。小林は、菊池の言葉を「この劇場の運営に対し、危疑の念を持たない人はおそらくないであらう」と受け止めながらも、みずからは十分な勝算を持っていた。[6]

二日からは、いよいよ一般興行が始まり、「宝三番叟」「紅梅殿」「花詩集」が演じられた。いずれも宝塚を愛し、演劇に関心をもつ「東都市民」の期待に応えるもので、人気を博した。[7]

東宝劇団の結成

東京宝塚劇場の経営において、宝塚少女歌劇の公演が行われない月の運営をどのようにするかが、当初からの大きな課題であった。その第一着手として目論まれたのは新劇団の結成である。一九三四（昭和九）年一月三日、東京宝塚劇場の専属俳優の募集が行われ、一三〇〇名の応募者の中から男子一九名、女子九名が選抜採用された。その後、一九三五年六月に有楽座が開場すると、東京宝塚劇場専属の俳優は、陣容を整備して東宝劇団となった。

しかし、専属の俳優のみで東京宝塚劇場を運営するのは困難であった。一九三四年三月に芸術座の水谷八重子一座と合同で「さくら音頭」を上演したが、短期間の錬成で、技術の未熟なものが出演したのではなはだ不評であった。六月には歌舞伎の市川猿之助一座と合同で「若き日の成吉思汗《ジンギスハン》」などを上演した。また九月には、関西の坂東壽三郎などを招いて「山田長政」「かぐや姫」などを演じた(8)。

なお、一九三四年一月、日比谷映画劇場が竣工すると、東京宝塚劇場の事務所が三信ビルから日比谷劇場内に移された。同映画劇場は、すぐれた音響効果を備え、五〇銭均一の料金で、二月一日から外国映画封切館として開場した。また、朝日新聞社と提携し、「東宝ニュース」を上映した。

一九三四年九月からは、東宝名人会と称する寄席が催されるようになった。五階ホールを小劇場に改装して、五〇〇の椅子席を並べ、一円均一の料金で一流の演芸人を出場させたので、「明るい気持ちよい寄席」として評判となった(9)。

一九三五年六月、東京料理業組合、東京待合組合、全国芸妓屋同盟組合が連名で、小林一三が雑誌『東宝』ならびに有楽座の開場式に配布した冊子において、「吾花柳界を低級とののしり又花柳界が劇界の障害なりと公表したるは無礼も甚だしきもの」として、次のような決議をした(10)。

一、東宝系統の諸興行物は一切是れを観覧せざる事。
一、東宝系に関係ある諸芸人諸君とは乍遺憾絶縁し、余興其他に招聘せざること。
一、花柳界の師匠として縁故ある諸君に対しても東宝に籍を置く間は絶縁の止むなきものとす。

この決議は、東宝専属の男女優、長唄囃子の連中、東宝管弦楽団員、東宝名人会関係者、名人会臨時出演者などのほか、有楽座六月興行上演のオペレッタ「シューベルトの恋」に特別出演した藤原義江、徳山璉の声楽家にまで届けられた。小林は、花柳界を否定しているのではなく、むしろ社交の場としての存在意義を認めていた。しかし、演劇が花柳界のみを頼りにしていて、一般大衆に解放されなければ、進歩がなくなるというのである。

丸の内アミューズメントセンターの形成

小林一三によれば、東京には「私共の考へて居るやうな明るい、清い、美しい歓楽境」がない。大阪では道頓堀、千日前、楽天地などがあり、郊外には浜寺（南海沿線）、宝塚（阪急沿線）、甲子園（阪神沿線）などがあって、インテリや若い人の遊び場が充実している。東京で大衆の集まるところといえば浅草であるが、「余りに下等」で「相当の家庭の人、相当の教養のある人には浅草は食ひ足りな」かった。上野公園、山王公園、芝公園など、大阪にはみられない大きな公園もあるが、上野公園が博覧会の会場となったり、美術館があったりして、やや大衆の要求を満たしているとはいえ、娯楽中心の場所としては浅草以外になかった(11)。

そこで小林は、「東京の何処か適当の場所を選び、其処に一つ、比較的高尚な娯楽地帯を作」りたいと考えるようになった。小林が選んだのは日比谷であった。なぜなら、日比谷には「公園があるのみならず、公会堂があり、図書館があり、隣りには帝国ホテル、さうして幸ひあの附近に空地が沢山在」り、しかも「一方には帝劇があり、邦楽座があり日本劇場といふものが出来て居る」からであった。このように考えて、小林は日比谷を中心に丸の内アミューズメントセンターをつくり上げた[12]。

小林は、さらに横浜、名古屋、京都、大阪、神戸などの大都会に、「一貫した系統で、清新なる娯楽劇場」をつくった。小林は、歓楽街をつくることに誇りを持っており、「電灯、電力といふやうな経営はやりたがって居る人も沢山あるし、さういふ人は幾らでもあるが、劇場の経営、新しい此の方面の開拓はなかなか人がない、これは私でなくちゃ出来ないと、ウヌぼれて居る次第で、国家経済の上からも私がやらなければならぬと責任を感じて居る」と述べていた[13]。小林の親しい友人で「電力の鬼」と呼ばれた松永安左エ門や、同じく「電力王」の異名を持つ福澤桃介を意識した発言とみると、極めて興味深い。

小林の丸の内アミューズメントセンターづくりは、「陸の龍宮」と呼ばれた日本劇場（日劇）を傘下に収めることから始まった。日本劇場の興行成績はかんばしくなく、日本活動写真（日活）との合併も不調に終わり、一九三四（昭和九）年七月二三日から小屋を閉ざしていた。その間に、日劇と東京宝塚劇場との賃貸経営の交渉が進められ、一二月二〇日に東京宝塚劇場が一九三五年一月一日から三年間にわたって同劇場の経営を管掌するという契約を結んだ。実際に東京宝塚劇場が手を染めたのは三月からであった。東京宝塚劇場は、日劇の経営においても観劇料を五〇銭均一とした。

興行界の玄人筋は、日本劇場を引き受けても、小林はきっと投げ出すに違いない。いつ投げ出すか、賭けをしている人もあるといわれていた。というのは、興行は「水物」で、「当れば儲かるが当らなければ損をする」と考えられていたからである。しかし、小林は日本劇場の経営を「興行」ではなく「娯楽事業として経営」しようとしていた。

小林によれば、日本劇場はアメリカのレビュー団「マーカスショウ」の公演やチャップリン主演・監督の映画『街の灯』などで儲けたこともあるが、「結局大欠損の赤字続きでどうにもならなかった」のである。というのは、「従来の当てる主義でやっていた」ので、「経営も非常に派手で、人件費だけでも月一万何千円かも使ひ、切符を売る窓は六つもあって、三等のお客はエレベーターで三階へ上げるといふやうに非常に金をかけて」いた。そのため、「入場料も大変高く普通のサラリーマンでは中々覗くことが出来なかった」という。

日本劇場を引受けた小林は、まず経費を節約することから始めた。これまで六つもあった入り口を一つにし、切符を売るのも二人ですむようにした。一万円以上も費やしていた人件費が四〇〇〇円程度になった。さらに設備の改善を施して、観劇料は五〇銭均一とした。日劇は、省線有楽町駅から至近の距離で、毎日一〇万人以上の乗降客があり、一日に六〇〇〇人の客を期待できた。

さらに、翌一九三五年九月二〇日、東京宝塚劇場は日本劇場の所有主であった日本映画劇場を吸収合併した。日本劇場は、東京宝塚劇場傘下の劇場として、有楽町にゆるぎなき地位を占めるようになった。東京宝塚劇場は、この年の六月に倍額増資を実施して資本金を三四〇万円としていたが、日本映画劇場を合併した際にさらに一〇〇万円を増資して四四〇万円となった。小林一三は、この間の経緯について次のように述べている。(14)

日本劇場は結局東宝劇場との賃貸借によつて、丸の内アミューズメントセンターの統一的計画が出来上る事と思ふ。私はこの劇場を無理からに、単独に経営しようとは毛頭思はない。松竹と共に若し申込だにあらば日活の参加も喜んで迎へ度いと思つてゐる。芸術的方面の競争ならばお互に励みになつてよいかもしれない。然し経営上無暴の競争は共倒れであつて、一時は兎も角も結局はお客様の頭にふりかゝるものであるから、慎重に考慮して善処したいと思ふ。大川さんの映画事業に、根津さんの新聞事業に関係したる事は、幾十に余る事業会社の整理経営等随分多種多様の経験があるので、当初から或る程度の確信を持つて、其観察をあやまらない自信があつたに相違ない。而かも、事実は全然これを裏切つて私達の大先輩であり、事業整理の成功者である両大人が映画と新聞とに於て、失敗した原因はどこにあるだらうか。私の経験によれば、映画も芝居も新聞も其経営方法は実業界の各事業会社と全然異つて居ることを知らなかつたものであると言ひ度い。私は大阪新報を四ヶ年、社長加藤恒忠氏を補けて其経営を引受けた。その後大阪時事新報を監督者武藤・平賀両翁の代理として二ヶ年帷幕に参与した。

其後東京時事の重役として一期間三ヶ年の相談にも相当深入してゐる。前後七八年、而かも、一文の収入に恵まれず数万の身金を出して得たる経験から、又映画の方面に於ては、東亜キネマ、東活整理会社、宝塚映画会社等十数年の間幾多の波瀾に遭遇して得たる経験に於て、私は芝居も映画も新聞（二三を除いて）も、事業会社としては殆んど軌道に乗らない常識以外の習慣と訓練とが、到底我々実業家には窺知し得ない潮流が漲ぎつてゐるので、六ヶ敷ものと思つてゐる。然し如何なる場合にも、他人を倒して迄自分が利益を得ればよいといふが如き旧式の観念をすてゝ、共存共栄を大方針として進むのが、繁昌の近道であり成功の秘訣だと信じてゐる。日本劇場の経営も亦同業各位の助け合ひと誠意とによつて丸の内斯界の安定を計り常道に進み度いと考へてゐる。

小林は、映画興行界にも進出した。映画は大衆のもの、大衆の心をつかんだものといわれるが、小林はやや異なる認識を持っていた。小林によれば、これまでの映画館は松竹系と日活系に分かれるが、いずれもチェーン組織で、全国の映画館の数の多さを誇っている。したがって、毎週映画館にフィルムを送らなければならないので、東京での興行は一週間、地方では一日しかないところもある。そのため、映画は勢い粗製濫造となる。こうした状況を批判して小林は、松竹と協力して東京の封切館はせめて一五日ほど打てないかと課題を提起する。そうするには料金を安くし、観客を増加させなければならない。そうすれば、映画も粗製濫造をやめてロングランを打つこともできるというのである。

日本劇場を傘下に収めた東京宝塚劇場は、映画興行界に本格的に進出し、劇場や映画館からなる東宝チェーンを形成した。東宝直営のものは、東京宝塚劇場、日比谷映画劇場、横浜宝塚劇場、名古屋宝塚劇場、京都宝塚劇場、及び日本劇場であった。また、阪急直営のものは、宝塚大劇場、同中劇場、同小劇場、及び阪急会館であった。劇団としては、宝塚少女歌劇団、東宝劇団、東宝古川緑波一座、日劇ダンシングチームがあった。

演劇では、一九三五年六月に有楽座が開場した。東宝劇団は、初興行に青年歌舞伎の新人坂東簑助の参加を得た。興行的には成功とはいえなかったが、小林の国民劇を理想として、「活発なる第一歩を踏み出」した。[15] 古川緑波一座は、一九三五年七月に横浜宝塚劇場に小手調べで出演したのち、八月の有楽座に出演した。古川緑波一座の公演は好評で、その後も宝塚中劇場と有楽座に出演した。

東宝は、一九三五年には、四月一日に横浜宝塚劇場、一〇月一二日に京都宝塚劇場、一一月二日に名古屋宝塚劇場を新築開場した。東宝は、大都市における劇場チェーンを矢継ぎ早に完成させつつあったのである。独立劇団中の第一人者である新国劇は、公演会場として東宝系劇場のみを利用していた。

一九四三年一二月、株式会社東京宝塚劇場と東宝映画株式会社が合併し、東宝株式会社が設立された。東宝は、映画・演劇を総合的に手がけ、映画においては製作・配給・興行を一貫して行う事業体となった。

なお小林は、一九三七年二月、国電錦糸町駅の北側に隣接する汽車製造会社の工場跡地に江東楽天地を創立した。また、江東地区の工場街で働く人びとのために、一九三七年に江東劇場、本所映画館、三八年に遊園地を開場した。同時に、江東花月劇場、須田町食堂、仲見世も開店した。それは、宝塚や丸の内と同じく、「大衆本位」の清く正しく美しい娯楽の殿堂であった。資本金は一〇〇万円で、丸の内の東京宝塚劇場で創立総会が開催された。初代社長には、箕面有馬電気軌道に入社以来、宝塚、東宝と小林のもとで働き、その経営方法を熟知していた吉岡重三郎が就任した。

江東楽天地は、一九四五年三月に大空襲を受け、本所映画館は残ったものの、ほかはことごとく焼失してしまった。しかし、戦後になって復活し、東京テアトルと名前を変えて映画や演劇の興行部門、ボウリング部門、キャバレー、バー、ダンスホールなどの事業部門、さらには不動産部門などからなる一大企業に成長した。(16)

(1) 東宝三十年史編纂委員会編［一九六三］、『東宝三十年史』(東宝) 一三八〜一三九ページ。
(2) 遠山静雄編［一九四三］、『東宝十年史』(東京宝塚劇場) 五一ページ。
(3) 同前五二ページ。
(4) 同前。
(5) 同前五三ページ。

（6）小林一三［一九四三］、「東宝十年に際して」同前二ページ。
（7）前掲『東宝十年史』五三ページ。
（8）同前五四ページ。
（9）同前五四〜五五ページ。
（10）小林一三「私の行き方」『全集』第三巻一六九〜一七〇ページ。
（11）同前一四〇〜一四一ページ。
（12）同前一一三〜一一四ページ。
（13）同前一一四ページ。
（14）前掲『東宝十年史』五五〜五六ページ。
（15）同前五六ページ。
（16）岩堀安三［一九七二］、『偉才・小林一三の商法——その大衆志向のレジャー経営方法』（評言社）二五七〜二六七ページ。

Ⅸ　商工大臣に就任

訪伊経済使節団の副団長に

小林一三は、一九四〇（昭和一五）年三月一五日、東京電燈の重役会の席で社長を辞任する意向を伝えた。社長を辞めて、大阪に引きこもろうと考えていたのであるが、会長職にはそのまま残るようにと依頼された。月に一度の重役会にだけ出席すればよいという条件だったので、健康にもよいし、友達にも会えると考え直して引き受けることにした。なお、後任の社長には副社長の新井章治が昇格した。

重役会議でこんなやりとりをしている時に、元外務大臣で外務省外交顧問の佐藤尚武《なおたけ》から電話があり、少し時間をおいて郷誠之助からも電話があった。二人とも相談したいことがあるといって訪ねてきた。最初に郷が訪ねてきて、東京電燈の社長を辞任するのであれば、民間の親善使節としてイタリアに行ってくれないかというのであった。そのうちに佐藤も到着して、外務省からは佐藤が行くので、民間を代表してぜひイタリアに行ってほしいというのである。

小林は、一九四〇年三月二九日、佐藤尚武、片岡安（大阪商工会議所会頭）らとともにイタリア派遣親善使節に任命され、四月一〇日午後二時に訪伊経済使節団の副団長として榛名丸に乗り込んで神戸港を出帆した。訪伊経済使節団一行は二二名で、満洲国財界や関西財界の代表も参加しており、門司を経由して一四日午後二時に上海に着いた。

イタリアは満洲国を承認し、外交使節を交換しているだけでなく、経済的にも日独伊通商協定を締結していた。イタリアに着くと、小林らは各地を見物していたが、一九四〇年六月一〇日、ベネチアでイタリア参戦の報に接した。それまで、ヨーロッパではドイツが英・仏と戦っていたが、そこにイタリアが加わったのである。訪伊使節団は、フランスからイギリス、アメリカを回って帰国するつもりでいたが、イタリアが参戦したため英・仏には回れなくなり、外務省からシベリア経由で帰国するようにとの指示があった。そこで、小林らはベルリンに向かった。

七月三日の夜、小林はベルリンのホテルにいた。そこで、朝日新聞の記者の取材を受け、ヒトラー最盛期のドイツの経済力の高さに驚愕し、次のように語った。(1)

戦後のヨーロッパがどうなるか今となつてはこりやもうドイツの天下を承認せざるを得ないだらうね、イギリスが本当に算盤高い賢明な国民なら今こそドイツと手を打つ可き時だ、併し戦争は金は掛るが勝つとぼろいから勝戦さに逸るドイツがそれを許すかどうか。ドイツの底知れぬ工業力と国内の纏め方を見るとこれならヨーロッパを好きな処へ持つて行く事も可能だらう。

訪伊使節団は、ベルリンからモスクワに出てシベリア鉄道に乗ることになったが、同鉄道の都合で使節団全員が一緒には帰れなくなり、小林らが佐藤らの後発組を残して先に出発した。小林らは、シベリア鉄道から南満洲鉄道に乗り継いで、七月一六日の夜、大連に着いた。ちょうどこの日に米内《よない》光政内閣が総辞職し、翌一七日には近衛文麿に組閣の大命が下り、一九日には近衛文麿、松岡洋右、東條英機、吉田善吾の首相、外相、陸相、海相候補者が、近衛の私邸・荻外荘《てきがいそう》（杉並区荻窪にあった近衛文麿の邸宅）で会合を開き、「南進」や「枢軸強化」などの国策を協議していた。近衛は、すでに六月二四日に枢密院議員を辞任して新体制運動を推進していく決意を表明しており、七月六日に社会大衆党、一六日には政友会久原派が解党し、一九四一年一〇月一二日に大政翼賛会が発足した。

大連に着くと、近衛文麿からすぐに帰れという電報があった。七月二一日に「らぷらた丸」に乗るつもりで大和ホテルに宿泊していたが、近衛から連絡があったので、小林だけ二〇日の朝一〇時出帆の吉林丸で門司に向かった。門司に着くと、今度は福岡から飛行機に乗るようにとの連絡がきていた。

第二次近衛内閣の商工大臣に就任

一九四〇（昭和一五）年七月二二日の夕方、小林一三がダグラス機で羽田に着くと、東京電燈や阪急電鉄の重役など、相当の人が集まっていた。そこで初めて、第二次近衛内閣の商工大臣になるということを聞いた。問題は、近衛がなぜ小林を商工大臣に任命したかである。

小林と近衛を引き合わせたのは、一九三〇年に『政界往来』という雑誌を創刊したジャーナリストの木舎幾三郎《きやいくさぶろう》であった。木舎は、小林がイタリアに渡る時に築地の料亭で送別の宴を催し、そこに近衛を招いた。その時近衛は、再び組閣の大命が下ったら、小林を入閣させようと考えていたとのことである。(2)

こうして小林が羽田に着いた日の夜、八時頃から霞山会館で近衛総理大臣に面会し、夜遅くに親任式が行われた。小林は、宮中での親任式に臨んだ感慨を次のように語っている。(3)

実は生れてはじめて宮中へ伺ったので、一向に不案内であるから、御車寄がどこにあるのか、何も知らないから無我夢中で、皇居の中を歩くと、なんとなく身体が竦むやうに、その尊さに打たれてゐた。もう自分といふものは、どこへか吹き飛んでしまって、まことに有難い、尊い御園の御中を通して感激して帰宅したのであるが、その晩は一晩眠られないくらゐ興奮した。これが本当の日本国民のすべての人が持つ精神だと心強く感じたのである。百姓町人の孤児として生れ、甲州の田舎に育って、今この光栄ある官職に任ぜられたのであるから、感泣するのに不思議はないと思ってゐる。

小林は、大臣の職を「光栄ある官職」と認識し、甲州の田舎で育った百姓・町人の孤児が、大臣にまで上り詰め、宮中で親任式を挙行してもらったことに大いに感激している。小林の友人で評論家の小浜利得《おばまりとく》は、小林を「時代思想」の持ち主であると酷評することがあったが、大臣に関するこのような認識も「時代思想」の表れということができよう。なお、第二次近衛内閣の顔ぶれは、内閣総理大臣・近衛文麿、外務兼拓務大臣・松岡洋右、内務兼厚生大臣・安井英二、大蔵大臣・河田烈《いさお》、陸軍大臣・東條英機、海軍大臣・吉田善吾、司法大臣・風見章、文部大臣・橋田邦彦、農林大臣・石黒忠篤、商工大臣・小林一三、逓信兼鉄道大臣、・村田省蔵、国務大臣兼企画院総裁・星野直樹、内閣書記官長・富田健治であった。

しかし、小林は一九四一年四月四日に第二次近衛内閣の改造が行われると、国務大臣兼企画院総裁の星野直樹とともに大臣を辞めさせられた。感泣して大臣になったにもかかわらず、在任期間はわずか八カ月ほどであった。商工大臣在任中の大きな仕事は、経済使節として蘭領インドを訪問したことと、統制官僚のつくった「経済新体制」原案を批判して骨抜きにしたことであった。

近衛文麿邸を訪問　1939年　66歳

岸信介との確執

近衛新体制のもとでの商工大臣の候補者としては、小林のほか、商工次官の岸信介、新興財閥日産を率いる鮎川義介、企画院総裁、大蔵大臣などを歴任してきた青木一男などの名が挙がっており、一九四〇（昭和一五）年七月一九日付の『東京日日新聞』は「岸信介氏説が有力」と報じていた。実際、近衛は七月二〇日に岸を荻外荘に呼び出しており、そのことを報じた翌二一日付の『東京朝日新聞』も商工大臣には岸信介が有力であるとしていた。

一方、二一日の朝、近衛は既述のように吉林丸の船上にあった小林に、途中から飛行機で帰るようにと電報を打っていた。ということは、小林の商工大臣は近衛と岸の荻外荘での会談の中で、最終的に決まったのではないかと推測される。(4)

岸は、松岡洋右、鮎川義介と姻戚関係にあった。商工官僚として華々しい活躍をみせていたが、広田弘毅内閣の小川郷太郎商工大臣に疎んじられ、商工省を追われて満洲に逃れた。満洲では、「満洲産業開発五カ年計画」の実施責任者として、鮎川の日産財閥を移駐させるなど敏腕をふるい、一九三九年一〇月に商工次官として戻ってきた。近衛は、松岡を介して岸に企画院総裁兼国務大臣への就任を要請するが、岸は企画院総裁には満洲国で国務院総裁総務長官として敏腕をふるった星野直樹が適任であるとして断った。すると、今度は商工大臣への就任を要請してきた。岸は、少し迷ったが、むしろ自分は商工次官にとどまり、商工大臣には適当な財界人を担いだほうがよいという意見を述べた。岸の『断想録』によれば、近衛は「然し私は実質的には貴方を商工大臣と思ひますから、其の積りでやつて下さい」と述べた。岸は、そのときの心境をのちに「年若の余としては感激せざるを得なかつた」と綴っている。近衛は、続けて商工大臣には誰が適任かと問われ、岸が返事に窮していると、「小林一三君はどうですか」と尋ねたという。岸は、小林についてはよく知らないので特に意見はないと答え、小林の商工大臣就任が決まった。岸は、小林のもとで引き続き商工次官にとどまることになった[5]。

小林が商工大臣になるにあたっては、以上のような経緯があった。そのため岸は、小林が商工大臣に就任しても信任を問うことをしなかった。通常、次官は大臣が代わると、信任を問う意味で辞表を提出するという慣習があったが、岸はそれをしなかった。小林と岸との関係は、当初からぎくしゃくしていたのである。再び岸の『断想録』によれば、小林は大臣就任後一週間もたたないうちに岸を大臣室に呼びつけ、「世間では余と君と喧嘩をすると云つて居るが、余は君とは喧嘩はしないよ。余は若い時から喧嘩は随分やつて来た。喧嘩して損したことは決してない喧嘩上手である。君と喧嘩して勝つて見た処が、小林もいゝ歳をして苦労人らしくもないと云はれるであらうし、負ければ何だといふことになり、何れにしても損ばかりで得のない喧嘩だから、そんな馬鹿なことはせぬよ」と言ったという。(6)ちなみに、小林と岸との年齢差は二四もあった。

蘭領インドへ

商工大臣就任後まもなくの一九四〇（昭和一五）年八月二八日、小林は蘭印特派使節に任命され、八月三〇日の夜に東京を出て、九月二日門司港で日昌丸に乗り込み、蘭印（オランダ領東インド諸島、現在のインドネシア）に向かった。東京電燈の重役・岩瀬英一郎を帯同するほか、外務省、企画院、大蔵省、逓信省、拓務省の役人や陸海軍の軍人四名（各二名）など二〇名が随行し、日・蘭印間の貿易が円滑に進むよう、蘭印政府当局と交渉することを目的としていた。

ドイツ軍は、この年の四月にノルウェー、デンマークへの電撃作戦を開始したが、オランダ、ベルギーへの進撃も不可避であるとみられていた。オランダ本国が戦争の渦中に巻き込まれた場合、植民地の蘭印の国際的立場がどうなるのかが、日本の重大な関心事であった。日本は、蘭印から石油やボーキサイトを輸入していたので、オランダ本国が参戦した場合、蘭印が英・米・仏にさらに接近し、日本との貿易が阻害されるのではないかという危惧を抱いていたのである。

蘭印への特派大使の任命についても、一悶着があった。米内内閣の頃から特派大使の派遣が懸案になっていたが、近衛内閣では外交官ではなく実業界の大物を推薦する方針に変えられた。しかし、一九四〇年八月になると、小磯大将が候補にあがり、東條陸相や吉田海相まで絡んできたが、三転して小林商工大臣を派遣することになったのである。

小林が蘭印に向けて門司港を発ったのは九月二日の午後五時であった。九月一二日に蘭印に到着すると、小林は翌一三日から一〇月二〇日頃まで、およそ一ヵ月にわたって蘭印側と精力的に交渉を続けた。石油を売ってもらいたいという小林の率直な物言いに、当初は順調に進んでいたが、九月二七日に日独伊三国同盟が締結されると一挙に様相が変わった。敵国ドイツと同盟を結んだ日本に対して、態度を硬化させてきたのである。そのため、交渉はまとまらず、小林はかろうじて交渉の継続の約束を取りつけて一〇月二二日に帰国した。

蘭印との交渉は、元外務大臣の吉沢謙吉が蘭印使節となって引き継ぎ、その年の一二月から翌一九四一年六月まで続けたが、まとまらなかった。日蘭会商決裂後、日本はいわゆるABCD包囲網によって蘭印の石油からも締め出され、同年一二月八日の真珠湾攻撃によってアジア・太平洋戦争に突入していくことになった。

「経済新体制」をめぐって

小林の留守中に、岸信介らが練り上げた商工省の「経済新体制確立要綱案」が企画院に提出され、企画院案として決定されていた。この要綱案は、「資本と経営の分離」、すなわち生産の全面的な国家管理をめざすものであった。そして、この案をめぐって「現状維持」派と「革新」派との対立が激しくなったが、それが小林商工大臣と岸商工次官の対立として顕在化したのである。[7]

小林は、「経済新体制」の樹立には賛成していたが、その内容をめぐって軍部や官僚と激しく対立していた。経済面での新体制は「基本国策要綱」で「皇国を中心とする日満支三国経済の自主的建設を基調とし、国防経済の根基を確立す」とされ、①日満支を一貫とし、大東亜を包容する協同経済圏を確立すること、②官民協力による計画経済の遂行、特に主要物資の生産、配給、消費を貫く一元的統制機構を整備することがめざされた。

この「基本国策要綱」によって企画院が「経済新体制」案をつくり、公益優先、高度計画経済を原則とした経済新体制の確立を目指すことになった。そのために、生産、配給、消費の全面的な計画経済の確立を期し、重要産業については、カルテル、トラストを全く新しい形態に再編する一方、商業道徳の根本的刷新の上に一元的な配給機構を確立する。また、農業部門では、生産力の発展と農村の協同化を目的とし、新農業生産体制の創設を図り、農業団体の再編、農村生活の再建を期すというのである。ようするに、「指導者原理」の確立、経営と資本の分離、利潤の抑制など、ナチス流の統制経済思想で、日本経済を再編成しようというのであった。

企画院が作成した「経済新体制」案は、一九四〇年一一月一二日に初めて閣議にかけられた。すると、小林商相をはじめ財界や政党出身の閣僚から、民間企業の創意と責任が無視されていると猛烈な反対が起こった。結局、企画院の「経済新体制」案は五回の経済閣僚懇談会で大幅に修正され、「経済新体制確立要綱」が閣議決定されたのは一九四〇年一二月七日であった。

しかも、企画院の原案では「時局の緊急に対処し、国防国家体制の完成に資し、依って軍備の充実、国民生活の安定、国民経済の恒久的繁栄を図らんとす」とあったのを、「企業は民営を本位とし、国営及び国策会社による経営は特別の必要ある場合に限る」とされ、かなり本質的な変更が加えられた。また、原案で「中小企業を整理統合する」とされていたのが、「中小企業は、これを維持育成す」と改め、「但しその維持困難なる場合に於ては、自主的に整理統合せしめ、かつその円滑なる転移を助成す」という但し書きがつけ加えられたが、中小企業者の自主性は尊重された。

企画院と密接に連絡を取り、「経済新体制」案の作成をリードした商工次官岸信介と、岸に率いられた「革新官僚」は、「経済新体制要綱」にもとづいて経済新体制の中心になる新しい産業団体に重要公共機関としての法的根拠を与え、単位企業に対し「指導者原理」にもとづく指導統制を加える資格を与えるという「産業団体法」をつくろうとしたが、これも小林商相に粉砕された。

この間、小林と岸との関係はさらに悪化した。岸が、帰国した小林に留守中の事務報告をし、経済新体制問題について説明しようとしたが、小林はみずからの考えがあるからと拒絶した。岸が経済閣僚懇談会の審議の内容を尋ねても、小林は秘密であるからと言って答えなかった。岸は、ついに「大臣は予て私とは喧嘩をせぬとのことであつたが、これは大臣から喧嘩を売るやうなものではないか。経済新体制の事務当局の説明は聞かぬ。経済閣僚懇談会の内容は云へぬ。大臣の意見も云はぬ。といはれては余は商工次官の職責を尽すことは出来ぬ。大臣がかくて喧嘩を売られるならば、売られた喧嘩を買はねばならぬ」と息巻いた。[8]

企画院事件

さらに、小林は丸ノ内の工業倶楽部で、財界人に向かって経済新体制の考え方は「アカ」(共産党)だと述べた。また、衣料切符についても「アカ」の考え方だと決めつけた。こうして、岸と小林の対立は決定的となった。「経済新体制確立要綱案」は、一九四〇年一二月七日の閣議で決定されたが、企画院の原案は経済閣僚懇談会で骨抜きにされたというのが岸の見方であった。

小林と岸は、一二月八日に鮎川義介と高碕達之助の仲介で和解したが、岸が小林の経済思想を「自由主義経済の最も徹底したもの」[9]と評しているように、二人の対立は氷解するようなものではなかった。一二月に内閣改造が行われ、平沼騏一郎が内務大臣に就任すると、企画院の官僚が共産主義者との背後関係があるとの罪で逮捕されるという企画院事件が起こった。小林は、これをとらえて岸を官僚たちの糸を引くものとして辞任させる決意をした。小林は、平沼内相に岸を持て余している旨を伝え、商工省の人事は大臣が思うままにやればよいという言質をとり、松岡洋右に岸の退任を懇請したが、翻意を勧められた。そこで小林は、岸の自宅に乗り込み、辞任を迫った。岸は、近衛の意向を質したところ、大臣と次官の衝突であれば、次官に辞めてもらう以外にないとのことであったので、岸は辞任の意思を固めた。

しかし、小林は一九四〇年一二月から翌年三月にかけて開かれた第七六議会で、企画院原案漏洩の罪に問われた。代議士の小山亮によって、小林が渡辺経済研究所の所長渡辺銕蔵《てつぞう》に企画院原案をひそかにみせたのは機密漏洩にあたるとして攻めたてられたのである。おまけに小林の脱税疑惑まで騒ぎたてられた。

小林は、会期中に辞任に追い込まれるということにはならなかったが、第七六議会が終わると、小林、星野の両大臣が辞めさせられ、商工大臣には海軍大将の豊田貞次郎、企画院総裁には興亜院総務長官心得で陸軍中将の鈴木貞一が入閣した。小林らの自由主義的な経済思想は次第に受け入れられ難くなってきたのである。政界往来社の社長・木舎幾三郎の証言によると、この背景には小林、金光庸夫（厚生大臣）、秋田清（拓務大臣）、村田省蔵（逓信大臣）らの閣僚が、政府の統制経済のやり方に不満を強め、軍部の批判をかっていたという事情があった(10)。

小林は、大臣を辞めると、ただちに『中央公論』（一九四一年五月号）に「大臣落第記」を執筆した。これは何号か続ける予定であったが、宮内省から不謹慎であるという非難があり、中止となった。「大臣落第記」には、様々な人の小林大臣評を掲載し、企画院の「新経済体制」案に反対した自分は、大臣を「落第」したのではなく、みごとに「及第」したのだという主張がみられる(11)。

(1)「弾く新欧州の算盤　小林さん伯林で語る」『東京朝日新聞』一九四〇年七月五日。
(2) 阪田寛夫［一九八三］、『わが小林一三――清く正しく美しく』三四〇～三四一ページ。
(3) 小林一三「大臣落第記」『全集』第七巻三九一ページ。
(4) 前掲『わが小林一三』三四五～三四六ページ。
(5) 岸信介［二〇一四］、「断想録」岸信介・矢次一夫・伊藤隆『岸信介の回想』（文春学芸ライブラリー）三八六～三八七ページ。
(6) 同前三八八ページ。
(7) 同前五五ページ。
(8) 同前三八九ページ。
(9) 同前五八ページ。
(10) 木舎幾三郎［一九六一］、「『大臣落第記』前後」小林一三翁追想録編纂委員会編『小林一三翁の追想』（阪急電鉄）一九二～一九三ページ。
(11) 小林一三「大臣落第記」『全集』第七巻三八一～三九二ページ。

X　戦後の小林一三

敗戦の日

一九四五（昭和二〇）年八月一五日、日本のポツダム宣言受諾によって、満洲事変以来一五年もの長い戦争が終わった。多くの日本人が茫然自失となる中で、小林一三は冷静に日本の将来をみつめていた。八月一五日の日記をみてみよう。

小林は、戦時期の統制経済を「共産主義」的であるとして批判し、「寧ろ資本主義の大修正による、働けば働き甲斐のある世界、国民のすべてが希望を持ち得る社会」をつくるべきだと主張してきた。これは、現実には「出来ない相談」であって、著書にでもして残すより仕方がないと考えてきたが、敗戦によって日本の将来が思わぬ方向に開けてきた。小林はいう(1)。

原子爆弾の攻撃と相待つて、こゝに、無条件降伏による平和到来が、本日正午の大詔渙発によつて、英米中心の自由主義に基く政治の形体によつて日本のゆくべき新しい途が開かれることになるとポツダム宣言によつて、小さい、貧しい国に蹴落さるゝとしても、やりやうによつて、国民としては赤になつて自由もなく、自治もないソビエットの国民的生活のレベルに落込むよりも、どんなにか幸福であると考へることも出来ると思ふ。そうすれば日本としては、ソビエットに裏切られ、背負投を喰ひ、裸体にされて追出されたやうなヒドイ目に遇つたことが、寧ろ天運で、鈍底に落込んで再び我国の栄えゆく目出度い、かど出であるかもしれない。負惜しみでなく実際そういふ結果になるかもしれないと、天の未だ我国を見捨てざるを感謝するのである。

小林は意気軒高であった。敗戦後の日本が、ソビエト連邦の支配下に入ることを恐れていたが、ポツダム宣言の受諾によって、ようやく統制経済から脱却し、英米中心の自由主義経済のもとで日本の将来を展望することができるようになるからである。これは「天運」であり、「目出度い、かど出」であるかもしれない。天は、日本を見捨てなかったのである。

戦災復興院総裁に就任

このような小林に、まもなく戦災復興院総裁の話がもちあがった。小林一三は、一九四五（昭和二〇）年一〇月三〇日に幣原喜重郎内閣のもとで、新設された戦災復興院の総裁を兼ねるという条件で国務大臣に就任した。小林が入閣したのは、吉田茂と近衛文麿の意向によるものであった。特に、吉田は幣原内閣の外務大臣をしており、入閣を強く要請したのである。(2)

復興院総裁に就任した一一月五日の午後一時から、臨時閣議が開催された。大蔵大臣が提出し閣議了解を求める財政再建計画大綱要目案の説明がなされたが、その中に財政再建の方策の一つとして財産税を課すという案が含まれていた。小林は、戦争中に儲けた者や富豪階級に税を課すことに異論はないが、財産税の賦課は資本主義や私有財産制度を否認することになり、日本を自由主義国家として再建させようとする方向とは矛盾するのではないかとみていた。

また、小林は、民間金融機関の預金を安全にし、それを復興に活用すべきだと主張した。民間金融機関の、軍需会社に対する莫大な貸金と日本銀行からの巨額な借り入れを相殺して民間金融機関の預金を守り、復興資金に活用するというのであった。しかし、幣原内閣は、一九四六年二月に「金融緊急措置令」「日本銀行券預入令」を公布し、小林の構想とは逆に新円切り替えと預金封鎖を実施した。

そのほか小林は、国有鉄道、専売事業、電話事業、放送事業などの官業を、民間の経営に移すべきだと主張した。また、食糧問題を解決するために、北海道ではもっと馬鈴薯を食用に供するなど、「適地適食」を進めるべきだとした。住宅不足を解消するためには、新築の貸家の固定資産税を免除するなどして貸家建設を奨励すべきだともした。観光事業についても発言し、外国人観光客の誘致を図るためにカジノなどの低劣な遊戯施設をつくるのではなく、それぞれの時代を代表する地域を整備し、外国人観光客を誘致すべきであると主張した。このように、敗戦直後の小林は、祖国再建に向けて様々な発言を続けていた。

公職追放

戦災復興院総裁に就任した小林であったが、年が明けると公職追放の対象となった。連合国軍最高司令部（GHQ／SCAP）は、一九四六（昭和二一）年一月四日に公職追放を指令した。小林は、第二次近衛内閣のもとで商工大臣の地位にあったので追放令に該当し、四月に国務大臣兼戦災復興院総裁を辞職した。小林が公職追放を解除されるのは一九五一年八月六日であったので、その期間は五年余りに及んだことになる。

公職追放後の小林は、毎年一月三日の初釜、一二月一九日の宗旦忌のほか、薬師寺会をはじめ自身の主宰する定期的な茶事として灘同人会、細流会、渓苔会などを池田の邸内にある四つの茶室を使って催す一方、松永安左ェ門、五島慶太らとの茶会である延命会の常連となった。そして、阪急美術部で発行する雑誌『日本美術工芸』に毎号「新茶道論」を執筆するなど、もっぱら茶道三昧の日々を送っているかのようにみえた。

小林のいう「新茶道」とは、次のように「新時代に処する、茶道のあり方」を意味していた。(3)

国民生活の安定は食糧から出発する。従って食糧と御馳走のお話はいはなくてもわかってゐるだらう。住宅の問題はどうだ。爆撃破壊によって全国にいまなほ四百万戸の家屋が不足してゐる。新築住宅は一軒十五坪内外の標準を守らなければならない。労働問題は最低生活費何千円ベースを強要する。労働基準法が出来て八時間勤務が厳守され、女子や未成年者の勤務情勢は一変した。

この時においてお茶道の社会的生活のみが昔のままであり得る理由はない。お互ひの家にも召使ひがあれば使用人税がかかる。大きい邸宅、広い庭園、そこには家屋税、庭園税、その前途はどうなるかわからない。女中一人を使ふことすら容易でない時代がくるにきまってゐる。しかるにお茶の世界はどうか。茶会を開くと仮定する。植木屋がくる、辻留だ、吉兆だ、川徳だと料理屋が出張する、お出入りの道具屋さんがくる、宗匠がくる、そして寄付、迎ひ付、席入り、草履の始末、お庭の水撒き、簾をはづす。お懐石にはお汁は二度、飯器も二度、その都度お酒だ強肴だとお台所の忙しさ、……とかう考へてくると、あまりに御時勢を無視したお茶の世界、その贅沢さを維持しようといふのはどうしてもまちがってゐると私は信じてゐる。

敗戦によって、多くの日本人が困難な生活を強いられているのに、お茶の世界だけが従来のような贅沢を維持するのは許されない。小林は、戦後の社会にふさわしい茶道のあり方を求めていたのである。

また小林は、公職追放が実施される中で、会社の経営トップに躍り出たいわゆる「三等重役」に期待を寄せた。彼らを「戦後派の財界人」と呼び、明治維新期に勇躍してきた安田善次郎や大倉喜八郎になぞらえて、戦後派の財界人にこそ「天下に名をなす革新的な土台」「時代の要求」があるのではないかと考えたのである。

しかし、「戦後派の財界人」にも一抹の不安をのぞかせている。それは、日本は大正期の自由経済から一九三一年の満洲事変以後は統制経済に転換したので、彼らは働き盛りの時に「統制一点張りの軍部のお先棒をかついだ仕事」しかしてこなかった。したがって、アメリカがやってきて、民主主義、自由経済などといっても、その本当の姿はわからないのである。戦時期に統制経済と戦ってきた小林らしい戦後社会への展望であるといえよう。

また、小林は、戦時中にソビエト連邦のドニエプル発電所をモデルに、富士の裾野で電源開発をやって日本軽金属を設立し、アルミニウムを製造した。戦後、電源開発が喧伝されているが、自分の経験が役に立つともいっている(4)。

ところで、公職追放中の一九四九年四月二四日、大屋晋三運輸大臣の特使が小林の私邸を訪れた。六月一日に発足する日本国有鉄道の総裁に就任してほしいというのである。公職追放の身であったが、追放解除の申請書を提出してくれれば手続きを進めるとのことであった。七六歳という高齢を理由に断るが、初代総裁となった運輸次官の下山貞則は、就任後まもなく出勤途中に行方不明となり、死体で発見された(下山事件)。小林は、七月六日の日記に「政府計画通り私の

追放が許されて六月一日初代総裁に就任して居つたとせば私が此運命に陥入つて居つたかも知れない」と綴っている。(5)

東宝の再建

小林一三が心血を注いでつくり上げた東宝は、戦後大規模な労働争議が発生し、著しい経営悪化を来していた。小林は、その様子を「戦後共産党の跳梁による深刻なる労働争議の渦中に捲き込まれ、自慢にもならない業界随一の打撃を受ける事となりました。／半歳に亘るストライキを終結しても、赤字は増加するばかり、入場税は滞納する、高利債は嵩んで、法外な利払をするという有様になつて、其結果、新東宝が当社の傘下から離脱して競争的立場に立つ等、全く世間から馬鹿にされる惨めな状態に転落しました」と述べている。(6)

一九四五（昭和二〇）年一二月、東宝撮影所の従業員の一部が東宝撮影所従業員組合を結成し、翌四六年二月には東宝の全従業員による東宝従業員組合が結成された。東宝従業員組合は、その年の三月、給与制度の全面的な改正を要求して会社側と対立し、三月二三日から一五日間にわたる生産管理闘争を展開した。

一九四六年四月、松竹や大映などの従業員が結集し、日本映画演劇労働組合（日映演）を結成し、東宝従業員組合は日映演の東宝支部となった。同年九月、日映演東宝支部は、会社側に賃金の値上げなどとともに、日映演を唯一の交渉団体として認めることを要求した。会社側は、経済的要求については理解を示したが、日映演を唯一の交渉団体として認めることはできないとした。その結果交渉は決裂し、一〇月一五日から一二月五日まで、五十余日間にわたる大争議となったのである。

この大争議の最中に、営業関係の従業員の一部が日映演を脱退して、別に東宝従業員組合（第二組合）を結成した。また、俳優の大河内伝次郎や長谷川一夫などによる日映演幹部に対する反対運動に、撮影所の従業員の一部が同調し、東宝撮影所従業員組合（第三組合）が結成された。五〇日間の大争議の中で、東宝の従業員組合は三つに分裂し、会社側は新しく生まれた二つの組合とも労働協約を結んだ。

こうした中で、東宝の経営は悪化し、共産党が入って来て憂うべき情勢となった。小林は、放っておいたら株主に対して済まないという気持ちから、公職追放中ではあったが、財政赤字と共産党という二つの「赤」の退治に乗り出した。

一九四七年三月一〇日、東宝の株主総会で田邊加多丸が社長になった。加多丸は、小林の異母弟で、父の甚八の二度目の婿養子先での子供である。加多丸が社長に就任したその日の日記を、小林は次のように認めていた[7]。

今日東宝総会が東京で開催されてゐる。予定の如く田邊加多丸が社長になつて新内閣を組織するとせば、コレカラ必要なことは勇気である。

現在の日本には資本家の勢力なぞといふ旧式な感念《ママ》はイラナイので、只だ完全なる事業経営の組織、安全なる一致協力の出来る陣容、公平なる分配に満足して共栄精神に基づく働く力、そういふ理想的の会社の内容が出来上れば、利益の有無、多少なぞは二の次であるから、苟も此理想を裏切る分子、此会社組織を破壊せんとする反逆者が内部にあるものとせば、如何なる犠牲を払つても之を追出すべしである。田邊に此勇気があるだらうか。

小林は、労使協調・共栄精神にもとづく東宝の経営を理想としており、その実現のためには断固として共産党員を会社から追放しなければならない。新社長の加多丸には、「勇気」をもって断行してもらいたいと期待するのであるが、彼にそれができるかどうかと不安をのぞかせてもいる。

それでは、小林のいう「共栄精神」とはどのようなものであろうか。小林は、野坂参三の著書『亡命十六年』の読後の感想を一九四七年四月二七日の日記に「私は勤労人民の支配する民主的――と言ふよりも必ずしも勤労人民に限らない、国民全体が平等に支配する民主的な日本を建設せねばならぬと主張する。そこに共産党の階級闘争の手段と、平和な手段との差別があるのである」と綴っている。[8] 小林は、野坂のいう勤労人民に限らない、国民全体が平等に支配する民主主義的な日本を建設すべきであると主張しているのである。これこそが、小林のいう「共栄精神」であった。

小林は、徹底的に共産党員を東宝から追い出そうとした。小林は、一九四七年一〇月一六日に東宝の争議に対する方針を、社長の加多丸と、彼の兄の七六、宗英を交えて「熟談」し、七六と宗英に社長の加多丸を「鞭撻積極的に猛進するやう」にと、申し合わせをした。当日の日記には、社長の加多丸は「好人物なれど、人を使ふ術が下手」で、「優柔不断」でもあるので労働組合が甘くみているのではないかと批評し、次のように激しい筆致で方針通りに進まなければならないと記していた(9)。

東宝の如き立派な会社がこゝまで落込んだのは、大澤前社長が第一労働組合と馬鹿〳〵しい契約に調印したからの結果であるとしても、当然かゝる運命に追込まるゝ事は、田邊が社長に新任した時から判明して居つたのであるから――それについて私は早く改革せよ、改革に伴ふ結果、第一労働組合と大衝突してストライキが起ればモツケの幸、喧嘩腰で猛進して、それを機会に興行を休んでも大改革建直しにあらざれば、結局は彼等にやられるから、コチラから進んで新規蒔直しの覚悟でテキパキと猛進せよ、結局、東宝の改革は第一組合の赤を追出すにあらざれば駄目だから――と新任当時から注意して居つたのであるが、グヅ〳〵してゐる間に現状の如き始末になつたのは如何にも残念である。が、然し、こゝで我々が協議決定した方針通りにやつてゆけば、それは中々猛烈な喧嘩になると思ふけれど、只だ勇猛心を以て正しい主張は必ず勝つといふ信念を以て改革すればよいのであるから――彼の健康を祈るのみである。

小林は、このように第一組合の共産党員を会社から追い出すことを果敢に断行せよというのである。しかし、社長の田邊加多丸にはそれができない。そこで、一九四七年一二月二七日、暮れも押し迫った中で、重役陣の大幅な入れ替えを断行し、新社長に渡辺銕蔵を据え、加多丸は会長に退かせた。その人事が決定した日の日記に、小林は「東宝の改革なぞ田邊社長が新任した直後から、私は何十度彼れに其断行を注告《ママ》したかもしれないが、彼が小心翼々の臆病者であることは知つて居つたけれど、今日迄延々に優柔不断で見送つて来た間の呑気サを見ると、彼に知恵のないこと、判断力のないこと、到底東宝の社長ナゾはその器にあらずとアキラメざるを得なくなつたことを残念に思ふ」と記している(10)。小林は、田邊加多丸の能力を見限って、東宝の経営を渡辺に託したのである。

渡辺新社長は、東宝の立て直しを図るため、「企業刷新要領」を発表し、人事権と経営権を会社側に回収しようとした。しかし、新社長の渡辺も小林の意にはそぐわなかった。一九四八年二月一五日の日記によれば、渡辺新社長が芦屋の平沢真のお悔やみに来阪した際に小林宅を訪問し、昼食をともにした。その際に小林は、東宝の改革は「闘争的態度で猛進しなければ断じて片付かない」と主張したが、渡辺は「どうも、平和的話合で出来るものといふ安易な方針を捨てきらないやうに」みえた。小林は、「コッピドク痛烈に批評した」ので、渡辺は『来阪してよい注射を受けて難有う御座います』と言ふて帰つた」という(11)。

一九四八年四月八日、東宝は企業を合理化して再建に進むために従業員一二〇〇人の整理を断行すると発表した。小林は、ラジオ放送で組合側が妥協的話合いを申し込んできたことを知るが、四月九日の日記に、それは「根本的改革がそれ丈延び〳〵になる丈で駄目だと思ふ。断固として闘争的に清掃しなければ東宝は倒壊するにきまつてゐる」と記した。[12]

このように小林は、断固とした態度で共産党員を追い出すべきだと一貫して主張している。しかし、みずからは公職追放の身で直接かかわれないというもどかしさに苛立ちさえみせているのである。当時の心境を、のちに小林は「私も外から、はら〳〵して見て居りましたが、追放の身、只、気を揉むだけでありました」と述べている。[13]

この人員整理の断行を契機に、四月一六日から歴史に残る東宝大争議が始まった。争議は約半年間にわたり、一〇月一九日に妥結した。この間、日映演が撮影所の周囲にバリケードを築いて立てこもったため、これを立ち退かせるという仮処分を執行するため、武装警官約一八〇〇人、占領軍、憲兵、戦車、ジープ、トラック、さらには飛行機まで出動し、「来なかったのは軍艦だけ」といわれた。

こうして、半年に及ぶ大争議は解決をみたが、東宝の経営はどん底にあった。東宝は、田邊加多丸が社長となった一九四七年七月期に一〇九五万円の赤字を出して無配に転じ、その後も赤字経営が続き、一九五一年七月期までほぼ五年にもわたって欠損ないし無配が続いたのである。[14]赤字の要因の一つは、新東宝との関係にあった。

一九四六年の東宝争議の中で、株式会社新東宝映画撮影所が設立された。そして、一九四七年一二月の東宝社長渡辺銕蔵の「企業刷新要領」にもとづいて、資本金四〇〇万円の株式会社新東宝が設立され、新東宝映画撮影所から制作設備、機材、従業員を継承した。

一九四七年の大争議が終結したのちの一九四九年三月、東宝で配給する作品はすべて新東宝に製作を依頼し、新東宝が製作した映画はすべて東宝に委託して配給するという契約を結んだ。しかし、一九五〇年一月、新東宝は新東宝配給会社を設立して、自社作品をこれに配給させることにした。そのため、自主製作を放棄した東宝は、配給すべき作品がなくなるという事態に陥り、赤字が累増していった。いわば、東宝の渡辺社長は、共産党「赤旗」との戦いを治めることができたが、「赤字」の克服はできなかったのである。そのため、一九四九年一二月に辞任し、会長の米本卯吉が社長となった。さらに、一九五〇年九月には、小林の長男冨佐雄が社長となって、企業再建、社内刷新、経営の健全化を目指した。

公職追放の身であった小林は、東宝の経営再建に全面的に取り組むことができない。一九五〇年一〇月一三日の日記には、「追放解除発表壱万九十人との事、私の解除はゆるされない様子也。理由不明」と記されており、追放が解除されないことに多少の苛立ちをみせていることがわかる。[15]そして、翌一九五一年六月四日の日記によれば、新聞記者の質問に「私は追放解除後は東宝の相談役として東宝再建に全力を尽くす考である、外のことは考へたこともなければ何等意見もない」と答えた。[16]

図表1・15　東宝の営業成績

（単位：万円・%）

年	資本金	収入	支出	損益	配当率
1932	170	1	0	1	—
1933	170	0	0	0	—
1934	170	145	131	13	5.0
1935	340	275	253	22	10.0
1936	440	577	527	49	10.0
1937	485	781	718	62	11.0
1938	692	851	772	77	11.0
1939	692	959	870	87	11.0
1940	692	1,309	1,226	81	10.0
1941	692	1,439	1,284	154	8.75
1942	692	1,486	1,396	90	9.0
1943	692	1,955	1,818	135	9.0
1944	1,142	3,386	3,050	336	8.5
1945	1,892	4,284	4,036	247	7.0
1946	1,892	13,437	13,133	304	5.5
1947	4,000	53,182	54,004	△822	2.5
1948	12,000	119,160	124,392	△5,231	—
1949	36,000	237,777	240,107	△2,330	—
1950	36,000	251,298	326,661	△75,362	—
1951	36,000	222,841	223,343	△500	—
1952	36,000	310,719	307,011	3,708	—
1953	72,000	409,164	380,993	28,170	15.0
1954	72,000	553,398	522,054	31,343	15.0

［出典］ 中川公編［1954］、『東宝二十年史抄』（同社）56ページ。
［注］ 東宝の決算期は1月及び7月であるが、ここでは年でまとめている。

はたして小林は、一九五一年八月六日に追放が解除されると、その翌日に東宝の相談役となった。そして、九月二八日には社長であった長男の冨佐雄を辞職させ、一〇月四日、みずから社長に就任した。その時の心境を、小林は「いま東宝に戻ってみてしみじみ感じたことは、僕の生涯で初めてマイナスの人となった。いま迄プラスの男だった僕が、十億の赤字で銀行にへいこらする。銀行はいいが高利貸にへいこらして、東京の真中を僕ははずかしくって歩けない。かつて何人にもプラスでやって来たのに、実に情ないみじめな目に遭っている」と語っている。[17]

小林が社長に復帰すると、**図表1・15**にみるように東宝の業績は急速に回復し、一九五三年一月期には一割五分の配当を復活させた。[18]その要因としては、景気が好況に向かっていたこと、小林個人の信用などを挙げることができる。小林は、こうした中で固定資産の再評価、増資による自己資本の充実、新東宝との関係の調整、などを断行した。新東宝との調整を図るため、一九五二年九月に田邊宗英を新東宝の会長に送り込み、五三年二月に社長とした。また、当時東宝は、国家に納めるべき巨額の入場税を滞納していた。入場税を納めないで、社内で流用していたのであるが、小林はそれをやめた。

ところで小林は、東宝の社長に就任したのちの一九五二年一〇月一六日、羽田からおよそ二カ月にわたる欧米視察の旅に出発した。その成果を踏まえ、小林は東宝創立二〇周年を迎えた一九五四年一一月、東宝の将来について次のように語った。[19]

私は昭和二十七年十月十六日羽田を発ち約二ヵ月欧米視察の旅を致しましたが、アメリカでシネラマを見た時は実に驚きました。未だ其当時は眼鏡をかけて見る3Dもなく、FOX会社のシネマスコープもパラマウントのヴィスタヴィジョンもなかつたのであります。然し将来は我東宝は現在のまゝでは駄目だ、新しい映画の上映し得るように映画館も、撮影所も整備したい、そうして長期興行が出来る様な立派な映画を作つて行きたい。テレヴィジョンの将来に善処し得るあらゆる施設を完備したい、此点になると全国によい劇場のチェーンを持つ東宝の方針に変りありません。

即ち私が日頃申し上げて居る百館主義を押し進めて行き度い。私は全国に優秀な映画館を百館持ち、映画の製作費用は、之等の館への配給料で挙げてしまう、理想から云へば、後は上映したいと言う処は、本社支社の事務所に来て頂いて最も安価に、どこよりも競争して負けないタダ同様に御商談申上げることの出来る様に考えて居ります。今後も劇場の建設は積極的にやつて行き度い。南街劇場は昨年末開場しましたが、上野へは既に建設に着手し、着々上野東宝劇場が出来上りつゝあります。次には新宿、横浜など建設工事にかゝりたいと思います。

撮影所を整備し、近代的なものにし、長期興行の出来る様なよい映画を作ると同時に、全国の優秀劇場には最新式の上映設備をなし、優秀洋画の上映と、優秀邦画の長期上映が出来る様、興行部門をがつちりと確立したいと考えて居ります。

小林の「百館主義」に揺らぎはなかった。東宝の社長に復帰して満四年、小林にもようやく過去の二〇年を振り返り、東宝の将来に思いを馳せる余裕が生まれたのである。

宝塚新芸道場の立ち上げ

小林の追放解除が発表されたのは、一九五一（昭和二六）年八月六日であったが、この前年一一月三日に宝塚新芸道場（一九五一年一一月に宝塚新芸座と改称）が創設された。宝塚大劇場に足を運んでもらうため、第二劇場で大劇場の開演前の午前一一時から無料で、実験的に様々な演劇をみせたのである。かつて、宝塚新温泉の浴客を増やすために少女歌劇を無料でみせたのと同じ発想である。また、少女歌劇が演劇として自立していったように、新芸道場も新しい芸能集団として成長することが期待されていた。宝塚新芸道場を着想した宝塚歌劇理事長の引田一郎は、次のように抱負を語っていた[20]。

十一月から小劇場を改装して、宝塚第二劇場と改称し、宝塚新芸座道場を創設して、毎日午前十一時から無料公開する。思へば宝塚少女歌劇も創設当時は、新温泉の余興として、無料公開であった。私たちは少人数で面白くたのしめる新芸座道場を芸能百貨店であらしめたい。一日々々を築きつゝ、やがてこゝから、よき男性加入の歌劇団が生れるかもしれないし、無名人から、よき歌手、舞踊家、芸人、音楽家を紹介出来るとも思ふ。又宝塚中劇場も宝塚映画劇場として、第一回は「東京の門」の封切りロードショウとして門出する。そして更に中劇場の楽屋を改装し、宝塚文化クラブ（仮称）を作り高尚なナイトクラブを創設したい。

戦後の宝塚は、「行詰つてゐる、衰亡の徴がある」などといわれ、必ずしも将来を楽観できる状況ではなかった。そうした中で小林は、「引田君の深慮遠謀黙つて考へてゐたと見える計画が山の如くいろいろと沢山あるのに驚いた。その計画が口先ばかりでなく実現されるならば、宝塚は再び戦前の活気を呈すであらうと信じて喜んでいる」と評価していた[21]。そして小林は、しばしば宝塚新芸座の講演を見ては、「まだ〳〵下等で困ることが多い」と厳しい批評を試みている。しかし、一方では「これを清く正しく美しく上品にして大衆向にするには骨が折れると思ふけれど失望するには及ばない。ドシ〳〵注文して帝劇へ持つてゆけるやうに向上せしめ度いと思ふ」と、新芸座に期待を寄せていた[22]。

その後、宝塚新芸座は、小林の期待とはうらはらに喜劇を全面に押し出した劇団として、一九七二年八月まで存続した。小林は、亡くなる前年の一九五六年一一月二九日まで新芸座を訪れていた。

突然の逝去

一九五五（昭和三〇）年九月二五日、小林は東宝の社長を辞して相談役となり、社長には長男

宝塚音楽学校葬　1957年　84歳

の冨佐雄が就任した。東宝の経営再建をなしとげて、社長の地位を晴れて長男に譲ったのであるが、小林はこの時八二歳になっていた。

しかし、小林の事業意欲が衰えたわけではない。この年の一一月四日には、東宝本社で新宿コマ・スタジアムの創立発起人会を開き、一一月七日の一一時から新宿コマ・スタジアムの地鎮祭が行われた。一九五六年二月一六日には、株式会社新宿コマ・スタジアムを設立し、社長に就任した。同日の日記には、「十時東宝地下食堂にて新宿コマの創立総会を開く、予定の重役を指命し私が社長となる。ホントの仕事を始める常務は若い新人を入社せしめ、此新人を指導して新経営の見本を作り度いと考へてゐる」と、新宿コマ・スタジアムという新しい事業への抱負を語っていた(23)。

一九五六年四月二日には株式会社梅田コマ・

スタジアムを設立し、社長となった。一六日に梅田コマ・スタジアムが、二八日には新宿コマ・スタジアムが竣工し開場となった。

小林の関係する諸会社から、胸像が贈呈されることになっており、その贈呈式が一九五六年一二月二七日に東京会館で開催された。そして、二八日には新宿コマ・スタジアムの開場式に出席し、挨拶をしている。三〇日に特急「燕」で帰阪し、翌日には一一～一二月のコマ・スタジアムの営業成績の報告を受け、予想を上回っていることに安堵していた。

新年は四日から仕事にとりかかり、この日は東宝に出社し、コマ・スタジアムを一巡して帰宅した。そして、小林の日記をみる限り、一月一二日までは何らかの用事で外出していたが、一月一三日からは、外出はおろか、日記の記述自体が日付と天候など、ごく簡単な記述のみとなり、二〇日以降は記述さえなくなっている。小林が逝去したのは、それから数日後であった。

小林一三は、一九五七（昭和三二）年一月二五日の午後一一時四五分、静かに八四年の生涯を閉じた。死因は急性心臓喘息であった。新聞各社は、様々な形で小林の逝去を報じたが、『読売新聞』（一九五七年一月二六日）は、「よみうり寸評」というコラムで、小林の生涯を次のように論じた[24]。

トロッコに毛のはえたような箕面有馬電鉄をいまの大阪急に作りあげた。宝塚に少女歌劇を、沿線に住宅地を、ターミナルにデパートとアミューズセンターを……ことごとくその創意になる多角経営で大阪の〝今太閤〟にのし上がった。余力をかって東京に切りこみ、少女歌劇から発した東宝の演劇と映画をかざして丸の内のドまん中に大娯楽街を現出し、大谷さんの松竹と天下を二分した。安売りデパートをオッたて東京人のドギモを抜いた。〝甲州の山猿〟の系譜につらなる経営の天才、大臣落第？などはほんの付録で、福沢諭吉に学んだ町人精神を大阪人的合理主義の商魂につないだ。何よりもそのセンスの鋭さ、新しさ、旺盛な事業欲、それは老来なお阪急電車に乗ってダメを出す、といった誠実さに貫かれていた。その最後の仕事だったコマスタジアムの、あのまわるコマの機動力と立体性に小林さんの人生と夢が象徴されている。

葬儀は、一月三一日午後二時から、京阪神急行電鉄の社長佐藤博夫が葬儀委員長となって、小林の希望でもあった宝塚大劇場で、宝塚音楽学校葬として営まれた。大劇場の舞台を祭壇とし、黒の紋付に緑の袴をはいた生徒三百数十人と、財界、映画・演劇関係者三千数百人が参列した。

その日の宝塚は、粉雪まじりの冷たい雨であった。宝塚の生みの親に敬意を表し、沿道の土産物店は一斉に店を閉じて喪に服し、宝塚新温泉の入口から大劇場にかけての一帯には白黒の鯨幕が張りめぐらされていた。舞台は白一色に花で埋め尽くされ、中央にはありし日の小林の温和な表情の写真が飾られ、会場には宝塚管弦楽団が奏するベートーヴェン作曲の「エロイカ」葬送曲が静かに流れていた。霊前には、生前の功績を讃える正三位勲一等瑞宝章と「大仙院殿真覚逸翁大居士」の位牌が並んでいた。小林が観劇の折に座る「ろ二十三番」の座席だけがぽつんと空いていた。こえて三月八日、東京方面の財界、映画・演劇関係者によって、東京宝塚劇場で追悼式が行われた。

(1) 小林一三［一九九一］、『小林一三日記』第二巻（阪急電鉄）二四二ページ。
(2) 小林一三「私の人生観」『全集』第一巻二三六ページ。
(3) 小林一三「新茶道」『全集』第一巻三七二ページ。
(4) 前掲「私の人生観」『全集』第一巻二三七〜二四〇ページ。
(5) 前掲『小林一三日記』第三巻七七ページ。
(6) 小林一三［一九五四］、「東宝創立二十周年に際して」中川公編『東宝二十年史抄』（東宝）三ページ。
(7) 前掲『小林一三日記』第二巻四九四ページ。
(8) 同前五〇八ページ。
(9) 同前五四三ページ。
(10) 同前五六二〜五六三ページ。
(11) 同前五七八ページ。
(12) 同前六〇三ページ。
(13) 前掲「東宝創立二十周年に際して」三ページ。
(14) 三宅晴輝［一九五九］、『小林一三』（日本書房）二八六ページ、前掲『東宝二十年史抄』五六ページ。
(15) 前掲『小林一三日記』第三巻二三三ページ。
(16) 同前三一二ページ。

(17) 前掲「私の人生観」『全集』第一巻二三六ページ。
(18) 前掲『小林一三』二八七ページ。
(19) 前掲「東宝創立二十周年に際して」五ページ。
(20) 引田一郎「雑感後記」『歌劇』一九五〇年一一月（伊井春樹［二〇一五］、「宝塚新芸座の創設――小林一三の新しい演劇への思い」『阪急文化研究年報』第三号［阪急文化財団］二〇～二一ページ）。
(21) 同前二一ページ。
(22) 前掲『小林一三日記』第三巻二七八ページ。
(23) 同前六八八ページ。
(24) 本書では小林一三翁追想録編纂委員会編『小林一三翁の追想』の一九八〇年刊行抄録版三六五ページによる。

第二部
論考

大衆本位の事業と経営

独創的商法の底流にあるもの

Ⅰ　小林一三の経営手法

都市型第三次産業の開拓者

第一次世界大戦（一九一四～一八年）を契機に、重化学工業化、都市化が進展し、日本は本格的な工業国家となった。一九一九（大正八）年の工業生産額は六七億四〇〇〇万円、農業生産額は四一億六〇〇〇万円で、工業生産額が初めて農業生産額を上回った。フォードシステムなど、本格的なマスプロダクションが到来したとはいえないが、日本にもようやく大量生産・大量消費社会の萌芽がみられるようになった。

明治維新以来、日本は「富国強兵」「殖産興業」をスローガンに掲げ、急速な工業化をとげた。その工業化を推進したのは、製糸業や紡績業、そして石炭産業などであった。第一次世界大戦後の日本は、こうした産業革命期の日本とは明らかに異なる段階に達し、近代産業では重化学工業の比重が増し、全国各地で電源開発が進んだ。ロストウ（Walt Whitman Rostow）の言う、「離陸期」（take off）から「成熟への前進」（drive to maturity）の段階に進み、産業は多軸化し、人々の社会生活も多様化した。

東京や大阪などの大都市には、官公庁や銀行・会社に勤務し、俸給を受け取る雇用者（俸給生活者）、すなわちサラリーマンが現れた。また、これまでのように工場の職工（女工）として働くだけでなく、電話交換手やタイピストなどの会社員、教師・看護師などとして働く女性も増え、「職業婦人」と呼ばれた。大都市の繁華街にそびえたつ百貨店には、洋服から石鹼にいたる大量の消費物資が、正札つきで陳列された。百貨店は、市民が自由に買い物を楽しむ消費の「宮殿」となり、大衆消費社会的な状況が生まれつつあった。

これらのサラリーマンや「職業婦人」は「新中産層」と呼ばれる知識階級で、都市で独立の家庭をつくり、合理的で文化的な生活を愛好し、余暇を楽しみ、概して教育にも熱心であった。『週刊朝日』『サンデー毎日』などの週刊誌が発刊され、『文藝春秋』や『キング』などの月刊誌の中には、数十万部の売れ行きをみせるものもあった。『現代日本文学全集』の予約出版があたり、「円本ブーム」が到来した。

米騒動後の一九一八年九月に成立した原敬内閣は、日本で最初の本格的な政党内閣で、積極的な財政政策を掲げ、軍備の充実、鉄道建設の促進、教育の充実を標榜した。また、普通選挙法の成立を求める普選運動が盛んになり、明治期とは明らかに異なる政治状況が生まれていた。東京帝国大学の教授・吉野作造が「民本主義」を唱え、大正デモクラシーの旗手となった。

小林一三は、こうした中で箕面有馬電気軌道（のちの阪神急行電鉄）の創業を主導し、梅田～宝塚間及び箕面～石橋間で電鉄経営を営むとともに、沿線で住宅地・家屋の販売、劇場経営、百貨店経営など多角的事業を展開した。津金澤聰廣は、これを宝塚戦略と呼び、次のように説明した(1)。

小林一三による宝塚戦略は、その後の私鉄経営の原型をつくったばかりでなく、日本人の生活文化や都市娯楽のあり方を一変させ、それを常識化したといえる。今日、都市消費にみられる多くの生活文化様式は、宝塚戦略によってつくられた面があり、少なくとも現代日本人の大衆消費パターンや遊ばせ方に新しいヒナ型を提供しつづけた。

小林は、このほか東京電燈、東宝の経営にも敏腕を振るうが、彼の取り組んだ事業は、大正デモクラシー期に勃興しつつあった「新中産層」をターゲットにした「都市型第三次産業」と括ることができる。小林は、都市型第三次産業の「開拓者」であったのである。

ところで、小林とほぼ同じ時期に、軽井沢や箱根の開発、目白文化村や国立学園都市の建設に取り組み、武蔵野鉄道、旧西武鉄道、駿豆鉄道などを支配下におき、武蔵野デパート（現西武百貨店）を設立した堤康次郎も「都市型第三次産業」に積極的に取り組んだ企業家として知られている。しかし、小林の事業の出発点は鉄道事業（箕面有馬電気軌道、現阪急電鉄）であったのに対し、堤のそれは不動産事業（箱根土地会社、のちの国土開発、コクド）であった[2]。

芋蔓式経営

一九一三（大正二）年に投資家向けの経済雑誌『ダイヤモンド』を創刊し、財界を独特の視点から観察してきた石山賢吉は、小林一三のよき理解者であった。その石山が、『小林一三翁の追想』に「小林さんを追慕す」なる一文を寄せ、次のように述べている[3]。

小林さんは、昭和三十二年一月二十五日に他界された。以来、今日まで四年になる。だが、そういう長年月の経過を感じない。小林さんの肉体はほろびても、精神は生きている。小林さんの教訓が、絶えず頭の中にあるからである。小林さんは、意識しない我々の先生であった。われわれは、小林学校の生徒であった。絶えず、小林さんから教えを受けていたのである。

その石山が、一九三七（昭和一二）年八月に『事業と其人の型』という、とても興味深い著書を刊行している。石山は、同書の「序」において、芝居に「役者の持味」があるのと同じように、事業経営にも経営者の持味がある。すなわち、「なくて七癖」という諺があるが、役者にもそれぞれに「癖」があり、その癖が「演技の上に自然に現はれて、一種の風格をなしたもの」、それが「役者の持味」となる。そして、みずからの「持味」を最大限に発揮した時、役者は「最上の芸」を演じることができる。同様に、経営者もみずからの「癖」を「旨く事業の経営に応用」できれば、その事業は著しい発展を遂げると述べている。(4)

石山はこのように考え、小林をはじめ武藤山治（鐘淵紡績）、藤原銀次郎（王子製紙）、野間清治（講談社）、牧野元次郎（不動貯金銀行）、大河内正敏（理化学研究所）、相馬愛蔵（中村屋）、加藤清二郎（須田町食堂）の八人の経営者を取り上げて検討し、それぞれの経営手法を「小林式阪急型」「武藤式鐘紡型」「藤原式王子型」「野間式講談社型」「牧野式不動貯金型」「大河内式理研型」「相馬式中村屋型」「加藤式須田町型」と名づけた。そして、小林の事業経営法を「芋蔓式」と命名したのは、けだし慧眼であった。

本書の第一部で検討してきたように、小林は一九一〇年に箕面有馬電気軌道を創業したのち、同社の付帯事業として住宅地・家屋の販売、電灯・電力の供給、宝塚新温泉・動物園、百貨店などを経営するほか、東京電燈、第一ホテル、東宝などの事業を展開してきた。石山によれば、「是等の事業は、一見、別箇の観を呈して居るが、元をたゞせば、一つ事業に、枝から枝が生じて、別箇の事業になつた」のである。(5)

したがって、小林には突然始めた事業はなく、それぞれが相当の「訓練」（準備期間）をへたのちに始められている。例えば、阪急百貨店は鉄道のターミナルで、沿線住民に日用品を供給することを目的にしたもので、いわば鉄道や住宅地開発という事業から芋蔓式に派生した事業であった。しかし、小林は同百貨店を直ちに直営で始めたのではなく、まずは白木屋に店舗を貸してマーケットを開業させ、梅田駅で百貨店業が成り立つかどうかを調査した。そして、百貨店が事業として成り立つとみると阪急マーケットを設立し、その経営成果を見届けた上で阪急百貨店を開業したのである。

それは、東京宝塚劇場の開設の時も同じであった。小林は、帝国ホテルの前に東京宝塚劇場を建設し、すぐその前に日比谷映画劇場をつくり、さらには日本映画劇場を合併して、たちまちのうちに丸の内に一大興行街（アミューズメントセンター）をつくってしまった。電光石火の早業のようにみえるが、小林はすでに十数年前から宝塚歌劇団の東京進出を考えており、「用意に用意をして、機の熟するのを待つ」て、実行に移したのである。小林は、東京宝塚劇場を建設する際、設計を二七回もやり変えたという。石山は、「その根気のよさは、尋常一様でな」く、「甲州人の特徴を遺憾なく発揮」しているとみていた(6)。

大衆本位の事業

小林一三が取り組んだ事業は、電鉄、レジャー、百貨店、電灯、ホテル、興行などであるが、いずれも「大衆本位の事業」であった。若い頃の小林は文学青年で、小説を書いたり芝居をみたりしてすごしており、あわよくば「相当の文士」（小説家）になれるのではないかとも考えていた。そんな経験を持って実業家になったので、「大衆の気持、大衆の動向」に非常な興味を持

阪急百貨店　1932年

東京宝塚劇場　1934年

ち、客商売に大きな関心を持っていた。そのため、常日頃から、「電車の乗客に対してはどうすべきものか、百貨店のお客様はこれこれである、芝居をやればどうしたら客が来るかといふやうなことを」考えていた。

したがって、梅田駅のプラットフォームに二〇分ほど立っていれば、お客の数や収入の見当がつき、電車に乗って一回りすれば、すれ違う電車の人の混み具合をみてどのくらいの収入があるかがわかるという。また映画館の外をみれば、どのくらいの入りがあるかわかるし、百貨店でも地下から八階まで登ってぐるぐる降りて来ると、その日の売上を大体想像できるという。小林にとって、「大衆本位の事業」は趣味でもあり仕事でもあったのである。

興行や食堂など、大衆相手の事業は「水商売」と呼ばれ、堅実な実業家からは危険視されていた。また、「水商売」をやる人は一獲千金を夢みて、うまくいかなければ夜逃げもいとわないという興行師気質、山師気質を持っていた。小林は、この水商売を「大衆本位の事業」とみなして、事業として確立したのである。小林によれば、「大衆本位の事業」ほど安全な事業はないのである。小林は、次のように言う[7]。

> 併し私自身の仕事は電鉄でも百貨店でもみんな大衆本位の仕事をしてゐるが、大衆本位の事業ほど危険のない商売はない。大衆から毎日現金を貰ってする商売には貸倒れがあるぢゃなし、商売が無ければ無いやうに舵をとって行けばよい。まことに大衆本位の仕事ほど安全なも

のはないと私は信じてゐる。しかし大よそ安全な商売は利廻りの少いのは当然で、公債の利子が安いと同じやうに、電鉄にしても、デパートにしても、又興行にしても、さううまい遺利をねらふのは間違ってゐる。儲けるといふことからいへば、新しい事業で例へば人絹をやるといふやうなこともあるが、残念ながら私には知識が無い。併し大衆相手の商売には先にも言ったやうに三十年来の経験と知識があるからどういふものがいいか、わるいかの判断がつく。

すなわち、小林によれば、遺利をねらうのではなく、堅実な利益を心がけることが大切であった。電鉄、百貨店、劇場のいずれにしても、「お客本位に安く売るやうに経営すれば、さううまい遺利のある筈がない」のである。そこで、小林は「常にお客様に満足して戴くやう、よいものを安くと工夫し、山気でうんと儲けようといふ考へは一切持たないのであ」った[8]。小林は、電鉄、百貨店、劇場などの事業を「大衆本位の事業」に仕上げたのである。

十歩先を見た大阪商人

小林一三は、自著『歌劇十曲』の冒頭で「此書を岩下清周翁に献ず」なる一文を著し、次のように記している[9]。

私は貴下の常に斯ういはれて居つたのを記憶してゐる。『百歩先の見江るものは狂人扱にされ、五十歩先の見江るものは多くは犠牲者となる、十歩先の見江るものが成功者で、現在を見得ぬものは落伍者である』と。

これは、小林がいわゆる北浜銀行事件で失脚した岩下清周の発言を改めて記したものである。北浜銀行頭取の岩下は、大阪電気軌道（現近畿日本鉄道）の大阪～奈良間に横たわる生駒トンネルの開鑿という難工事を進めていた。大阪電気軌道の社長は加島銀行頭取の廣岡恵三で、岩下は専務取締役であった。工事を請け負っていた大林組（社長・大林芳五郎）は、岩下が信頼する土木業者でもあったので、トンネル工事用の電力を箕面有馬電軌の三国火力発電所から送るなどして支援した。

するとまもなく、吉弘白眼《よしひろはくがん》率いる大阪日日新聞が、生駒トンネルの建設に批判的な記事を書き始め、社長の廣岡が辞任し、岩下が大阪電気軌道の社長となった。しかし、大阪日日の岩下批判は止まず、生駒トンネルは一九一四年四月一八日に開通したが、まさにその日に北浜銀行に取り付けが起こった。そしてとうとう、岩下は一九一五年二月に収監され、背任・横領・文書偽造などの罪に問われ、北浜銀行も同年八月一九日休業に追い込まれた。

岩下が倒れたのは、あまりに先が見えすぎたからであった。理想はもとより貴いが、事業家としては深く現実を慮らねばならない。特に株式会社の経営者は、理想と現実の調和を図るのに、細心の注意を払わなければならない。事業の成果は早急に上がるものではないが、株主配当は毎半期に行わなければならないのである。岩下は、大阪と奈良の間の交通の重要性を見抜く力はあったが、毎半期の株主配当を深く考える思慮を欠いていた。そして、そのために実業界を引退しなければならなくなったのである。

小林は、北浜銀行事件をこのように総括し、岩下の発言を引用したのであった。そして、事業経営において、「理想と現実の調和」を図ることの重要性を、改めて認識したのである。

ところで小林は、山梨県韮崎町生まれのいわば甲州商人であったが、電鉄会社を経営しながら大阪に定着した実業家である。小林は、「大衆商法」の革新性や「日銭産業」の経済合理性を主張するが、これは伝統的な関西商法とはなじまない。江戸期に「天下の台所」であった大阪では、問屋と仲買との間の「仲間取引」が主流であった。したがって、小林の「大衆商法」は伝統的な関西商法への挑戦ともいえた。[10]

しかし、その小林が東京と大阪の事業を比較して、「大阪の事業家は、徹頭徹尾事業家ですが、東京の事業家はどちらかといへば、事業家でもあるが、政治家でもある。或は社交家でもあったり、時の権力に結びついたりすることが多くて、大阪の事業家ほど、事業に純粋でないやうに思はれます」と述べている。[11] 小林は、一九二七年に東京電燈の経営にかかわり、しばしば東京を訪れるようになったので、東京と大阪の事業を比較することができたのである。

小林は、さらに続ける。東京で事業をやろうとすると、「少し政治か何かを利用しなければならない」が、大阪では政治と事業は分離しており、「コツコツ仕事をして良い成績を挙げてゆけば自然に大きくなる」のである。また、東京から専務や重役として大阪に来ても、その地位を失うとすぐに東京に引き上げてしまう。また、東京には「華族」「非役の軍人」「非役の官吏」「学生」等の消費人口が集まっている。こうして、本所、深川地区は「工業地」であるが、大部分は「消費地」である。東京は、「金を使ふやうに組織されてゐる都会」で、しかも「その消費地の金は非常に気楽な金で、金の有難味を知らない連中のやって居る所」といえる。

一方、大阪は「消費地といふ事よりも殆んど生産地」で、「一生懸命にコツコツ蓄積した金などはなかなか有難い金であるから、使う方でも注意して居る」のである。こうして、小林に言わせると、東京よりも大阪のほうが「皆真面目」であった[12]。

小林の「大衆商法」が、大阪の事業であることはいうまでもない。小林は、伝統的な関西商法に果敢に挑み、明治末期から大正期にかけて成立した「大衆消費社会」的な状況に対応しつつ、「小林式」とでもいうべき新たな関西商法を生み出したのである。

（1）津金澤聰廣［一九九一］、『宝塚戦略――小林一三の生活文化論』（講談社現代新書）二二ページ。
（2）老川慶喜［二〇〇二］、「小林一三と堤康次郎――都市型第三次産業の開拓者」佐々木聡編『日本の企業家群像』（丸善）一三三～一三四ページ。
（3）石山賢吉［一九六一］、「小林さんを追慕す」小林一三翁追想録編纂委員会編『小林一三翁の追想』（阪急電鉄）五七ページ。
（4）石山賢吉［一九三七］、『事業と其人の型』（千倉書房）一～二ページ。

（5）同前三～四ページ。
（6）同前四～六ページ。
（7）小林一三「私の行き方」『全集』第三巻一八〇～一八二ページ。
（8）同前一八二～一八四ページ。
（9）小林一三［一九一七］、『歌劇十曲』（宝塚少女歌劇団）五～六ページ。
（10）作道洋太郎［一九九七］、『関西企業経営史の研究』（御茶の水書房）三〇八～三〇九ページ。
（11）前掲「私の行き方」『全集』第三巻八六ページ。
（12）同前九〇～九三ページ。

Ⅱ　日本型私鉄経営の原型

独創的な電鉄経営

小林一三は、一九一〇（明治四三）年三月一〇日に箕面有馬電気軌道を開業し、梅田〜宝塚間、石橋〜箕面間の電鉄業とともに、沿線で土地・家屋の売買、電灯・電力の供給、娯楽機関（箕面動物園・宝塚新温泉）などの兼営事業の営業を開始した。電鉄会社が、住宅・土地開発、流通、レジャー・観光などの事業を兼営するのは、日本の私鉄では珍しくないが、こうした日本型私鉄経営の原型をつくったのが、ほかならぬ小林一三であった。ここでは、箕面有馬電気軌道（阪神急行電鉄）の経営の実態を検討し、日本型私鉄経営の実像に迫ってみよう。

一九一〇〜一四年度における箕面有馬電軌の営業収入は、**図表2・1**にまとめた数字のようであった。開業当初（一九一〇年三月一〇〜三一日）の乗客数は一四万四一五九人、旅客収入は一万

図表2・1　箕面有馬電気軌道の営業収入（1910～14年度）　（単位：円）

年度	運輸収入			付帯事業収入				
	旅客	貨物	計	地所・家屋	電灯・電力	動物園	新温泉	計
1910	—	—	373,559	96,221	15,066	5,896	—	117,183
1911	—	—	505,667	250,948	43,538	16,521	22,884	333,891
1912	505,019	15,839	520,858	131,178	120,557	12,956	30,270	294,961
1913	484,864	19,093	503,957	158,503	127,559	9,284	28,476	323,822
1914	408,576	26,091	434,667	91,041	101,777	4,983	16,853	214.654

［出典］箕面有馬電気軌道株式会社『営業報告書』各期。
［注］1912～14年度の「地所・家屋」は、「地所部」の数値である。

九一三九円であった。晴天一〇日、雨天一二日と、天候不順ということもあり遊覧客は少なかった。また、開業祝賀を記念して配布した無賃乗車券を使用する者が多く、乗客数の割には収入が伸びなかった。

一九一〇年度からの乗客数の推移は**図表2・2**（二三〇ページ）のようで、一九一四年度にはやや減少するが、それまでは増加傾向にあり、一九一三年度には五五〇万人を超えた。箕面有馬電軌は、池田室町をはじめ沿線に住宅地を開発するとともに、箕面に動物園、宝塚に新温泉を開設し、乗客の誘致を図った。当初は行楽地の設備が間に合わず、しかも天候不順が続き、乗客の数はそれほど増えなかった。しかし、『第八回営業報告書』が「昨年三月開業以来沿道人家ノ新築激増ト共ニ各種ノ設備モ漸ク其緒ニツキ箕面動物園ノ完備宝塚新温泉及箕面公会堂等ノ新築落成ノタメ乗客著シク増加シ以テ良好ナル成蹟ヲ挙ケ得タリ」と記しているように、一九一一年上期には当初の計画が実現しつつあった。また、一九一一年一〇月からは「冬枯三ツ月ノ減収」を補うため、貨物運送営業を開始した。取扱貨物は、郊外生活者のため

図表2・2　箕面有馬電気軌道の乗客数（1910〜14年度）

（単位：人）

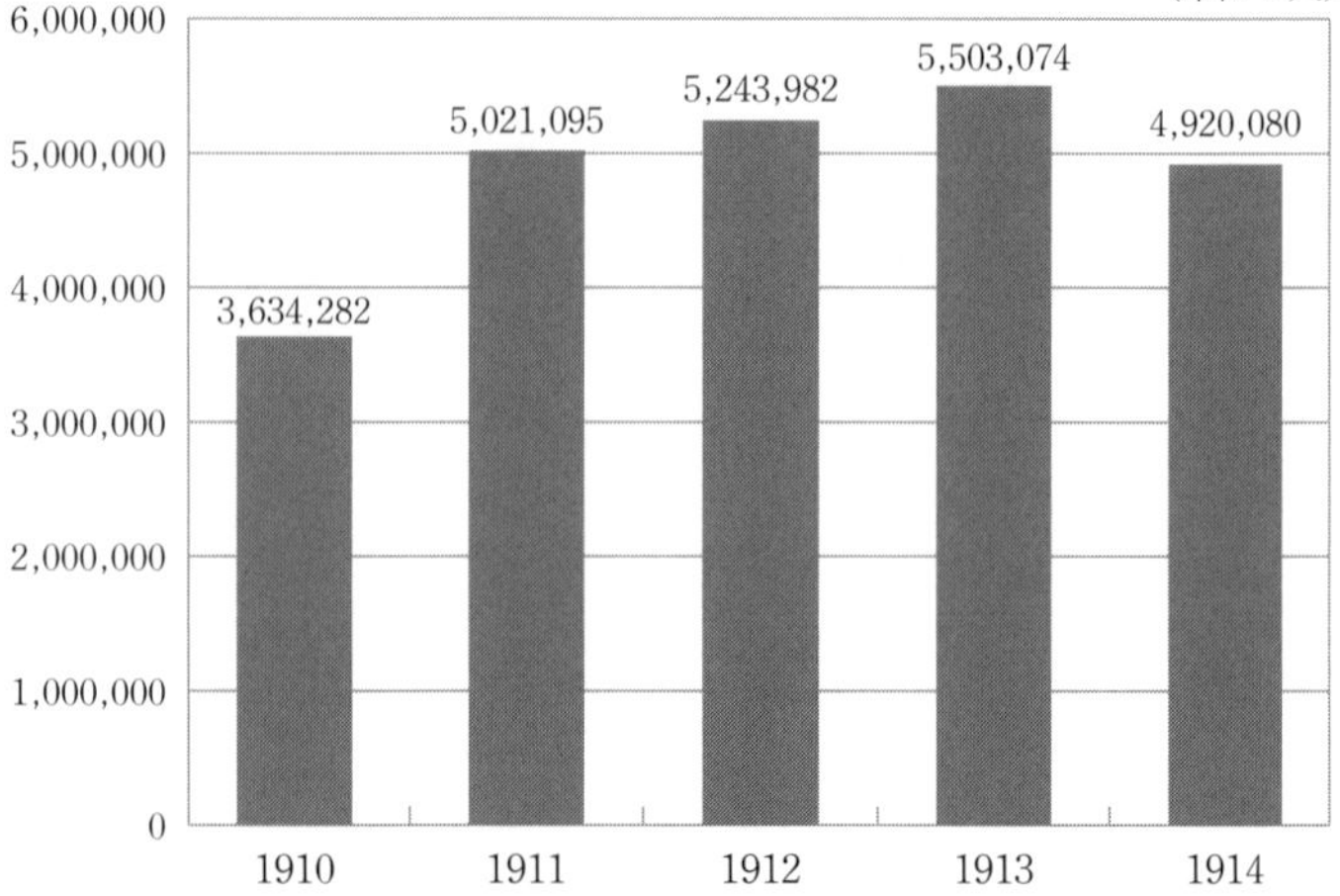

［出典］　箕面有馬電気軌道株式会社『営業報告書』各期。

の日常生活物資や家屋建築材料などであった。[1]

一九一二年下期には、「米価騰貴、金利ノ暴騰等一般不況ノ影響」により「経済界ノ緊縮不振」がもたらされ、乗客数は減少した。また、明治天皇の逝去後であったため謹慎しなければならず、積極的な乗客誘引策をとれず、遊覧者の数は減少した。しかし、「郊外移住者ノ激増ト常住不断ノ乗客ヲ得」たため、一二月以降は乗客が増加した。箕面有馬電軌は、「今後沿道ノ開発ハ地所家屋経営ノ完備ニ依テ益発展ヲ促進スルニ至ル」と、沿線の住宅地開発に期待を寄せていた。[2]

一九一三年上期には宝塚新温泉の「パラダイス」で婦人博覧会が開かれ、能勢電気鉄道が営業を開始し、豊中の大運動場では慶應義塾と米国スタンフォード大学の野球の試合が行われた[3]。また、同年一〇月一七日から一九日までの三日間にわたり、豊中運動場で大阪毎日新聞社が日本オリンピック大会を開催した。これは、三年後のベルリンオリンピックを意識した競技会であったが、この三日間は「未曽有の盛観」となった[4]。沿線で、こうした様々なイベントが開催されたため、箕面有馬電気軌道の乗客は増加した。

一九一四年には第一次世界大戦が勃発し、日独の国交が途絶し、乗客数はいっそう減少した。しかし、沿線への郊外移住者は増加し続け、回数券や定期券利用者が増加した。『第一五回営業報告書』（一九一四年下期）は、この点について次のようにみていた[5]。

幸ニ当社沿道ハ理想的郊外生活地ニ適シ年々居住者ノ増殖ヲ見ルニ至レルハ堅実ナル発達ヲナシツ、アルヲ証スルニ余アリトス

要之近年打続ク不況ニ際シ人心頗ル沈衰ノ状ヲ呈シ遊覧的乗客激減ノ止ムナキニ至レルガ故ニ経営方針ニ於テモ勉メテ一時的乗客誘致ノ施設ヲ避ケルト共ニ経費ノ節約ヲ計リ隠忍持久以テ此難関ヲ脱出シ他日大勢ノ挽回ト相俟テ遺算ナキヲ期セントス

このように、箕面有馬電軌の旅客数の増加は、箕面動物園や宝塚新温泉など行楽施設の充実、沿線での各種イベントの実施、郊外移住者の増加などを主な要因としていた。以下では、同社の沿線での土地・家屋の経営、電灯・電力供給事業についてみることにしよう。

土地・家屋の経営

小林一三は、箕面有馬電気軌道の経営は電鉄業だけでは成り立たないと考え、沿線に住宅地を開発するとともに動物園、温泉などの娯楽施設を開設し、乗客の誘致を図った。箕面有馬電軌は、一九〇九（明治四二）年上期末までに、住宅用地として市内に八九七坪七合三勺、市外に八六町五反九畝二四歩を買収した。買収価額は、市内は一坪二一円八四銭三厘、市外は一反三六〇円であった。箕面有馬電軌では、この土地を住宅地経営上の便宜を考慮して一〇区にわけ、第八区の池田停留場付近の約三万坪から着工し、一面にわたって地盛や排水工事を行うとともに、箕面有馬電軌の開業との同時落成を目指して標準的な家屋を建築することにした。

池田新市街地に建設予定の家屋は八四戸で、一九一〇年三月末日までに建築されたのは六戸のみであった。したがって、一九一一年三月一三日の箕面有馬電軌第一期線開業式には間に合わなかったが、同年六月には付帯工事も含めてすべて完成した。箕面有馬電軌はただちに売却に着手したところ「立所ニ其半数以上ヲ売却シ」、残りの家屋や未建築地所も「漸次売行好況」であった[6]。

箕面有馬電軌は、続いて第二区住宅建築に着手し、石橋〜箕面間の桜井停留場付近の土地の道路や溝渠の新設に着工した。池田住宅地は、一九一一年夏までにすべて売却となった。小林一三は、池田住宅地の家屋を販売するため、一九〇八年一〇月に『最も有望なる電車』というパンフレットをみずから執筆した。三七ページのもので、箕面有馬電軌の建設予算から建設工事の説

開業当時の箕面有馬電気軌道（新淀川鉄橋と１形電車） 1910年

池田室町住宅 1910年

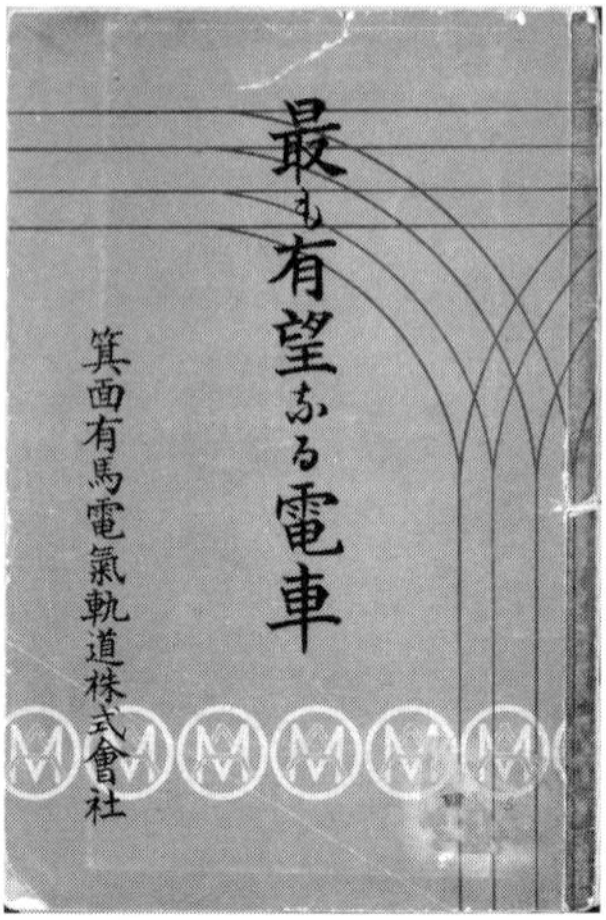

パンフレット『最も有望なる電車』1908年

明、収支の見込み、住宅地の経営、遊覧鉄道の真価などについて詳述している。発行部数は一万部にも及んだという。

　小林は、このパンフレットで、三井物産の仲介・金融を得ていること、格安な費用で建設が可能なことなどを長所としてとりあげ、株主に未開業中には五パーセント、開業後は八パーセントの配当を約束し、計画通り事業が進捗すれば一〇パーセント以上の配当も夢ではないと宣伝した。そして、その根拠として住宅地経営の有望性を挙げていた。小林は、住宅地経営は「外国の電鉄会社が盛んにやって居る」ことであると前置きし、次のように箕面有馬電軌の沿線が住宅地としていかに優れているかを強調した。(7)

　会社の所有となるべき土地が気候適順、風景絶佳の場所に約二十万坪、僅かに梅田から十五分乃至二十分で行けるところにあります。此所に停留所を設け大いに土地開発の策を講じて沿道の乗客を殖やし、同時に土地の利益を得ようと云ふ考へです。

一九〇九年の秋には、箕面公園の紅葉の頃を見計らって『住宅地御案内――如何なる土地を選ぶべきか、如何なる家屋を選ぶべきか』というパンフレットを発行した。小林は、「美しき水の都は昔の夢と消えて、空暗き煙の都に住む不幸なる我が大阪市民諸君よ！」と呼びかけ、日清戦争と日露戦争に挟まれた時期に日本の工業化が著しく進展し、大阪はかつての「美しき水の都」（＝商業都市）から「空暗き煙の都」（＝工業都市）へと変貌したと主張した。

時代の変化をこのようにとらえ、小林は「箕面有馬電車たるものは、風光明媚なる其沿道住宅地を説明し『如何なる土地を選ぶべきか』の問題を諸君に提供すべき義務あるを信ぜんとす」と宣言した。なぜなら、「最も適当なる場所に三十余万坪の土地を所有し、自由に諸君の選択に委し得べきは、各電鉄会社中、独り当会社あるのみ」だからであった。小林は、ここでも阪神、南海、京阪など、他の在阪電鉄会社に対する箕面有馬電軌の優位性を誇っていた。

小林は、さらに続けて「住宅地としあるものは各々好む処を選ぶ以上は其風光に調和し、尚ほ且つ衛生的設備の完全したる家屋即ち住宅其物の設計も亦た等閑視すべきにあらず」として「如何なる家屋に住むべきか」を論じ、次のように結論した[8]。

巨万の財宝を投じ、山を築き水を導き、大廈高楼を誇らんとする富豪の別荘なるものは暫く措き、郊外に居住し日々市内に出でて終日の勤務に脳漿を絞り、疲労したる身体を其家庭に慰安せんとせらるる諸君は、晨に後庭の鶏鳴に目覚め、夕に前栽の虫声を楽しみ、新しき手造りの野菜を賞味し、以て田園的趣味ある生活を欲望すべく、従って庭園は広きを要すべし、家屋の構造、居間、客間の工合、出入に便に、日当り風通し等、屋内に些かも陰鬱の形を止めざるが如き理想的住宅を要求せらるるや必せり。

箕面有馬電軌が販売する郊外住宅は「富豪の別荘」のような大邸宅ではなく、毎日大阪に通勤し家庭に慰安を求める人びとの住宅であった。小林は、沿線の土地や住宅を賃貸するとともに、土地付分譲住宅を一〇年間の月賦で販売した。まず、一九一〇年六月に池田室町で二万七〇〇〇坪の土地を分譲した。池田室町で売り出された住宅は、一区画一〇〇坪、二階建て五～六室の文化住宅で、和風と洋風の二種類があり、価格は二五〇〇円ほどであったが、売値の二割を頭金とし、残金を一〇カ年賦とした。したがって、ひと月に二〇円ほど支払えば、この文化住宅を手に入れることができた。池田室町での住宅地及び住宅の販売が完了すると、次いで豊中、桜井、岡本、千里山などでも同様の販売を始めた。

それでは、この郊外住宅にはどのような人びとが住むのであろうか。小林によれば、それは官吏、弁護士、医者、銀行員、商社員など、資産はないが学歴の高いホワイトカラー層、すなわち「新中産層」であった。当時の銀行員の初任給は四〇～七〇円程度であったので、年収の五倍ほどで郊外住宅を手に入れることができた。割賦販売方式も歓迎され、小林の土地経営は「日本に於ける土地住宅地経営の元祖として誇り得る好成績を挙げ」たのであった。(9)

電灯・電力の供給

箕面有馬電気軌道は、一九〇八（明治四一）年下期に発電所を神崎川三国橋畔、変圧所を池田町に建設することに決めると直ちに着工し、翌年の〇九年九月に竣工させた。そして、一九一〇年一月中旬までに諸機械の据付工事を終え、試運転を行なった。二月には大阪電燈株式会社と電力供給契約を締結し、九月末日まで一日に四〇〇キロワットを限度として同社に電力を供給することになった。

一九一〇年上期には、電灯・電力の供給に必要な配電盤や変圧器の据え付けを終え、電柱の建設、電線の架設、変圧器の据え付けが終わり、箕面、岡町、服部及び宝塚にわたって付帯工事はすべて竣工した。そして、箕面公園内やその周辺地域に対しては七月一日から点灯を開始し、その他の地域においても、「申込ニ応ジテ着々需用家邸内線工事」に着手し、一九一〇年下期から点灯を開始した。また、六月一九日から七月二七日まで、大阪電燈に電力を供給した[10]。

箕面有馬電軌の電灯・電力供給事業の営業成績を示すと**図表2・3**（二三八ページ）のようで、一九一〇年下期に営業用電灯数は一三八六灯となったが、当期には大阪電燈への電力供給がなかったので、電灯・電力収入は同年上期よりも三八〇円ほど減少した。しかし、箕面有馬電軌の『第七回営業報告書』（一九一〇年下期）は、当期の電灯供給事業について「営業電灯ノ成績ハ未ダ良好ナラズト雖漸次供給区域ヲ増加シ工事ノ難易ヲ斟酌シ緩急ヲ計リ益々事業ノ拡張ニ強メツ、アルヲ以テ逐次良好ノ成蹟ヲ収メ得ベシ」と述べ、電灯供給事業の将来に大きな期待を寄せ

図表２・３　箕面有馬電軌の電灯・電力供給事業の営業成績
（1910年上期～14年下期）

（単位：灯・円）

期	営業用電灯数	自家用電灯数	電灯・電力収入
1910上	―	―	7,723
1910下	1,386	1,457	7,343
1911上	2,413	3,627	12,723
1911下	4,115	3,720	30,815
1912上	7,171	4,030	54,114
1912下	8,825	4,054	66,443
1913上	10,121	3,570	79,002
1913下	11,186	3,183	48,557
1914上	12,044	3,742	49,251
1914下	12,751	2,765	52,526

［出典］　箕面有馬電気軌道株式会社『営業報告書』各期。

ていた(11)。実際、営業用電灯数は供給区域を拡大しつつ増加の一途を辿り、第一次世界大戦期の一九一四年下期には一万二七五一灯となった。

一方、電力供給事業は一九一〇年下期に料金の認可を受け、一一年九月から大阪電気軌道に工事用の電力供給を開始し、一般需要家に対しても電動機の据付中であった。その後、能勢電気軌道、安威川視力電気などにも電力の供給を開始し、一九一二年上期の『第一〇回報告書』によれば、十三と三国の間が「工場ノ最適地」として認められるようになり、工場がやや増加した。一九一三年九月一六日には、大阪軌道の発電所が落成し、同社への送電契約は解約となったが、芥川電燈及び日本醋酸大阪工場への電力供給の予約をなし、電動機据付中の工場も二、三あるので需要は増加傾向にあった(12)。こうして、一九一四年下期には営業電力供給は一七六馬力となった。なお、この間の電灯・電力収入は**図表２・４**の

図表2・4　箕面有馬電気軌道の電灯・電力収入（1910～14年度）

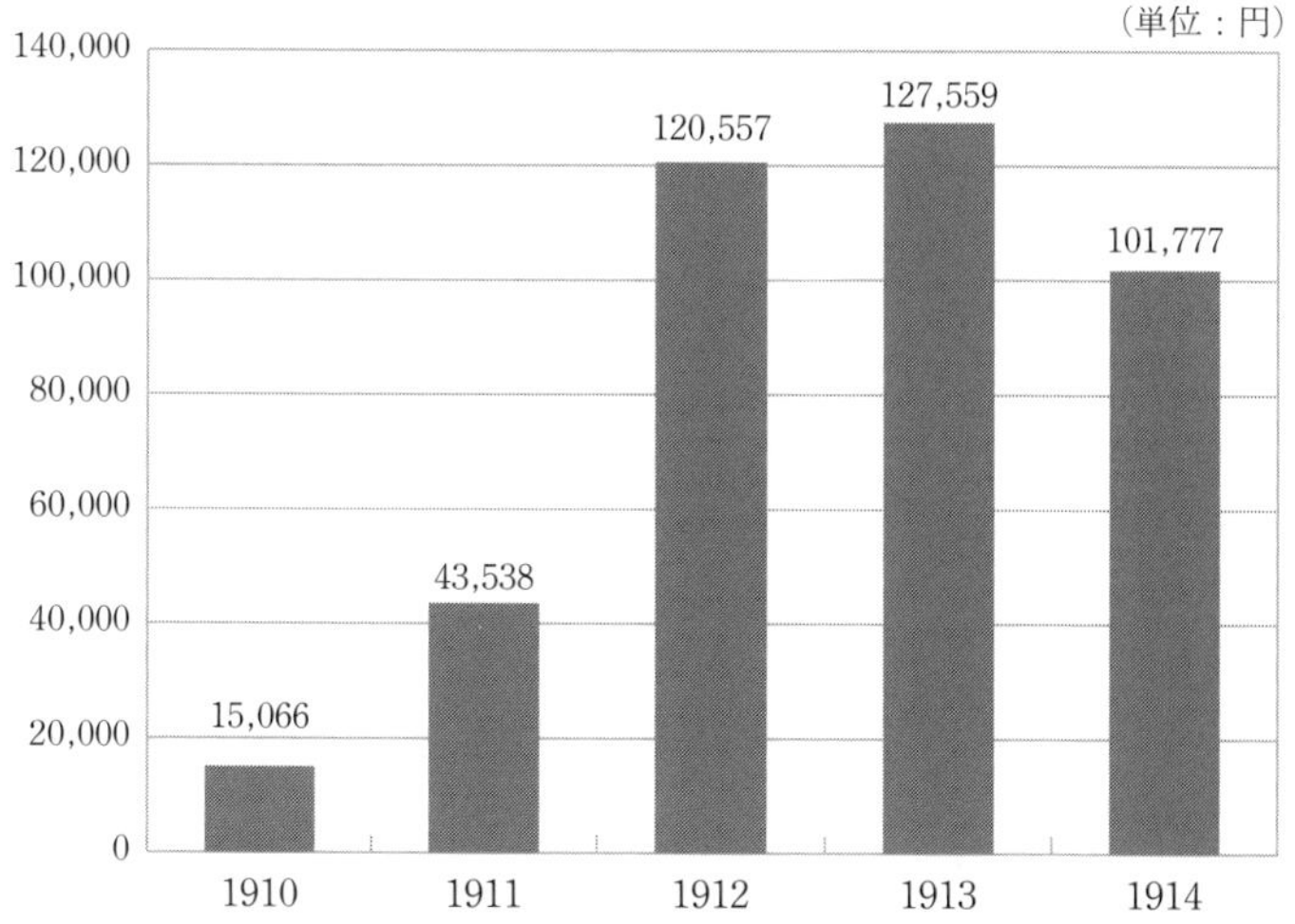

［出典］　箕面有馬電気軌道株式会社『営業報告書』各期。

ようで、一九一二年度以降は一〇万円を超えている。

沿線開発の進展

　小林一三は、電鉄業の経営に土地・家屋の分譲、電灯・電力の供給、宝塚での娯楽事業、さらにはターミナル・デパートなど、沿線での諸事業を組み合わせるという、独創的な経営を展開した。一九一五（大正四）年度以降における箕面有馬電気軌道（阪急電鉄）の事業部門別収入の推移をみると、**図表2・5**（二四〇～二四一ページ）のようになる。当初は、全収入の六〇パーセント以上を占めていた運輸収入の比率は次第に低下し、一九二九年度に五〇パーセント、三三年度に四〇パーセントを切り、三六年度にいたるまで三〇パーセント台の後半で推移していた。

（単位：円）

付帯事業						合計
電灯・電力		宝塚経営		百貨店		
116,306	16.5%	28,083	4.0%			702,960
165,633	18.5%	25,234	2.8%			894,328
190,219	15.1%	47,138	3.7%			1,261,052
261,285	15.6%	76,601	4.6%			1,672,806
325,451	14.6%	142,244	6.4%			2,235,838
428,873	10.8%	201,489	5.1%			3,968,525
940,220	16.2%	453,074	7.8%			5,800,952
1,148,608	15.7%	483,386	6.6%			7,327,748
1,513,488	18.5%	661,363	8.1%			8,185,527
1,882,570	19.2%	1,177,299	12.0%			9,781,482
2,059,839	19.7%	1,215,690	11.6%			10,460,507
2,238,960	20.8%	1,109,584	10.3%			10,765,853
2,230,334	20.0%	1,266,863	11.4%			11,155,325
2,377,960	19.7%	1,368,033	11.3%			12,057,235
2,504,384	17.9%	1,481,080	10.6%	1,703,450	12.2%	13,955,679
2,609,610	18.0%	1,465,038	10.1%	2,260,191	15.6%	14,469,310
2,749,728	18.8%	1,551,322	10.6%	2,680,827	18.3%	14,654,327
2,943,834	18.9%	1,541,712	9.9%	3,559,318	22.8%	15,586,176
3,176,389	18.5%	1,488,435	8.7%	4,536,780	26.4%	17,181,557
3,440,209	17.6%	1,501,733	7.7%	5,429,594	27.9%	19,493,089
3,857,430	19.0%	1,858,975	9.1%	5,753,255	28.3%	20,319,017
4,264,785	19.5%	1,926,366	8.8%	5,321,678	24.3%	21,886,808

図表2・5　阪神急行電鉄（箕面有馬電気軌道）の部門別収入の推移（1915～36年度）

年度	運輸収入						
	旅客		貨物		地所・家屋		
1915	426,248	60.6%	31,902	4.5%	85,840	12.2%	
1916	516,501	57.8%	44,245	4.9%	100,361	11.2%	
1917	614,113	48.7%	62,510	5.0%	185,335	14.7%	
1918	926,424	55.4%	82,109	4.9%	201,329	12.0%	
1919	1,284,968	57.5%	98,397	4.4%	182,047	8.1%	
1920	2,482,739	62.6%	103,024	2.6%	492,370	12.4%	
1921	3,311,646	57.1%	189,977	3.3%	437,604	7.5%	
1922	3,939,196	53.8%	263,713	3.6%	508,474	6.9%	
1923	4,461,267	54.5%	278,927	3.4%	543,164	6.6%	
1924	5,117,673	52.3%	263,344	2.7%	447,805	4.6%	
1925	5,323,753	50.9%	242,187	2.3%	620,286	5.9%	
1926	5,664,138	52.6%	247,949	2.3%	528,286	4.9%	
1927	6,108,307	54.8%	208,579	1.9%	465,332	4.2%	
1928	6,354,978	52.7%	187,195	1.6%	457,868	3.8%	
1929	6,592,246	47.2%	149,258	1.1%	450,679	3.2%	
1930	6,629,842	45.8%	119,534	0.8%	364,026	2.5%	
1931	6,424,580	43.8%	101,251	0.7%	328,047	2.2%	
1932	6,389,535	41.0%	85,662	0.5%	318,760	1.9%	
1933	6,612,473	38.5%	73,309	0.4%	598,157	3.5%	
1934	6,937,660	35.6%	61,925	0.3%	639,404	3.3%	
1935	7,301,432	35.9%	57,399	0.3%	681,010	3.4%	
1936	8,411,429	38.4%	49,208	0.2%	756,747	3.5%	

［出典］ 阪神急行電鉄株式会社『営業報告書』各期。
［注］「合計」には、雑収入・利子などが含まれている。

阪急電鉄の付帯事業としては土地・家屋の分譲がよく知られているが、全収入に占める比率はそれほど高くはない。一九一〇年代には一〇パーセント台を記録することもあったが、一九二〇年代以降は一〇パーセントを超えることはなく、二〇年代後半からは数パーセントで推移している。

付帯事業では、電灯・電力供給事業が比較的安定している。全収入の二〇パーセントを超えたのは一九二六、二七の両年度のみであるが、ほぼ一〇パーセント台後半を維持していた。宝塚経営も一九二〇年代以降活発化し、全収入に占める比率も一〇パーセント前後で推移している。阪急百貨店が開業するのは一九二九年であったが、開業当初から全収入の一〇パーセント以上を占め、三〇年代には二〇パーセント台後半を記録し、付帯事業の中では最も収入の多い部門となっている。

ただし、全収入に占める比率が高くはないからといって、土地・家屋分譲事業が重要でないというわけではない。沿線に多数の人びとが居住することによって、運輸収入の増加や電灯・電力供給事業の発展に寄与したと考えられるからである。

箕面有馬電軌沿線の岡町、豊中、桜井などでは、住宅は建てれば売れるという状況で、わずか三、五年の間に数百戸の家ができた。住吉、天下茶屋、芦屋、御影などの住宅地も相当の発展をとげていたが、箕面有馬電軌沿線の住宅地には及ばなかった。なぜか。箕面有馬電軌は「一点申分のない郊外住宅」を提供しているからである。まず、空気がうまく、四季にわたって気候がよ

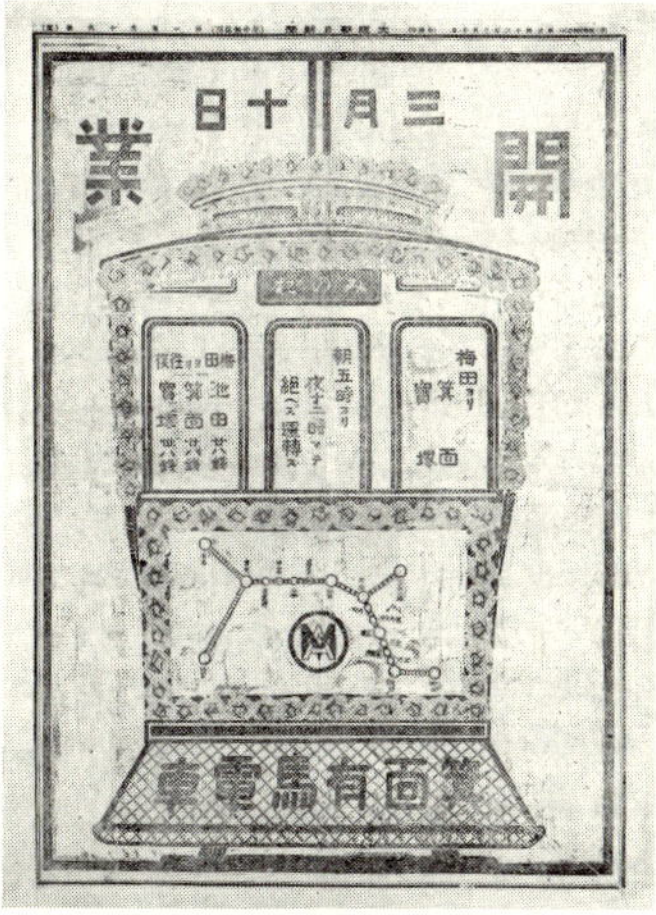

箕面有馬電車の開業を告げる新聞広告
1910年3月10日

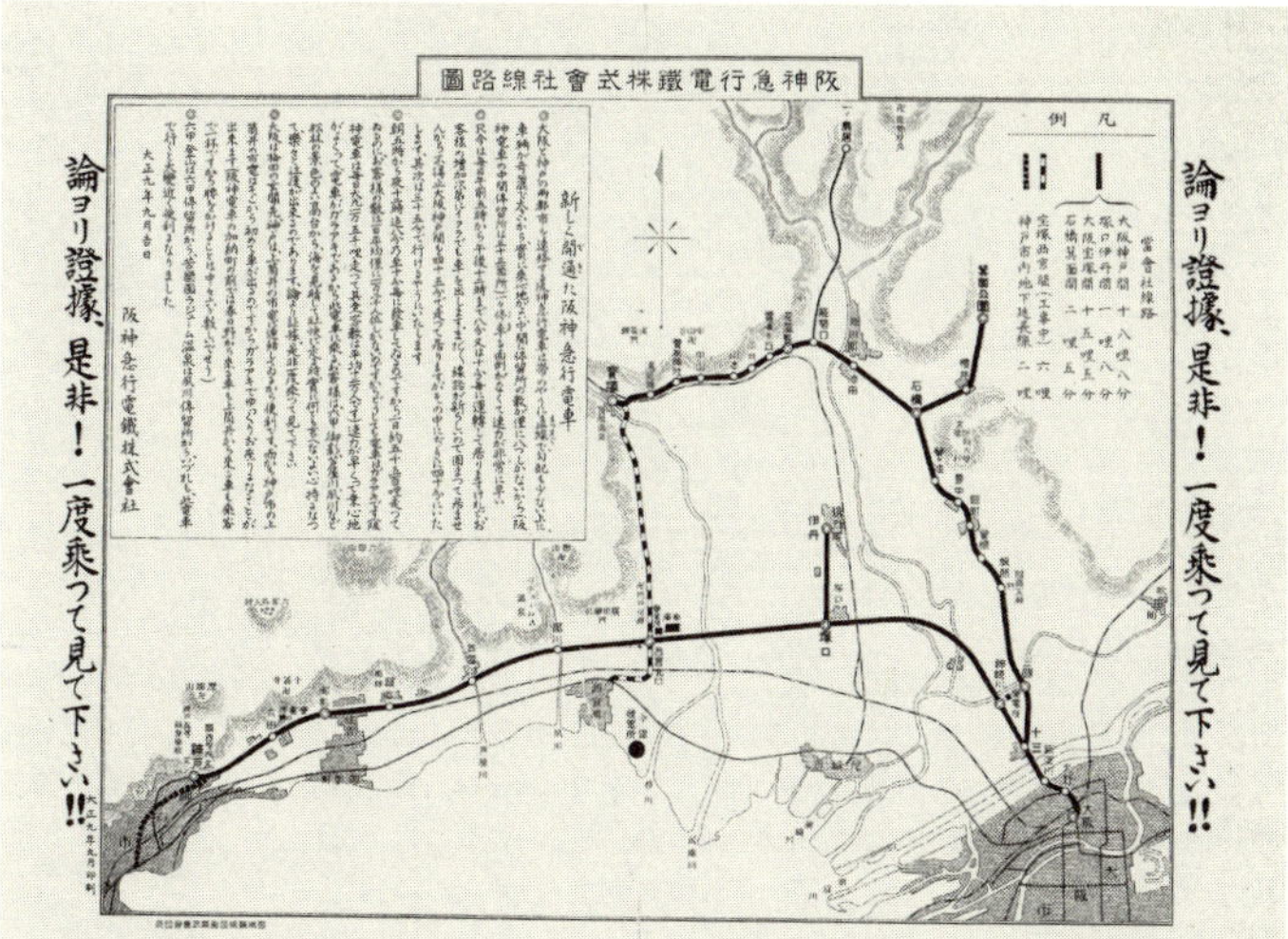

阪急電車の路線図　1920年9月

く、景色が好くて、水は極めて清浄である。その割には税金の負担が少なく、野菜類をはじめ物価が安い。花卉の園芸地や果樹園が多く、箕面公園、宝塚温泉、中山観音、能勢妙見などの名所・遊覧地が多くあるので、日曜・祭日には家族で出かけることもできる。しかも、他の私鉄沿線に比べて地価が安い。将来、この地域が発展するに従って、地価が騰貴する楽しみもある。

　このような土地に、熟達した技師が設計を凝らした家が建つ。価格は一〇〇〇円につき月一二円の月賦で支払えばよい。つまり、「家賃ほどのお金で家と地面が知らぬ間に自分の所有となる」のである。しかも、阪急電車で一五～三〇分で大阪に出勤でき、一ヵ月あたり一円八〇銭～二円二〇銭の定期乗車券を買えば、一日に何回でも乗ることができる。[13]

　沿線が住宅地として開発されるに伴い、阪急電鉄は一九二〇年に神戸本線（梅田～神戸上筒井間三〇・三キロ）、伊丹支線（塚口～伊丹間二・九キロ単線）、二一年に西宝線（西宮北口～宝塚間七・七キロ単線）を開業した。その後も、一九二四年に甲陽支線（夙川～甲陽園間二・二キロ単線）、二六年に西宮北口～今津間（一・九キロ）を開業し、西宝線は今津線と改称した。こうして、路線の拡充をへて阪急電車の乗客数は、図表2・6のように増加をとげたのである。

　沿線の住宅地としての開発に伴い、電灯取付数も図表2・7のように増加した。沿線の住宅に電灯を供給し、電力は能勢電気鉄道、猪名川水力電気、武田薬品などに供給してきたが、昭和初期の恐慌期には工場への電力供給は停滞した。当時の『営業報告書』は、「財界不安ノ為メ各種ノ製造工業更ニ不振ヲ加ヘ従テ大口電力需用ノ新規申込又ハ工場拡張ニ依ル使用量ノ増加ニ見ル

図表２・６　乗車人員の推移

（単位：人）

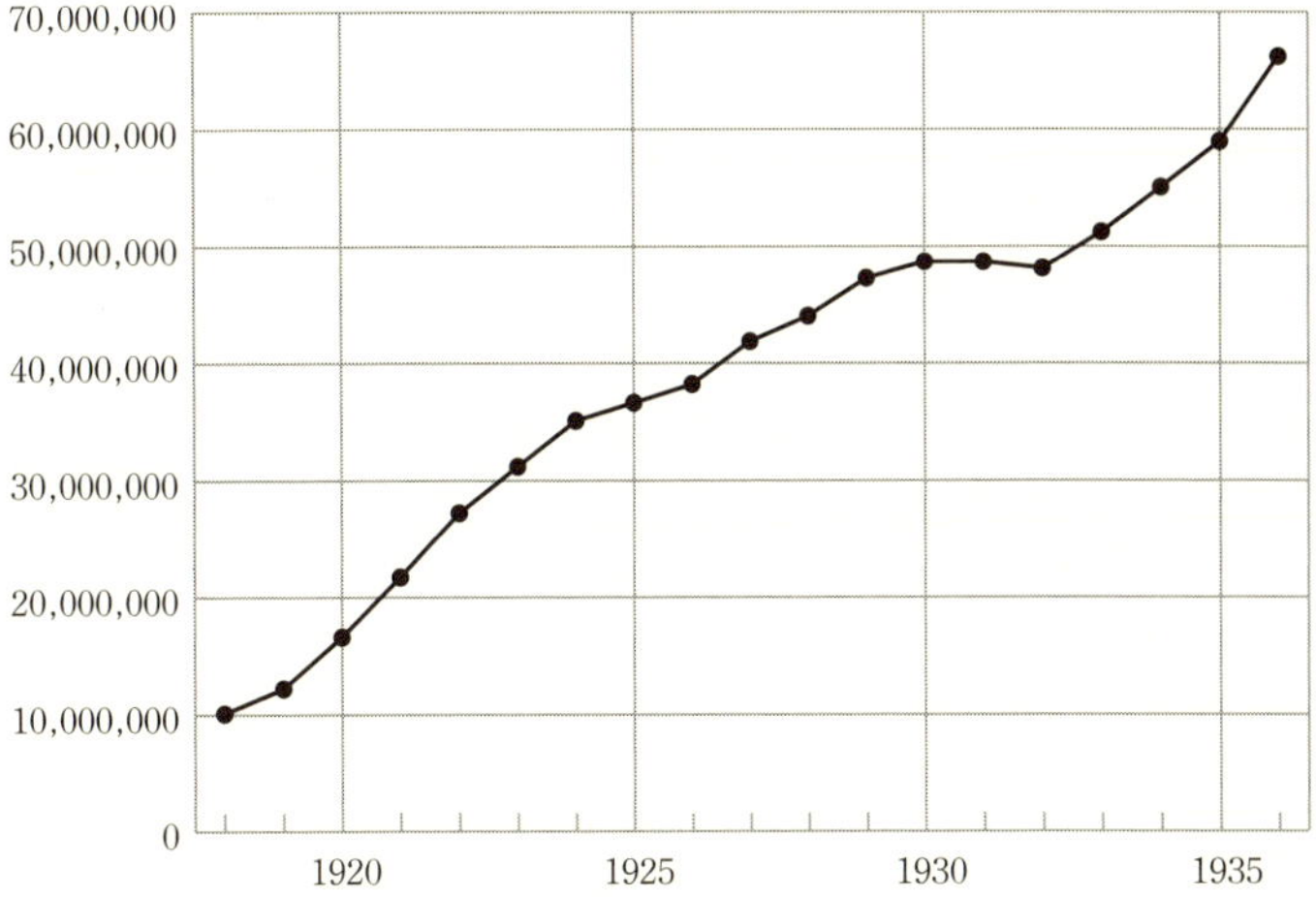

［出典］　阪神急行電鉄株式会社『営業報告書』各期。

図表２・７　電灯取付数の推移

（単位：灯）

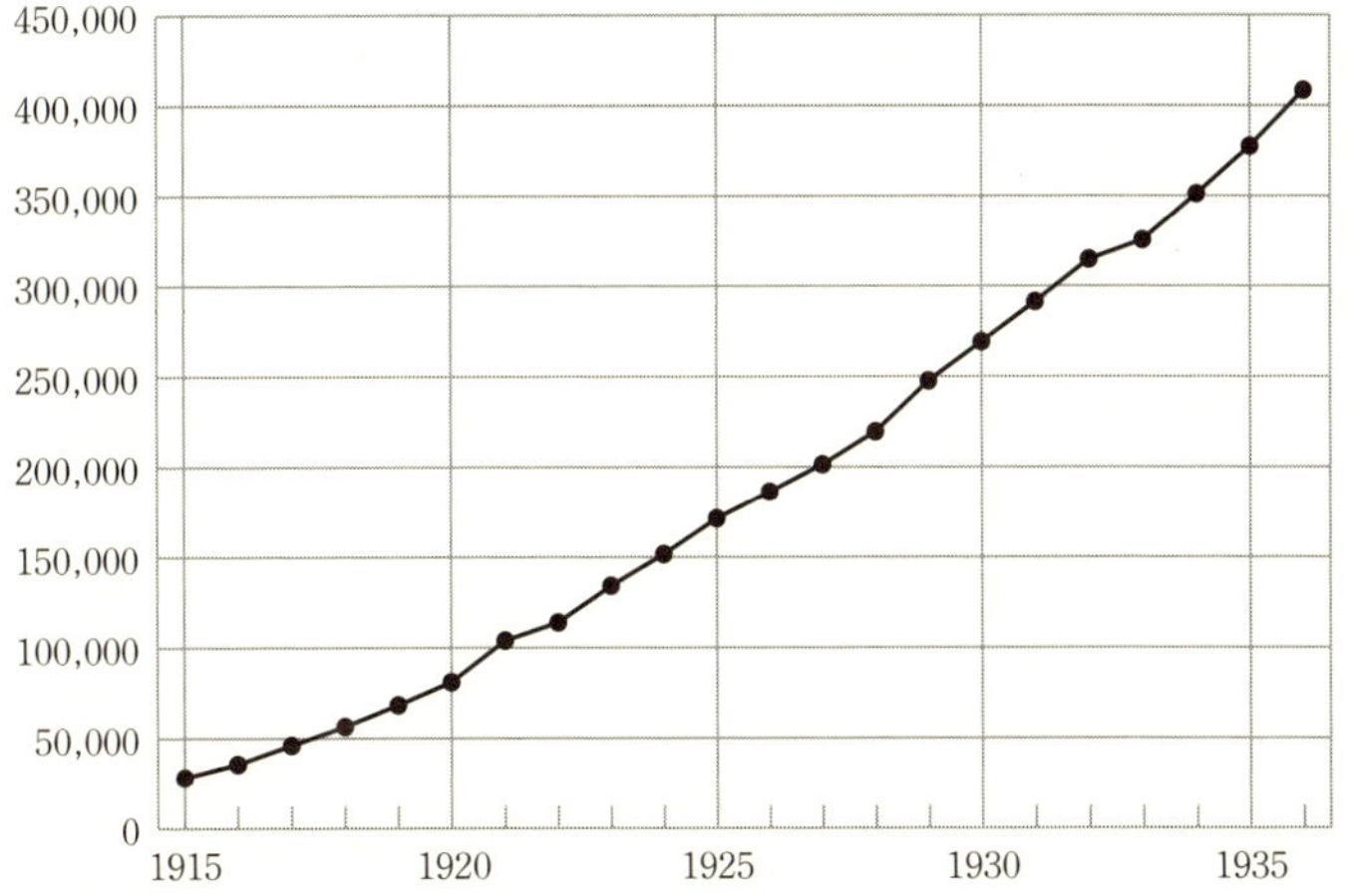

［出典］　阪神急行電鉄株式会社『営業報告書』各期。

ベキモノナカリシモ沿線ノ発展ニ伴フ電灯電熱ノ需用ハ依然順調ニ増加シツ、アリ」と記述している。[14]景気後退によって、工場などで使用する電力需要は落ち込んでいるが、沿線の開発に伴う電灯・電熱需用はむしろ増加しているというのである。同様の記述は、一九三二（昭和七）年上期あたりまで続いている。なお、一九三〇年一〇月一五日から一一月末日にかけて、「増燭光勧誘及電球販売」を実施し「予期以上ノ好成績」をあげた。[15]

（1）箕面有馬電気軌道『第八回営業報告書』一九一一年上期一五ページ。
（2）箕面有馬電気軌道『第一一回営業報告書』一九一二年下期一八ページ。
（3）箕面有馬電気軌道『第一二回営業報告書』一九一三年上期一七〜一八ページ。
（4）箕面有馬電気軌道『第一三回営業報告書』一九一三年下期一七ページ。
（5）箕面有馬電気軌道『第一五回営業報告書』一九一四年下期一七〜一八ページ。
（6）箕面有馬電気軌道『第六回営業報告書』一九一〇年上期二一ページ。
（7）小林一三「逸翁自叙伝」『全集』第一巻一六〇ページ。
（8）同前一六四ページ。
（9）同前。
（10）箕面有馬電気軌道『第六回営業報告書』一九一〇年上期二〇〜二一ページ。
（11）箕面有馬電気軌道『第七回営業報告書』一九一〇年下期一八ページ。
（12）箕面有馬電気軌道『第一二回営業報告書』一九一三年上期二三〜二四ページ。
（13）『山容水態』第三巻第五号、一九一五年一一月一四〜一五ページ。
（14）阪神急行電鉄『第四四回営業報告書』一九二九年上期二〇ページ。

(15) 阪神急行電鉄『第四七回営業報告書』一九三〇年下期二二ページ。

Ⅲ 「大衆本位」の経営理念

どこよりもよい品物をどこよりも安く

小林一三は、阪急百貨店の経営に「どこよりもよい品物をどこよりも安く」という方針で臨んだ。そこには、「大衆本位の事業」を重視する小林の経営思想が最も典型的に表れていると思われる。そこで、ここでは阪急百貨店の経営の実態に迫ることにしたい。「どこよりもよい品物をどこよりも安く」売るために、小林はあらゆる工夫をいとわないのである。

阪急百貨店の営業成績は、昭和の恐慌が猛威をふるっていたにもかかわらず、比較的順調であった。**図表2・8**にみるように、各期とも売上高が営業費を上回っている。阪急電鉄の『第四六回営業報告書』は、一九三〇（昭和五）年上期における阪急百貨店の営業成績について「引続ク不景気裡ニ終始セルニモ拘ラス日々多数ノ顧客ヲ迎ヘ前期ニ比シ売上高著シク増加シ好成績ヲ挙

図表2・8　阪急百貨店の経営　（単位：円・人）

年度	収入	支出	差引利益	社員数
1929	1,703,450	1,051,067	652,383	60
1930	2,260,191	1,254,209	1,005,982	71
1931	2,680,827	1,551,119	1,129,708	87
1932	3,559,318	2,179,001	1,380,317	104
1933	4,536,780	2,817,506	1,719,274	103
1934	5,429,594	3,171,423	2,248,171	109
1935	5,753,255	3,318,872	2,434,383	110
1936	5,321,678	3,174,121	2,147,557	106

［出典］　阪神急行電鉄株式会社『営業報告書』各期。

ケ得タルハ独リ会社沿道ノ顧客ニ止マラス大阪市内北部一円ノ愛顧ヲ受ケシ賜ニシテ逐日盛況ヲ見前途益有望ナルヲ確信スルニ至レリ」と記述していた。(1)

ここに引用した『第四六回営業報告書』が「前途益有望」と予測しているように、阪急百貨店の売上高はその後も増加し続けた。それは、「どこよりもよい品物をどこよりも安く」という方針が定着し、一九三一年一二月一日に売場、食堂とも面積が二倍に拡張して、売上高が著しく増加したからであった。一九三五年上期には「沿線数次ノ水害ノタメ営業上相当ノ影響ヲ蒙(2)」ったが、同年一〇月六日には大阪市営地下鉄梅田線が完成し、阪急電鉄の梅田停留場と地下で連絡された。また、一九三六年三月二一日には第四期工事が完成し、売場・食堂の面積が拡張し、阪急百貨店の経営も「好調ニ終始シ予期以上ノ成績ヲ納メ」た。(3)また社員数も増え、一九三〇年三月には六〇人であったが、三三年三月に一〇〇人を超え、三六年三月には一一〇人となった。(4)

この間、小林は、「どこよりもよい品物をどこよりも安く」という方針を実現するため、直営・傍系の工場をつくるなど、様々な工夫を試みていた。阪急マーケット時代の一九二七年一月二八日、直営の製菓工場を北区小深町の阪急電鉄高架下に設置した。工場の敷地面積はわずか四五坪であったが、本格的な百貨店の成長につれて菓子の需要も増加した。そのため、一九二九年一〇月三〇日に北区芝田町の高架下に一七〇坪の工場を新築した。そして、一九三四年一一月一四日には阪急電鉄宝塚線三国停留所の近くに新式工場を建設した。主な製造品は、生洋菓子、生和菓子、長崎カステラ、パン、アイスクリーム、コーヒー、シロップなどで、とりわけアイスクリームは梅田阪急食堂、地階売場、宝塚食堂、同ホテル、神戸食堂などで販売するほか、遠く満洲方面にも輸出していた。[5]また、一個一銭五厘のあんぱんと五銭のシュークリームが飛ぶように売れ、市価一〇銭の洋菓子を五〇種類そろえ、五銭均一で販売した。[6]また、一九三四年二月には、北区芝田町高架下の製菓工場内の一部に阪急製薬所を創設し、阪急共栄薬を製造させた。共栄薬の種類は、頭痛錠、感冒錠など二五種に及び、共栄薬房をはじめ全国各地の薬房薬局に卸売された。[7]

さらに、ワイシャツなど繊維雑貨を阪急百貨店の傍系事業として北野雑貨製造所に製造させた。同製造所は、一九二九年二月六日、阪急百貨店が営業を開始する二カ月前に、資本金三万円で創立総会を開催した。それ以来、阪急高架下に工場五〇坪を設けてワイシャツ、ハンカチーフなどを主力に繊維製品を製造し続け、一九三四年九月には資本金を一〇万円にして経営規模を拡大した。当初は、専務取締役堀尾眞次郎の個人商店的色彩が強かったが、小林の「どこよりもよい品物をどこよりも安く」という信念に協力し、「結局沿線住宅地は殆んどサラリーマンであるといふ所から、其需要の最も多いワイシャツ、ハンカチーフに主力を注いで見ようといふ事になり、当時市価最低二円八十銭の金巾ワイシャツを一円で売出す事になつた」のである。[8] 阪急百貨店がプライベートブランドの販売に積極的だったのは、三越など江戸期の呉服店に起源を持つ百貨店に比べて仕入先の確保が困難であったからであると思われる。

一九二九年三月の阪急マーケットの資産額（マーケット、食堂設備、商品有高）は一六万八三九円であったが、阪急百貨店と改称したのちの同年一〇月には一三九万四八一円と、約一〇倍の増加を示した。こうして阪急百貨店の売場面積は、阪急マーケットの時代と比べるとかなり拡大したとはいえ、まもなく手狭となった。

そこで、阪急百貨店は一九三一年二月には第二次拡張計画に着手した。拡張工事は同年一一月に完成し、一二月から阪急百貨店は敷地面積六二八坪、総延面積六一八一坪、地下売場を含めると六六四七坪の大百貨店となった。引き続き第三期拡張工事に取りかかり、一九三二年一一月に完成すると、阪急百貨店は総面積一万五〇〇〇坪を擁する大阪一の百貨店となった。

小林一三は、第三期増築開業後、みずから百貨店部長として采配をふるい、一九三三年一月に四つの営業部と総務課、食堂課からなる経営組織を確立した。また品揃えをよくするため、四階の呉服類売場の充実を図り、一九三四年九月には小林一三の署名入りで挨拶状を作成し、次のように述べた。[9]

阪急百貨店は電車のお客のため食堂経営から出発しましたので、あれ丈け大規模に開業致しましたものの、呉服の方は仕入も売子も兎角不慣れで、お眼だるい点が多かった事と恐縮して居ります。然し乞食の子も三年たてば三つになる例への通り、阪急百貨店の呉服部も店員の養成に就て漸く外売に出しましても、何とかやってゆける処まで漕ぎつけましたが、よその店は、凡そ此種類の店員も四・五〇人もありませうが、私共では、まだまだ漸く一〇人位、これならばお話相手にもなり、御下命を受けましても御期待に反くことはあるまいといふ自信が出来ましたので、これから呉服の方も阪急百貨店の真価を発揮してお賞めにあづかることが出来るかと、茲に改めてお願申上る次第であります。

小林は、阪急百貨店が、三越など江戸期の呉服店に起源を持つ百貨店と比較して、集客や廉価販売の点では優れているが、仕入れや品揃えの点で劣っていることを認識していた。そこで、第三期拡充を機会に外売を始め、品揃えをよくし、呉服販売を拡充しようとした。小林は、「どこよりもよい品物をどこよりも安く」という経営理念を貫くため、阪急百貨店の欠陥を克服しようとしたのである。

阪急百貨店は、一九三四年九月一日、阪急本社ビルの七階西館に、地方小売商を対象とする卸売業「大阪物産館」を開設した。消費者と中小生産者の共存共栄を図るため、卸売業の百貨店を開設したのである。これは、阪急百貨店開業当初から考えていたことであった。

阪急百貨店は、大阪物産館の開設にあたって「卸売業開始御案内　九月一日より開店　どこよりも良い品を――どこよりも安く」と題する新聞広告を掲載した。それによれば、これまで卸売業者は、産地から出張員が来店するのをまって商品を仕入れるか、産地に店員を駐在させて仕入れを行うのが一般的であった。そこでは、問屋の仕入係と生産者との間に情実が発生し、商品の価格は「問屋本位」となり、一般消費者の利害が損なわれていた。そこで、地方の小売商が「消費者本位」の仕入ができるようにするため、「どこよりもよい品物をどこよりも安く」を方針とする阪急直営の卸売業の百貨店として大阪物産館を開設したのである。

大阪物産館でこのような取引が可能となったのは、①阪急電車の副業で、②家賃も駐在費もいらず、③現金即売主義で手数がかからず、④多数の直営・傍系工場を持っていたからであった。大阪物産館が扱う商品は、紳士向け肌着、婦人子供向け肌着、手袋・靴下類など雑貨を主としていたが、将来的には食料品や住宅用品にまで拡大し、「衣食住に亙る生活必需品の卸売経営」を目指していた[10]。

しかし、これで小林は満足していたわけではなく、「これをもう一万坪殖やし、さうして日本一の百貨店を拵へようと」考えていた[11]。なぜなら、大阪の梅田で百貨店事業を展開するのであれば、大規模にしなければ競争者が出てくるので、固定資産に一〇〇〇万円以上をかけないと採算が取れないということをみせしめ、競争者を封じ込めるというのであった。

一九三五年一〇月六日には大阪市営地下鉄梅田駅が完成し、阪急電車の梅田停留場との地下連絡が可能となり、阪急百貨店の業績も向上した。また、一九三六年三月には第四期増築工事によって東館が完成し、売場と食堂の大拡張がなされた。一九三六年上期の阪急電鉄の『第五八回営業報告書』は、「当期ハ増築工事完成ニ因ル売場大拡張ノ後ヲ享ケテ内容ノ整備充実ハ固ヨリ経営ニ更ニ一段ノ努力ヲ払ヒシ結果益々信用ヲ高メ一般顧客ノ好評ヲ博シテ好調ニ終始シ予期以上ノ成績ヲ収メ得タリ」と記していた。(12)

一般大衆の娯楽としての国民劇

東京宝塚劇場は、一九三三(昭和八)年の暮れの一二月二九日に竣工し、正月の二日から一般興行が行われた。注目されるのは、東京宝塚劇場の開場とともに「大衆本位の明快な東宝式新興行法」が実施されていることである。それは以下のようなものであった。(13)

一、興行時間を午後六時開演(四時開場)十時終演の四時間とすること。土曜、日曜、祭日のマチネーの場合は午後一時開演(午前十一時開場)五時終演。
一、開演四時間の上につとめて幕数を減じて、休憩時間は一度二三十分を置くだけにする。
一、将来この興行法が励行される場合には食事は劇場以外の事になつて、劇場内では二三十分の休憩を利用する喫茶本位になるかもしれないが、さういふ大勢に順応する設備を主として此劇場は新築されてゐるのである。

一、当劇場の食事に関する設備は、地下室に洋食堂、四階に竹葉亭、三階に菊屋等があるが、これらの食堂も売店も、劇場外で販売してゐる品物と同一のものを同値で提供することを大方針とする。従つて五十銭のものを劇場内で八十銭で売るといふ如き不合理は絶対無いやうにする。

一、観覧券の売方も所謂大勢の「連中」に優先権を与へるのみならず大割引をするといふやうなことを見合せて、前売と当日売を半分づつにしておくのである。そして三階席も前売すれば、場内の飲食休憩等凡て一二階の観客と全部区別なしに平等に待遇する。

一般大衆は、昼間八時間ほど労働をするのが普通であるから、興行時間においても有閑階級に与するのではなく、午後六時開演・一〇時終演の四時間とする（ただし、土・日・祭日は、午後一時開演・午後五時終演を入れて、二回公演とする）。観劇料は、国民の生活水準を考慮して二円、一円五〇銭、一円、五〇銭とし、前売りと当日売りを「相半ば」させて大衆の需要に応える。食堂、売店などの値段も世間一般と同等とし、「劇場なるが故に暴利をむさぼるが如き旧習」を廃止した。[14] 当時、松竹は午後三時開場（四時開演）で、入場券の販売についても俳優が自分で押し売りをし、劇場もその手伝いをするという「連中制度」というのがあった。しかし、東京宝塚劇場は、「あくまで大衆本位に切符を売り捌く」という「明快至極な興行法」を主張していた。[15] す

大阪	北野劇場	大阪市北区角田町12番地	1937年12月29日	1,610
	梅田映画劇場	大阪市北区角田町12番地	1937年12月29日	2,003
	梅田地下劇場	梅田映画劇場地下	1937年12月29日	588
	梅田小劇場	梅田映画劇場地下	1938年12月29日	241
	南街映画劇場	大阪市南区難波新地５番町51番地	1938年１月13日	668
神戸	神戸阪急会館	神戸市神戸区加納町４丁目５番地１	1936年４月４日	1,247
	三宮劇場	神戸市神戸区北長狭通１丁目10番地	1938年１月14日	697
	三宮映画館	神戸市神戸区北長狭通１丁目７番地	1937年３月30日	315
	三宮小劇場	神戸市神戸区北長狭通１丁目10番地	1938年10月１日	145
	元町映画館	神戸市神戸区北長狭通３丁目 鉄道高架下	1940年９月12日	198
その他	横浜宝塚劇場	横浜市中区住吉町４丁目42番地	1935年４月１日	1,336
	熱海宝塚劇場	熱海市鶴田町966番地５	1937年12月27日	446
	熱海銀座劇場	熱海市熱海341番地ノ１	*1940年11月２日	245
	静岡宝塚劇場	静岡市下魚町56番地	*1938年10月23日 1940年10月９日（再開場）	692
	勝田宝塚劇場	茨城県那珂郡勝田町大字東石川 三反町190番地	1942年10月15日	640
	甲府宝塚劇場	甲府市太田町82番地	*1936年11月１日	1,183
	松本宝塚劇場	松本市大字白板字西堀裏314番地	*1939年８月13日	407
	新潟宝塚劇場	新潟市東堀通り９番町1,045番地	*1940年１月１日	829
	名古屋宝塚劇場	名古屋市中区広小路通り１丁目６番地	1935年11月２日	1,994
	名宝会館	名古屋宝塚劇場内	1942年６月４日	400
	納屋橋映画劇場	名古屋市中区天王寺崎町４	*1941年３月19日	311
	京都宝塚劇場	京都市中京区河原町通リ三條下ル 大黒町58番地	1935年10月12日	1,468
	京城宝塚劇場	京城市黄金町４丁目310番地	*1940年４月12日	1,100

図表2・9　東宝の劇場展開

	名称	所在地	開場年月日	定員
東京都内有楽町・丸ノ内	東京宝塚劇場	東京都麹町区有楽町1丁目12番地2	1934年1月1日	2,810
	東宝小劇場	東京宝塚劇場内5階	1934年9月21日	442
	東宝4階劇場	東京宝塚劇場内4階	1940年4月16日	410
	有楽座	東京都麹町区有楽町1丁目14番地4	1935年6月7日	1,631
	帝国劇場	東京都麹町区丸ノ内3丁目12番地	*1940年3月1日 1942年3月23日（再開場）	1,386
	大東亜会館	東京都麹町区丸ノ内3丁目14番地	*1942年5月17日	—
	大東亜会館講演場	大東亜会館内2階	1942年5月17日	326
	日本劇場	東京都麹町区有楽町2丁目1番地	*1935年3月14日	2,920
	第一地下劇場	日本劇場地下街内	1935年12月30日	286
	日劇小劇場	日本劇場内5階	1941年11月8日	232
	日比谷映画劇場	東京都麹町区有楽町1丁目14番地1	1934年2月1日	1,740
東京都内	東横映画劇場	東京都渋谷区上通り3丁目20番地1	1936年11月3日	1,401
	帝都座	東京都四谷区新宿3丁目33番地	*1940年12月5日	1,098
	帝都座演芸場	帝都座内5階	1942年3月11日	236
	銀映座	東京都神田区神保町2丁目6番地	*1935年3月31日	486
	大久保映画劇場	東京都淀橋区百人町2丁目94番地	*1939年12月29日	448
	神田立花亭	東京都神田区須田町1丁目16番地56	*1942年11月1日	200
	神楽坂演舞場	東京都牛込区神楽町3丁目6番地	*1943年3月1日	380
	後楽園運動場	東京都小石川区春日町1丁目1番地	*1938年6月28日	29,333
	後楽園映画館	後楽園運動場建物の一部	1940年8月28日	92
	江東劇場	東京都本所区江東橋4丁目1番地4 江東楽天地内	1937年12月3日	1,436
	本所映画館	東京都本所区江東橋4丁目1番地4 江東楽天地内	1937年12月3日	1,466
	江東花月劇場	東京都本所区江東橋4丁目1番地4 江東楽天地内	1938年4月3日	480

［出典］　遠山静雄編［1943］、『東宝十年史』（東京宝塚劇場）34～38ページ。
［注］　＊は東宝の経営となった時の開場年月日。

(単位：円)

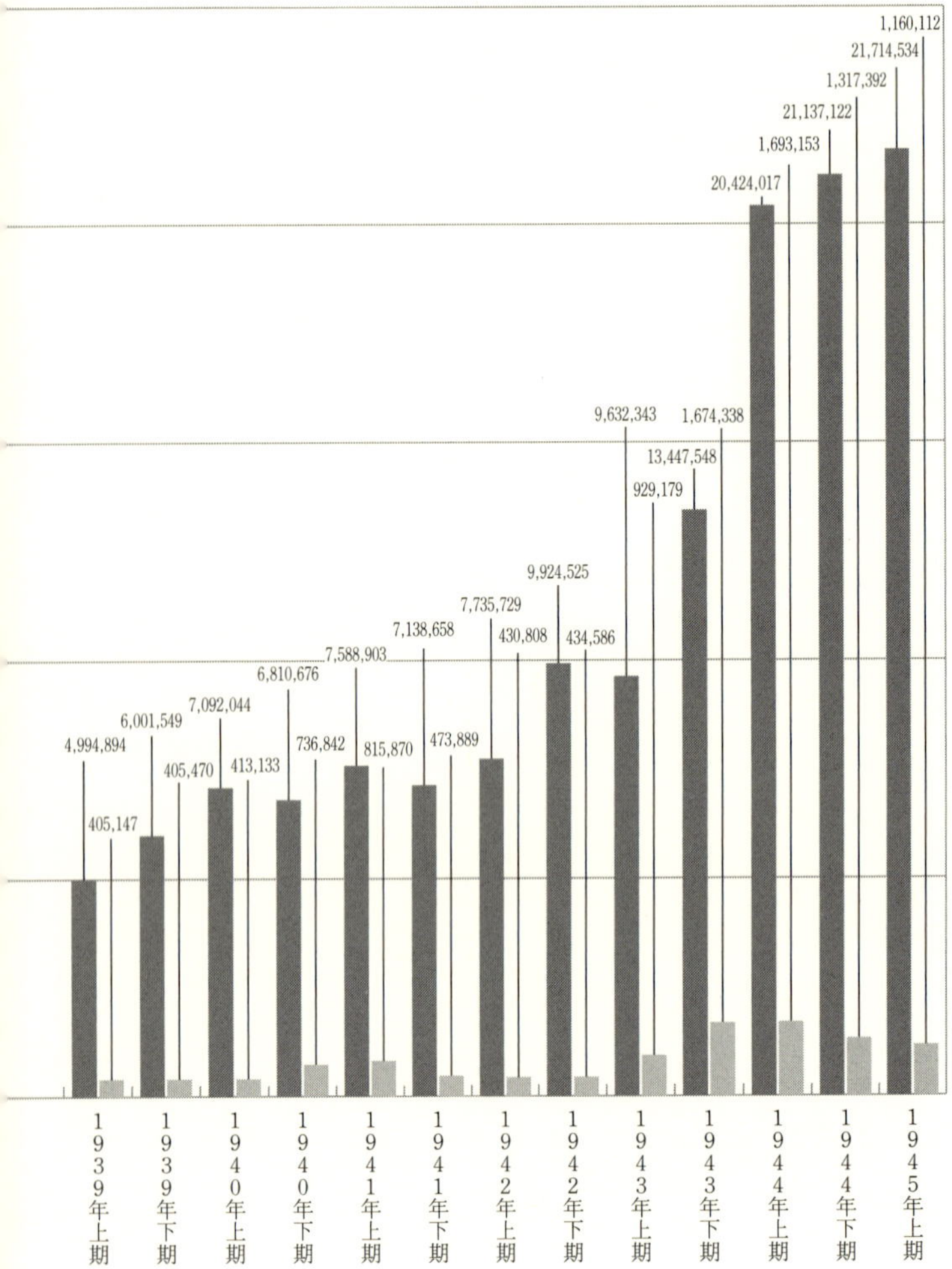
4,994,894
405,147
6,001,549
405,470
7,092,044
413,133
6,810,676
736,842
7,588,903
815,870
7,138,658
473,889
7,735,729
430,808
9,924,525
434,586
9,632,343
929,179
13,447,548
1,674,338
20,424,017
1,693,153
21,137,122
1,317,392
21,714,534
1,160,112
1939年上期
1939年下期
1940年上期
1940年下期
1941年上期
1941年下期
1942年上期
1942年下期
1943年上期
1943年下期
1944年上期
1944年下期
1945年上期

図表２・10　東宝の収入・利益の推移（1933年下期～ 45年上期）

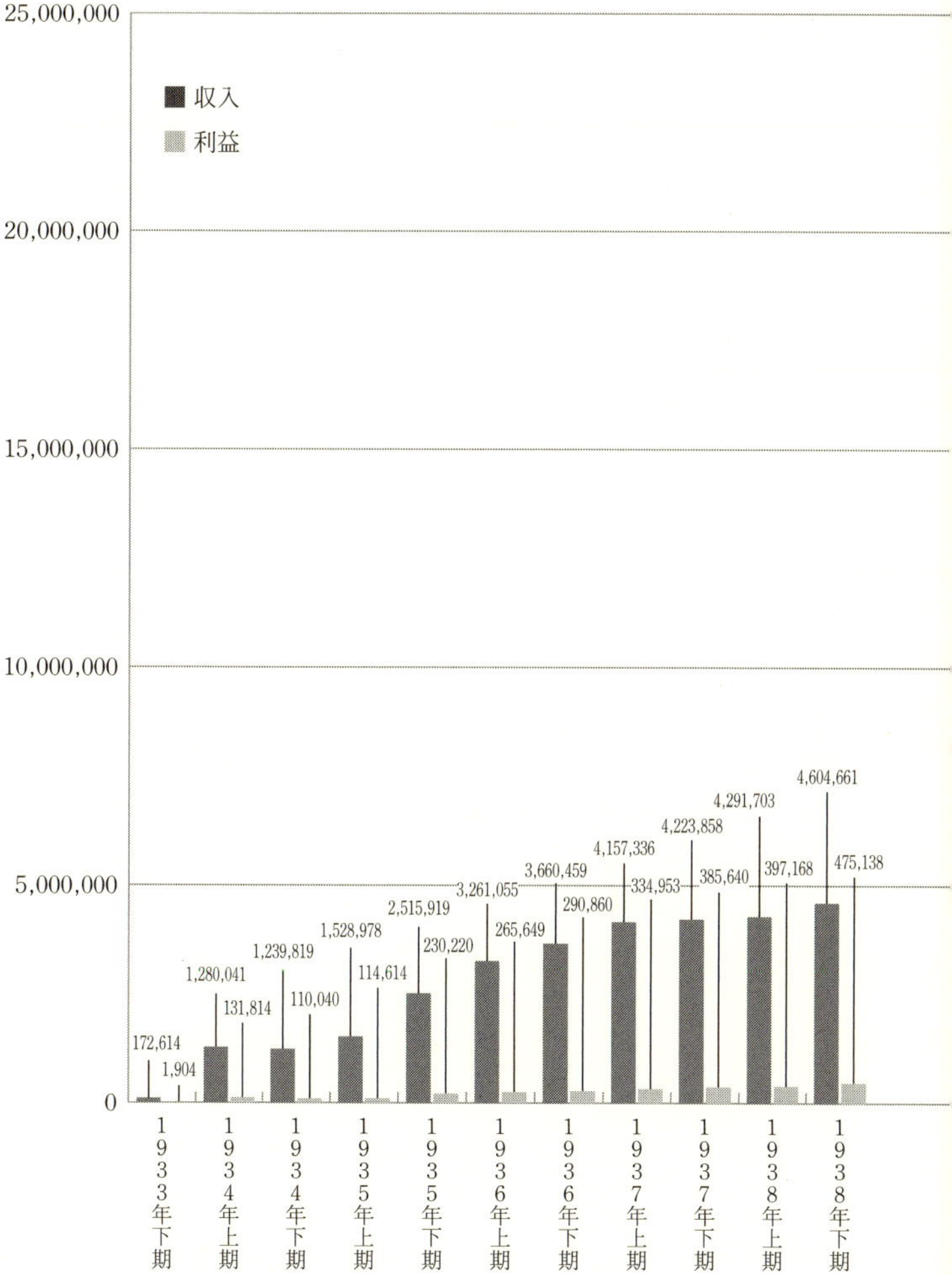

［出典］　東宝三十年史編纂委員会編［1963］、『東宝三十年史』（同社）358 ～ 359ページ。

［注］　上期は2月1日～ 7月31日、下期は8月1日～翌年1月31日。

なわち、小林は、劇場経営を「別世界の風俗習慣を寛裕して来た道楽商売から、普通のビジネスとして営利会社の本質に立帰らしめんと」したのである。[16]

なお、東宝は一九三〇年代から四〇年代にかけて**図表2・9**（二五六〜二五七ページ）のように積極的な劇場展開をした。そして、**図表2・10**（二五八〜二五九ページ）にみるように収入は著しい伸びを示したが、利益はさほど増えなかった。

「二等寝台の延長」としての大衆ホテル

小林は、宝塚ホテルや六甲山ホテルの経営で辛酸をなめたが、一九三五（昭和一〇）年九月から三六年四月にかけての欧米視察旅行の間に、「二等寝台の延長」としての大衆ホテルというビジネスモデルを構想した。[17] 大衆ホテル構想のモデルとなったのは、三〇〇〇室の客室を擁し、当時としては世界最大級のホテルであった米国シカゴのスチーブンスホテル（のちのコンラッドヒルトンホテル）であった。そして、仏国パリに滞在した折、仮にではあるが製図までして持ち帰ったのである。「二等寝台の延長」としてのホテルとは、今日でいうビジネスホテルのようなもので、利便性を備えた宿泊料の安い「大衆ホテル」のことである。[18]

小林には、大衆に何ものかの利便を与え、日銭を稼げるような事業のみが栄えるという強い信念があったが、この欧米視察旅行を通じてそのような考え方をますます確固たるものとした。そうした眼で日本のホテル業界をみてみると、外国人旅行者や一部の富裕階級をターゲットにした帝国ホテルや箱根宮ノ下の富士屋ホテルなどの一流ホテルは、いずれも欠損を生じ無配当であった。両ホテルとも、宿泊料は一泊一〇円以上であったので、ここに泊まれるのはごく少数の富裕階級に限られ、いわゆる一般大衆向けのホテルとはいえなかった。

小林は、有楽座の近くに大衆ホテルを建設する計画を立て、東京電燈工務課長の岡部栄一に、民間会社の課長クラスの社員が東京に出張した場合、会社からもらう日当や宿泊費はいくらか、そして宿泊料としていくらぐらいまでなら負担できるのかなどを調査させた。その結果、会社から支払われる日当と宿泊料はあわせて六〜八円なので、一泊一〇円以上の帝国ホテルにはとても泊まれないということが明らかになった。そのため、彼らは宿泊料の安い日本旅館に泊まるか、友人・親戚の家に泊まることになる。しかし、友人・親戚の家に泊まっても窮屈であるし、泊まられる側も迷惑である。その上、そうした友人・親戚の家は多くの場合都心から離れた郊外に立地しているので、そこに行くのに時間がかかりタクシー代も嵩んだ。

そこで小林は、交通の至便な東京市内に一泊二〜三円、すなわち汽車の二等寝台と同じくらいの料金で泊まれるホテルができれば、必ず需要を見込めると考えた。出張手当が六円であっても、二円のホテルに泊まれれば四円余り、食事代や交通費を負担しても妻子に多少の土産を買っていくことができるというのである。

だからといって、ただ宿泊料が安いだけではいけない。民間会社の課長クラスの社員は、学歴も高く見栄もあるので、玄関からホールにかけては高級ホテルと遜色がないようにし、しかも最新設備を施さなければならない。

しかし、豪華なホールに最新の設備を施しながら、帝国ホテルの五分の一の宿泊料では採算がとれないのではないか。しかし、ここからが小林の本領発揮である。まず、客室を少し小さくして部屋数を増やす。さいわい東京に出張する社員は、昼間はホテルにおらず、夜寝るのに帰るだけなので部屋が多少小さくてもあまり気にならない。さらに従業員の数を減らすなど、無駄をできるだけ排除する。また、これまで社長室は広く、日当たりのよい南側の角など、ホテルの中で最もよい場所におかれていたが、それをやめて、地下室の一部に移す。そして資金調達では、資本金とほぼ同額の低利の借入をするなど、採算がとれるように様々な工夫をする。小林は、事業としての大衆ホテルの経営をこのように考えたのである。

一九三七（昭和一二）年一月九日、東京の新橋駅近くに第一ホテルが設立された。この第一ホテルこそが、小林の大衆ホテル構想を体現するものであった。

当時、味の素の持株会社である鈴木三栄の常務理事であった土屋計左右《けいぞう》によれば、第一ホテルの開業にいたるまでの経緯は次のようであった。一九三六年の夏、土屋は、新橋にある読売新聞社の旧敷地が売物に出ているので買わないかという話を持ちかけられた。そこで、社長の鈴木忠治、専務の鈴木三郎助に相談し、地下を飲食店街、地上一階を商店街、二階を貸室、三階以上をホテルにしてはどうかと提案した。鈴木忠治は、東京電燈の取締役でもあり、社長の小林一三に傾倒していた。そこで、小林の考えを聞いてみようということになり、三井銀行の後輩であった

第一ホテル　1938年

土屋が東京電燈の社長室を訪ねた。小林は、「自分が今度世界一周しての感じは、これからの商売は大衆と直結して、大衆に何ものかの利便を与えつつ、日銭を挙げるようなものだけが栄えると思う。その意味で自分は阪急電車、阪急百貨店、それから東宝映画会社をやっているが、この外に大衆相手の商売として残されたものにホテルがある」と前置きし、みずからの大衆ホテル構想を開陳した。そして、最後にホテル経営はプロに任せるのではなく、素人がやらなければならないとして次のように述べた[19]。

おれのこの案は専門家と称する古いホテル屋には判らない。嘗て大倉男爵にこの話をしたがテンデ受付けない。素人が何を云うかという風であった。君は帝国ホテルの犬丸と同級生だそうだが、犬丸に相談してはいけない。ホテルの経験の無い素人が革新的にやるのだから、従業員もコックの外は皆素人を使え。今迄のホテル従業員は因襲的な弊害がある。だからチップを全廃して会社から定給を払え。こう言う訳だからこのホテルは素人の君がいいんだ。おれが東京で宝塚劇場をこしらえた時も、興行に経験のある松竹の連中は一人も雇わなかった。要するに大衆を目標としてその必要品となるそばやホテルだね。昔から鰻屋の親爺が鰻の祟りで首をくくると言うがそうではない。それは経済的理由に依るもので、鰻屋は景気の良い時は繁昌するが、昔から十年のうち景気の良いのは三年で、後の七年は不景気が続くから鰻屋が破産して首をくくるが、そばやのおやじの首をくくった話は聞かない。

小林によれば、ホテル経営の専門家は、なかなか旧来の既成概念を打ち破れない。大衆ホテルの経営においては、既成概念にとらわれない素人の革新的な経営こそが重要なのであった。こうして国鉄新橋駅近くの読売新聞社の敷地約一〇〇〇坪を、読売新聞の社長・正力松太郎の好意もあって、格安に売ってもらった。そこは、国電のほか地下鉄、都電、都バスなどが集中する交通至便の場所で、官庁街や銀座通り、日比谷の娯楽街にも近く東京の中心であった。

一九三六(昭和一一)年九月二五日、東京市京橋区室町二丁目の宝橋アパートの二階に第一ホテルの創立事務所がおかれた。創立事務所は、翌一九三七年三月に新橋の第一ホテルの建築現場の東南の角に移った。第一ホテルの建設予定地は、正力松太郎(七二三・九坪)と東京電燈(二三八・五坪）が所有していた。正力は、前所有者の王子製紙から買い入れた価額での売却に応じ、東京電燈の所有地については社長の小林が譲渡を快諾した。

小林は一〇〇〇株を所有し、発起人となった。小林以外の発起人は、平沼亮三（貴族院議員）、今村信吉（東京帽子専務取締役）、高橋龍太郎（大日本麦酒専務取締役）、土屋計左右（鈴木三栄常務理事）、山内貢（野村合名総理事）、篠原三千郎（服部貿易社長）、平野保助（元三井銀行上海支店長）、望月軍四郎（横浜倉庫社長）、鈴木三郎助（味の素本舗、鈴木商店専務取締役）、鈴木三千代（鈴木商店取締役）の一〇人であった。

第一ホテルは、一九三七年二月三日に宿屋（旅館）営業の許可を受け、翌三八年四月二七日にホテル営業の認可を得た。同日、開館披露が行われ、二九日から営業を開始した。客室総数は六二六室、収容人員は六九一名、総建坪は五四〇〇坪であった。当時、最大規模を誇った帝国ホテルの客室数は二七〇室、収容人員は三九八名であったので、第一ホテルはその二倍以上の規模であった。客室もバスルームも狭いが、ホールは広く取り、イタリアから輸入した大理石で「豪華」に飾り、全館冷房の最新設備が施された「東洋最大規模のビジネスホテル」となった。

当初は二~四階の客室のみで営業を開始したが、客室利用率が予測以上に急ピッチで増加したため、五月に五・六階、六月に七・八階の客室をオープンした。料金は、シングルルームのバスなしの部屋が三円（当初は二円五〇銭）、バスつきの部屋が四円（当初は三円五〇銭）で、両者ともに三〇銭のサービス料がかかった。東京~大阪間の二等寝台料金が上段三円、下段四円五〇銭

図表2・11　第一ホテルの宿泊客数と利用率

期	期間	宿泊客数（人）	利用率（%）
第4期	1938年4～8月	307	44.4
第5期	1938年9月～39年2月	506	73.2
第6期	1939年3～8月	617	89.2
第7期	1939年9月～40年2月	681	98.6
第8期	1940年3～8月	692	100.1
第9期	1940年9月～41年2月	696	100.7
第10期	1941年3～8月	720	104.2
第11期	1941年9月～42年2月	706	102.2
第12期	1942年3～8月	724	104.8
第13期	1942年9月～43年2月	722	104.5
第14期	1943年3～8月	715	103.5

［出典］　株式会社第一ホテル編［1992］、『夢を託して 第一ホテル社史』（同社）52～53、98～99ページ。

［注］　宿泊客数については一日平均。利用率は、収容客数（691名）に対する宿泊客数の割合。

であったので、小林の言う「二等寝台の延長」としての大衆ホテルが実現したといえよう。

経営面では、これまで旅館やホテルの従業員の収入は客の心づけに依存していたが、それを月給制に改めた。また、小林の「従業員はホテルに無関係の素人がよい」というアドバイスを受け入れ、従業員には全くの素人を採用した。

第一ホテルの全館営業が開始されてからの一日平均宿泊客数と利用率をみると**図表2・11**のようで、かなり高い利用率を実現している。そのため、第一ホテルは、開業後一年にしてホテル業界始まって以来といわれる一割配当を行なった。また、一九三九年三月、小林の斡旋で第一ホテルは、新館用地五八七・九坪を仁寿生命保険から四〇万五六五一円で

買収した。(20)

(1)阪神急行電鉄『第四六回営業報告書』一九三〇年上期二三ページ。
(2)阪神急行電鉄『第五六回営業報告書』一九三五年上期二二ページ。
(3)阪神急行電鉄『第五八回営業報告書』一九三六年上期二二ページ。
(4)阪神急行電鉄『営業報告書』各期。
(5)狩野弘一編［一九三六］、『大・阪急』（百貨店新聞社）一一八〜一二一ページ。
(6)阪急百貨店の三国製菓工場については、阪急百貨店社史編集委員会［一九七六］、『株式会社阪急百貨店25年史』（同社）一四〇〜一四一ページを参照のこと。
(7)前掲『大・阪急』一二一〜一二二ページ。
(8)同前一二三〜一二五ページ。
(9)前掲『株式会社阪急百貨店25年史』一三九ページ。
(10)前掲『大・阪急』四四〜五二ページ。
(11)小林一三「私の行き方」『全集』第三巻一八四ページ。
(12)阪神急行電鉄『第五八回営業報告書』一九三六年上期二二ページ。
(13)小林一三［一九四三］、「東宝十年に際して」遠山静雄編『東宝十年史』（東京宝塚劇場）五三ページ。
(14)前掲「私の行き方」『全集』第三巻一二六ページ。
(15)前掲『東宝十年史』五四ページ。
(16)前掲「私の行き方」『全集』第三巻一二六ページ。
(17)小林一三「私の人生観」『全集』第一巻二五〇ページ。
(18)同前。

(19) 土屋計左右［一九六一］、「小林翁と大衆ホテル」小林一三翁追想録編纂委員会編『小林一三翁の追想』（阪急電鉄）三九二～三九四ページ。
(20) 株式会社第一ホテル編［一九九二］、『夢を託して　第一ホテル社史』（同社）二九～四九ページによる。

Ⅳ　統制による新資本主義

日本の富国への道

小林一三は、社団法人経済倶楽部の機関誌『経済倶楽部』（一九三六年五月七日）に「欧米漫遊雑感―統制による新資本主義の説明―」という論考を発表している。そこには、小林の当時の日本経済に対する考え方がよく示されている。小林は、初めての海外視察を通じて「新資本主義」という考え方を身につけてきたのである。

当時、小林は東京電燈の社長であったが、一九三五（昭和一〇）年九月一二日、浅間丸に乗って横浜港を出帆し、欧米視察の旅に出た。九月二五日にサンフランシスコ、二九日にロサンゼルスに着いた。その後、ニューヨーク、ロンドン、ベルリンをへて、モスクワ、レニングラードなどソ連国内を旅行した。一二月には、ライン川沿いにスイス、オーストリア、ハンガリー、チェコスロバキアなどの中欧諸国を訪ね、一二月三〇日にベルリンに戻った。

年が明けて一九三六年一月三日、小林は六三回目の誕生日を迎えた。それから六日目の一月九日にロンドンに渡り、二月上旬にはパリに出た。二月五日にパリを出てイタリアを訪ね、三月一三日にマルセーユから榛名丸で帰国の途に就き、四月一七日に帰国した。ほぼ七カ月の旅であったが、小林にとってはこれが初めての外国旅行であった。

欧米各国を訪れる中で、小林の日本に対する認識は大きく変わった。それまでは、「日本と云う国は世界の五大強国の一つ」と考えていたが、欧米各国を巡遊する中で「日本は非常に貧乏な国」ではないかと考えるようになった。[1] 文化は、欧米に比べて非常な隔たりがあり、五〇年も一〇〇年も遅れている。

それではどうするか。国民生活を向上させることも大切であるが、ともかく「国力を富ます」以外にない。そして、日本の国力を富ますには外国貿易を拡大しなければならないとして、次のように述べている。[2]

国力を富ますのには、どうしたらばよいかと云うと、今日の日本が、どうして築き上げられたかと云うことを顧れば、結局、外国との交渉に依て外国を相手に国を富ますより方法がない。此資本の貧しい小さい島国である日本は、到底ロシアの真似も、支那の真似も出来ない、自給自足と言うようなことは遠き将来は知らぬこと、差当り孤立してはやれるものでない、依然として今日までやり来った古い方法に依て、外国との交渉によって、外国貿易に依て、国を富ますより方法がない。

このように、小林によれば、資源の少ない日本が豊かになるには、これまでと同じように外国貿易を拡大していく以外に方法がない。国際連盟を脱退した時、日本は世界各国から封鎖されるのではないかと心配したが、そうした懸念は今のところはない。それには、日本の実力が世界に認められており、国際連盟が無力だから日本には何もできないと考えてきたが、ロンドンでの見聞をもとに改めて考えてみると、結局日本はイギリスの大きな網の中でもがいているだけなのではないかと思うようになった。

日本の外国貿易の決済は、英国ポンドが五割五分、米国ドルが三割、あとの一割五分が満洲関係であった。しかし、イギリスで聞いてみると、世界貿易の八割は英国ポンドで決済され、残りの二割が米国ドルであった。外国貿易は、最終的には英国ポンドで決済されるのであった。

こう考えてくると、「余り自惚れて日本は孤立でもやって行けると威張って居る時代ではない、余程うまくやらないと難儀するかもしれない」というのである。[3]

統制経済批判

小林一三は、外国貿易を盛んにするためには現在進行している統制経済をやめなければならないとして、統制経済批判を展開した。外国貿易を盛んにするには、まず様々な事業を隆盛に導く必要がある。そのためには、政府事業を民間に移して、赤字公債の増加を克服しなければならない。

政府事業を民間に移し、それを政府が統制する。小林によれば、「統制」とは合理的に管理することであって、政府自身が官営事業を営むということではない。軍備を充実させるには赤字公債を発行せざるをえないので、なるべく官営事業を民間に払い下げて赤字公債の発行を抑えるべきであるというのが小林の主張であった。

小林は、軍備の充実を否定してはいない。というよりは、欧米視察旅行で「世界の大勢から、軍備の充実が必要であること」を痛感してきた[4]。日本の外国貿易は順調に推移しているが、財政に信用がないため為替は悪化を来たしている。こうした中で、日本の貿易は英米の勢力範囲内に侵入しなければならないので、どうしても「背後に武力を持つ必要」があるというのである[5]。

しかし、同時に国を富ますための外国貿易は、政府の官営では駄目だという。例えば、台湾の樟脳も官吏が商売をしているようでは駄目で、民営に移して盛大にし、赤字公債を減らしていくことが大事である。

赤字公債をできるだけ少なくして国家財政を堅実にするためには、この際思い切って満鉄や日本製鉄の株券を民間に払い下げてはどうか。民間に売れば、すぐに五億円ぐらいにはなるので、その分公債を償却することができるのである。

問題は、政府の持株がなくなると民間が勝手になるということである。それではいけないので、どこまでも国家が統制していく必要があるというのである。日本銀行や横浜正金銀行のように、国家が統制していくのであれば、政府が過半数の株式を所有する必要はないのである。

煙草の専売や電話事業も民営にしたほうが合理的である。煙草の専売事業を民営にすれば、ゴールデンバットをはじめ、いろいろな種類の紙巻煙草を輸出することができる。また、電話を民営にすれば、事業はますます発展するし、古河工業で製造している電話の自動交換機なども世界に向けて輸出できるようになる。こうして小林は、「国家統制という名によって民間のやるべき仕事を政府がやるということは間違っている」というのである。(6)

小林は、阪神急行電鉄（箕面有馬電気軌道）を三〇年にわたって経営してきたが、その経験から鉄道についても民営のほうがよいと主張する。国鉄は、急勾配の御殿場線を避けて熱海線を建設したが、熱海線は勾配こそ緩やかであるが、カーブが多くスピードはそれほど出ない。また、丹那トンネルが予想外の難工事で建設費が跳ね上がってしまった。国鉄の熱海線建設は完全に失敗である。また、熱海から伊東のほうに鉄道が敷設されているが、これは時代錯誤である。この方面の交通手段としては、鉄道よりもむしろ自動車のほうが便利である。

満鉄や日本製鉄の株券を民間に売り、電話や煙草を民営にし、三〇～四〇億円の公債を償却することが重要である。そうすることによって軍備充実に必要な赤字公債を発行することができ、悪性インフレも防げるのである。

不合理を直す統制

日本では、乗合自動車営業は誰にでも許可されたので競争が激しくなり、都市内交通が混乱した。しかしイギリスでは、政府の統制のもとに地下鉄、乗合自動車、タクシーがバランスよく営業しており、都市内交通の秩序が保たれている。

日本では、公債はすべて金融機関が所有しており、国民は持っていない。日本の金融機関は公債と社債は持つが、株式は持たない。一方ヨーロッパでは、国民が公債を所有している。欧米視察旅行中に、小林は次のように考えてきた。(7)

即ち一方に於ては、公債償却資金として、政府所有の有価証券を民間に移し、尚其上に必要なる軍備充実資金を拵えて行く為に、此際どうしても思切って商売に関係ある政府事業を民営に移し、以て、茲に新富国策を樹て、国力を増進せしめ世界の先進国に負けないように勉強しなければ駄目だと云うようなことを考えて帰って参りましたのであります。

政府事業が民間に移ると、一般工業界、産業界が隆盛になって、軍需工業のみに依存しない「堅実なる景気」拡大が起こり、増税が可能となる。

ロシアや中国のような「資源材料の豊富なる大国」ならばいざしらず、ドイツ、イタリア、日本などの「資源材料を外国から輸入しなければ立行かない国柄」では、「官営や国家の統制で外国関係の商売を、うまくやろうというのは」とても無理だというのである。[8]外国貿易に直接、間接にかかわる政府事業を民間に移すことによって本格的な景気回復を目指すのである。

しかし、小林はそれによって財閥が経営する産業を発展させるのが目的ではない。小林が目指すのは、「利益の分配を公平にする組織」であり、小林はこれを「新資本主義」と名づけた。そのため、すべての事業の所得に制限を加えるのである。小林の主張する「新資本主義」とは次のようなものである。[9]

私は茲に於て新資本主義を提供したいのであります。それは利益の分配を公平にする組織であります。即ち、すべての事業に対して其所得に制限を加えるのであります。配当を制限する、例えば公益事業、鉄道や電燈、瓦斯等、公共事業としては生命保険、銀行信託会社等に対しては其配当を七朱にするか、八朱にするか、適当に制限する。それ以上の利益は従業員の幸福資金と国家への納付金とするという具合に、定款を変更して実行せしむるか、特別法律によって規定するか、製造工業等商事の会社にもそれぞれ適当に制限を加えることによって、利益の分配を公平にすればよいと信ずるのであります。

しかし、小林が「新資本主義」を提唱するのは、日本には欧米の先進国の真似のできない特色があると認識していたからでもあった。欧米の先進国では、貧富の懸隔が甚だしく、階級制度も厳然として存在しているのに、日本にはそれがない。誰でも努力次第で出世ができる、「誠によい国」である。しかし、経済的にも文化的にも遅れているので、新資本主義によって甚だしい金持ちも貧乏人もなく、国民すべてが恵まれる「安楽国土の理想郷」ができるというのである。「新資本主義」は、貧乏国日本が富国になる道でもあった。(10)

(1) 小林一三［一九三六］、「欧米漫遊雑感――統制による新資本主義の説明」。なお本書では一九八一年刊行の社団法人経済倶楽部編『経済倶楽部五〇年　上巻』（同倶楽部）一六七ページより引用。
(2) 同前一六七～一六八ページ。
(3) 同前一六九ページ。
(4) 同前一七〇ページ。
(5) 同前一七一ページ。
(6) 同前一七二ページ。
(7) 同前一七八～一七九ページ。
(8) 同前一七九ページ。
(9) 同前一八〇ページ。
(10) 同前一八〇～一八一ページ。

第三部
人間像に迫る

「今太閤」の魅力と素顔

幅広い交友から探る

I 「今太閤」と呼ばれて

人気の秘密

小林一三は「今太閤」と呼ばれていた。豊臣秀吉が百姓の出身でありながら摂政、関白にまで上り詰めたことになぞらえて、立身出世をして大きな権力を手に入れた人をそう呼ぶことがある。政治家では、長州藩の下級武士の出身でありながら内閣総理大臣になり、その後も元老として権力をふるった伊藤博文、戦後の高度経済成長期に高等教育を受けずに総理大臣となった田中角栄らが「今太閤」の異名をとった。実業家では、小林のほか、松下電器創業者の松下幸之助や、大映社長の永田《ながた》雅一《まさいち》らがそう呼ばれている。

しかし、東郷豊『人間・小林一三』によれば、小林が「今太閤」と呼ばれるのは、必ずしも実業家として成功したからだけではなかった。徳富蘇峰が、日本の歴史上の人物で、老幼男女を問わず、誰にでも好かれているのは豊臣秀吉と源義経であると指摘しているようであるが、東郷によれば小林も「民衆に好かれるために今太閤」と名づけられたというのである。

また、小男の太閤秀吉が「智の権化」であったように、小林も小男で「全身これ智のかたまり」といわれていた。小林の処世哲学も、太閤秀吉のそれと似かよっていた。小林は、「出世の秘訣は人己の天分を生かす事」で、「人に優る方法」は「現状に処し与へられた仕事にベストを尽くす事」であると語っていた。すなわち、門番は門番の仕事に、計算係は計算係の仕事に全力で取り組むことだというのである。

それでは、小林はなぜ人気があるのか。それは、小林が「常に革新家」であったからである。これまでの人が考えなかったこと、あるいは考えても実行しなかったことを行なっている。電車を走らせるにしても、ただ走らせるだけでなく、沿線に住宅をつくり、娯楽場をつくって乗客を誘致した。これまで観劇といえば一日がかりで、しかも観劇料は五円、一〇円と高価であったのに、宝塚少女歌劇をつくり、わずか二、三時間で、それも五〇銭程度でみられるようにした。

また、小林の革新は、常に大衆のほうを向いていた。あらゆるものを、「大衆のために便宜な様に改革」したのである。梅田に阪急百貨店というターミナルデパートをつくり、「どこよりもよい品物をどこよりも安く」販売した。同百貨店の食堂のカレーライスは、大衆的な洋食として人気を博した。「大衆と革新」、これが小林の人気を支えるキーワードであった。

東郷は、小林の人気の秘密としてもう一つ、「天真爛漫」なことを挙げていた。六〇歳を過ぎ

家族写真――左から長女とめ子、三男米三、次女春子、長男冨佐雄、妻幸（こう）、一三、二男辰郎　1917年1月　小林一三は44歳

ても「子供の様な素直さ」があり、少しもうしろ暗いところがなかった。例えば、小林が取締役として東京電燈に入った時の社長は若尾璋八であったが、若尾は政友会の幹部で、東京電燈は政党との悪縁が抜けなかった。しかし、小林が社長に就任してからは、全く政党色がなくなった。(1)

成功の秘訣

「今太閤」となった小林一三は、若者から成功の秘訣を聞かれる場合が多い。小林は、次代を担う青年に大きな期待を寄せていた。

小林は、『実業之日本』や『キング』などの大衆向け雑誌で説かれている教訓や処世術に引きずられて、出世の近道ばかりを考えている若者が増えていることに危惧を抱き、「確固不抜の精神を以て、自分のみの持つ或る特色を、頑強に発揮する力強い人物が欠乏してゐるのであるから、私は寧ろ、この種の方面に、自分の力量を信じて進んで行く青年が、存外早く頭角を現はすのではないかと思ってゐる」と述べている。[2] 頑固であるとか融通がきかないとかいう非難を受けても、なお重要視される特色を持つ人間にならなければならないというのである。

さらに言えば、成功の秘訣は「その道でエキスパートになること」「ある一つのことについてどうしてもその人でなければならないといふ人間になること」である。小林にとっては、エキスパートになることが何よりも重要であった。というのは、次のように考えられるからである。[3]

たとへば銀行員だったら、為替なら為替については誰よりも知識をもってゐるといふ人間になれば必ず自分の道が開かれてくる。一つの銀行でさういふエキスパートになってゐれば、為替のこととなれば、何でも自分に聞きにくるやうになる。上役の者でも何でもさあといふ時聞きにくるやうになる、さうなれば自分の地位が安定することはもちろん、さらに昇進の道が開けてくることも当然だらう。

さらにこれが一つの銀行に止まらず、ある銀行界を通じて為替のエキスパートだといふことになれば、さらにその人の活動範囲は広くなる。さうなればその人の前途は一銀行家に止まらず、どこからでも迎へられるだけの可能性があることは当然だ。さらにそれが日本で第一の人だといふことになれば、絶対にかけがへのない人物といはれることにもなる。

成功の秘訣は、その道のエキスパートとしてかけがえのない人になることであった。小林によれば、「何かの方面において第一の人物になれば、たとへ無一文でも、事業でも何でも出来る。それだけの能力さへもってゐれば人でも金でも先方から寄ってくる」というのである。[4] いかにも、今太閤・小林らしい発言である。

しかし、もっと大事なことは、「自分自身を省察して、如何にしたら最も巧く使はるるかを考へ」ることである。それには「職務に忠実」で、「一芸一能の有る者無い者に拘らず、平凡な事を忠実に行ひ得る人」になることである。[5] 無用な理屈を言わずに、与えられた仕事をしっかりやること、勤務時間の三〇分前に出勤するなど、何気ないことを実行することが大事だというのであった。

田邊宗英のみた小林一三

それでは、弟の田邊宗英は、今太閤・小林一三をどのようにみていたのであろうか。小林には、三人の異母弟がおり、田邊宗英はすぐ下の弟で後楽園スタヂアムの社長などを歴任した実業家であった。

田邊によれば、小林は、仕事上では「随分辛辣で今太閤だなどと言はれ、油断もすきもない様な男に見られてゐる」が、個人的には「思ひやりのある、情に厚い、涙脆い男である」と語っている。松竹や阪神など、事業上のライバルに対しては「一歩も後へは退かぬ」という「猛将」として振る舞う。「酒で鰌《どじょう》をいためる様なナマヌルイ手段では駄目だ」というのが持論で、グズグズしていると「人から圧迫されて自分が滅亡して終ふ」というのである。

しかし、個人としての小林は、まことにやさしい。親戚一統の問題についてもよく面倒をみていた。また、この人を助けてやってくれないかと頼めば、そうしてくれた。貧しい人に学資を出したり、不遇な人の世話をしたりすることもいとわなかった。

兄として、弟たちの面倒見もよかった。特に末弟の田邊加多丸には、「俺の言ふ通りになれ」とばかりに、北浜銀行、勧業銀行と就職先を世話し、それこそ手塩にかけて育て上げた。酒席などで女性の話などに及ぶと、加多丸には「君は銀行家だから待合へ行つて呑んだりした話は止した方がいゝネ。人様の金を預かつて行く者は、矢張り個人生活から人様の信任を得なくちやいかん」などと言ってたしなめていた。一方、宗英に対しては、「軍人にならうと、政治家にならうと思ひ切つてやつて見ろ」と自由にさせていた。小林は、弟たちの性格を見抜いていたのである。

なお宗英は、三井銀行時代の小林にかかわる興味深いエピソードを紹介している。小林は、岩下清周のもとで働いていたが、岩下が毎日読む新聞の順番をみていて、いつの間にかその通りに各種新聞を重ねて置いた。岩下は、小林の注意力の敏感さに驚いたというのである。(6)

（1）東郷豊［一九三八］、『人間・小林一三』（今日の問題社）二四六～二五二ページ。
（2）小林一三「私の行き方」『全集』第三巻四ページ。
（3）同前五ページ。
（4）同前。
（5）同前二三～二五ページ。
（6）前掲『人間・小林一三』二九～三三ページ。

Ⅱ　経営者の心構えを学ぶ——岩下清周

運命的な出会い

小林は、岩下清周没後三周年を記念して、故岩下清周君伝記編纂会が編んだ『岩下清周伝』に寄せた一文で、岩下との関係について「私は三井銀行の小童時代から御引立を受けて阪神急行電鉄の前身たる箕面電車を創立する時にも御厄介になりそれからズット引続き彼是三十五年間一方ならぬ御鴻恩に浴したのであります」と述べている。(1) 小林一三が、箕面有馬電気軌道を創業するにあたって、大きな影響を及ぼしたのが岩下清周であった。

小林が岩下と出会ったのは、日清戦争後の一八九五（明治二八）年九月であった。三井銀行本店営業部長の岩下は、同行大阪支店長を命じられ大阪に赴任してきたのである。小林は、その二年ほど前の一八九三年九月に大阪支店の配属となっていた。小林は、のちに岩下について「三井時代からちょいちょい知り合っていた仲であり、何処となくウマがあって、いろいろ引き立てて貰ったもので、僕が大阪へ出て来たのも、またどうにか大阪で一人前になれたのも、実は岩下さんが居られたからのことであった」と語っている。[2] 小林のその後の足跡を考えると、岩下との出会いはまさに運命的であった。

岩下は、三井銀行の大阪支店長に就任すると取引先を積極的に拡大し、とりわけ松方幸次郎の川崎造船と藤田伝三郎の藤田組への融資を増やしていった。三井銀行は、支店ごとに貸付限度額を定めていたが、大阪支店ではそれを上回るのも珍しくはなかった。岩下は、銀行は従来のように預金の取り扱い、商業手形の割引、担保による貸し付けといった業務だけではなく、「事業と人」を見極め、有望な産業を育成しなければならないと考えていた（工業立国論）。小林は、このような大阪支店長時代の岩下について、「大阪支店長として、取引先の拡張に、初めて事業と人といふ近代的感覚を織込んだ行動を実行した。銀行は預金を取扱ふ、商業手形を割引する、担保を預かって貸付金をするといふ千篇一律の取引より、一歩進んで事業と人といふ取引関係を開始した」と評価している。[3]

三井銀行を辞職

小林一三が三井銀行を辞めたのも、岩下清周の誘いによるものであった。岩下の銀行経営は、三井銀行理事・中上川彦次郎の怒りをかい、横浜支店長に左遷されることになった。しかし、岩下は横浜支店長の辞令を受け取ると、ただちに三井銀行を辞職して北浜銀行を設立した。北浜銀行は一八九六（明治二九）年暮れの一二月に資本金三〇〇万円をもって設立され、岩下は常務取締役に就任した。小林は、北浜銀行の設立に参加すべきかどうか迷った。後任の大阪支店長上柳清助からは北浜銀行に行くのか行かないのかと迫られ、貸付係から預金受付という軽職に移されたが、この時には三井銀行を辞める決心はつかなかった。しかし、その後も小林は、しばしば北浜銀行や岩下の自宅を訪れ、岩下の謦咳に接していた。小林の回想によれば、次のようであった。[4]

大阪に行くと、私は北浜銀行に遊びに行く。岩下氏のお宅にもゆく、そしていろいろの話をきく。北浜銀行は隆々として栄えゆくのである、私は岩下さんから事業に対する抱負とか、理想とか、さういふ鹿爪らしい話を一度もきいたことはない、また滅多にこれこれと具体的に差図をしたり、意見を言ふやうなことはない、只だ雑談の間に推察し、質問し、その意思、その目的を忖度して、独り合点するのみであった。そして私の想像してゐる以上に、北浜銀行の発展し行く状勢に就いて只々驚くのみであった。

北浜銀行は、各種の事業を育成し、大阪の財界に貢献し、岩下も大阪における指導的実業家として活躍していた。小林としてみれば、「大阪へ来ないか」と誘われれば、すぐにでも三井を辞める覚悟はできていた。しかし、そういう誘いは一度もなかった。それどころか、三井銀行を辞めて北浜銀行の副支配人となった小塚征一郎が支配人となると、今度は小林が三井を出て副支配人になるのではないかというわさが立ったが、岩下は小林に「君は漸く三井でも認められるやうになって来たと思ふ。いま動いては損だ。三井に居ることだ」と忠告をしていた。(5)

しかし、転機はまもなくやってきた。小林は、岩下が大阪に設立する証券会社の支配人に誘われたのである。銀行勤務によって有価証券の知識は十分にある。そして、何よりも投機に手を染めない、相場が嫌いだという点が評価された。妻は反対したが、三井銀行にこのままとどまっても出世の見込みがないと判断し、大阪行きを決断した。しかし、証券会社設立の計画は日露戦争後の恐慌に遭遇しあえなく破綻した。

「月給取り」から経営者へ

証券会社の設立計画が不調に終わったのち、小林一三は箕面有馬電気軌道の創業にかかわることになった。岩下を訪ね、協力を申し出ると、第一部で述べたように岩下は快諾しながらも「君が私に仕事をやらせて頂き度いといふやうな申條では駄目だ。君も三井を飛び出して独立したのであるから、自分一生の仕事として責任を持ってやって見せるといふ決心が必要だ。その決心があるならば面白い事業だと思ふが、全体仕事自体が大丈夫かい」と質問をした。岩下のこの一言が、事業経営者として出発しようとしている小林に大きな影響を与えた。小林は、事業経営に臨

もうとしているみずからを次のように省みるのであった。(6)

私は今日まで月給取の経験よりないので、事業そのものに対しての責任とか、その計画遂行の手腕などに就いて少しも自信がない。岩下氏が株主をこしらへた上に会社の設立が出来、その会社の重役として給料を頂戴すれば誠に有難い、再び浪人をしなくてすむから、といふ虫のよい考へからお願ひしたのである。

小林は、「私は岩下さんから、自分が独立人として責任をもって仕事をする決意に就いて注意を受けてから、それから度胸が据わった」とその時のことを回想している。(7)そして、失敗したら四、五万円ほどの自腹を切ればよいと覚悟し、その後は強気で創業の準備を進めることができたとも語っている。小林は、岩下から事業経営者としての心構えを学んだのである。

北浜銀行は、一九一四（大正三）年になると取り付けを起こし、同年八月に破綻した。岩下は、背任、文書偽造の罪で告発された。世に言う「北浜銀行疑獄事件」である。しかし、岩下の罪状はほとんどが冤罪であった。小林は、かつて岩下の世話になった実業家が、誰もみな知らん顔を決めつけていたことに激しい憤りをぶつけている。(8)

ところが大正三年に北浜銀行事件というものが起って、岩下清周という人の疑獄事件が起った。その時に岩下さんには随分いろいろと厄介になっておった人達が、北浜銀行の事件の内容についていかにも自分だけがよければいい、岩下はどうなってもいいというような考えで動き、かつての恩義などは忘れている。

それで僕は非常に人間というものは、どうもいざとなると頼み難いものだ。実に薄情なものだ。こういう世の中と知ったら僕は俯仰天地に恥じず、どこへ行っても人をたのんじゃいかん。自分で自分の思うことを正々堂々とやるより行く途はないということを考えた。それ以来、僕の人生に対する方針をすっかり自分で変えた。少くともそれを契機として変ったと信じている。

小林は、北浜銀行事件を通して自立し、箕面有馬電軌を「私の会社」と考えることができるようになったという。大株主の顔色や意見を気遣いながら経営するのではなく、「私の会社」として責任をもって経営していく決心をしたのである。のちに小林は、『歌劇十曲』(一九一七年)という自著の中で「此書を岩下清周翁に献ず」として、岩下への謝辞を次のように述べている。(9)

私の会社は貴下のお蔭によつて此世の中に生れて来ました。私の会社は(千六百何十人の株主を有する株式会社を、私の会社といふのは不都合であるかも知れません。然しさういふ法律論を離れて、私はいつも私の会社と思つて居る習慣を見逃して頂きたい)その私の会社はもう丁度十年前になります、拾壱万株の中、約五万株の引受手が違約して、設立が行悩んで、発起人であつた旧阪鶴鉄道会社の重役諸君が解散しやうとして居つたのを、私が一切の責任を負担して引受けてから、貴下の御厄介になつたことは、実に非常なものでした。貴下の御親交のお方や、又私の先輩である甲州派のお方々にも御願をしたけれども、到底も満株の見込が立たなくつて結局其不足分を北浜銀行で御引受下すつた為に、私の会社は設立が出来たのであります。

（1）小林一三［一九三二］、「岩下翁に対する私の誤解」故岩下清周君伝記編纂会編『岩下清周伝』第六編（同会）三三二ページ。
（2）小林一三「私の生活信条」『全集』第三巻五二五ページ。
（3）小林一三「逸翁自叙伝」『全集』第一巻四〇ページ。
（4）同前一一五ページ。
（5）同前八七ページ。
（6）同前一三七〜一三八ページ。
（7）同前一四一ページ。
（8）小林一三「私の人生観」『全集』第一巻二二九ページ。
（9）小林一三［一九一七］、『歌劇十曲』（宝塚少女歌劇団）一〜二ページ。

Ⅲ　半世紀にわたる友情——松永安左ヱ門

小林と松永の出会い

電力の鬼と呼ばれ、第二次世界大戦後の九電力体制を築いた松永安左ヱ門は、小林一三の死後阪急電鉄から刊行された『小林一三翁の追想』に、電力中央研究所理事長という肩書で、「半世紀の友情」という一文を寄せている。松永のこの一文が、『小林一三翁の追想』の冒頭を飾っていることから、小林と松永の親密な関係を推察することができる。

小林は松永よりも二歳年上で、慶應義塾の同窓生であったが、松永が郷里の隠岐に二、三年帰っていたり、上京して大学に入ったり、独立して商売をやったりしていたので、慶應義塾で顔を合わせるようなことはなかった。小林は、慶應義塾卒業後三井銀行に就職し、名古屋支店や大阪支店で慶應義塾出身の平賀敏支店長のもとで働いたことがある。松永は、その平賀や平賀のもとで貸付係として働いていた田中徳次郎の紹介で小林と知り合うことになった。
当時、松永は、福澤諭吉の女婿の福澤桃介と、大阪で福松商会という石炭商を経営していた。また、小林は三井銀行を辞め、証券会社を設立するために東京から大阪にやってきたところであった。それから、小林が亡くなる一九五七年まで約半世紀にわたる交際が続いた。このように二人の交流が長く続いた所以を、松永は次のように二人の性格が相反していたからであるとしている。(1)

しかし、二人の性格は相反していて、私がやや粗雑な性質で時間などの厳守が難かしく、いくらか浪費性もあるのに対し、小林君は非常に几帳面で、時間もきっちり守り、金銭経済も緻密にやると言った風だった。その相反したところに、二人の切っても切れない友情の繋がりが生まれたとも言えよう。

こうして松永安左エ門は小林一三との知遇を得、以来二人の長い交際が始まるのであるが、ふしぎなことに二人が一緒に取り組んだ事業はなかった。小林と松永との交流を通して、人間・小林の実相に迫ってみたい。

野江線疑獄事件

箕面有馬電気軌道の計画路線は、大阪の梅田から箕面公園、さらに宝塚・有馬を結ぶというものであった。この鉄道は、一九〇六（明治三九）年に特許されたが、ある日小林が松永を訪ね、次のような相談をした。(2)

梅田終点というのでは、まだ大阪の中心部に入っていない。これを延長して、東大阪の野江で京阪電車と連絡することになれば、梅田―野江間は工場も多く、淀川下流で水路も発達して貨物の集散も活発だし、将来、大いに発達すると思う。支線を敷設するには増資の必要もあるが、これは目当てがついている。しかし、途中、市内を通るので、市会が許可の決議をしてくれなければ、どうにもならない。君は市会議員などと非常に懇意だから、是非、許可になるよう運動してくれないか。

要するに小林は、野江線が大阪市内を通るので、市会の許可を得られるよう、市会議員に働きかけてほしいと松永に依頼したのである。そこで松永は、箕面有馬電軌が発展するのはいいことだと考え、市会のボスで松島遊郭の組合長であった天川三蔵と、同じく市会議員の七里清介に頼み込んだ。天川は、大阪市の実力者であった第一助役の松村敏夫に働きかけ、大阪市の許可を得られる見通しがついた。すると、小林は増資の準備をし、増資新株を松村、天川、七里の三人に贈ったのである。野江線の問題は一九〇七年九月二日の市会で承認され、しばらくして内務省の認可も下りた。

しかし、その後一九一〇年頃、市電路線の敷設に絡んで動いていた検事局の捜査が、野江線の敷設にかかわる贈収賄事件にまで及んだ。小林が、松村に増資新株の取り扱いを一任したことが贈収賄にあたるというのであった。もっとも旧刑法では、賄賂を贈ったほうは処罰されないということであったが、小林も松永も、しゃべれば相手側の迷惑になるということで、堀川監獄に収監され、検事の取り調べを受けても決して真相を話すことはなかった。

この事件は、福澤桃介が松永に代わって証言をするということで決着し、小林も松永も出獄できたが、松永の観察によれば、この間小林は冷静沈着に振る舞い、取り調べの合間を縫って俳句を詠んだりしていた。

「不関心」

松永安左ヱ門は、小林一三の性格に「不関心」というのがあるという。「不関心」とは、「のぼせない」「あせらない」「腹が決まっていて動揺しない」というほどの意味である。いろいろな出来事が起きても、自分には関係ない、知ったことではない、という性格である。

松永は、「不関心」の例としてアメリカのハーバード大学のハーバード・スピリットを挙げている。ハーバード大学は、米国ボストンの名門大学であるが、教師や学生は大統領選挙でアメリカ中が興奮していても、そんなことには耳を貸さないで、自分たちの使命は真理の探究であるとして、黙って学問をしているというのである。

福澤諭吉が起こした時事新報が廃刊やむなきの事態に追い込まれた時、慶應義塾で英語を教えていた門野幾之進は、当時七〇歳になっていたが、自分が生きている間は福澤が起こした新聞社をつぶすわけにはいかないとして、私財をなげうって救おうと考え、松永や小林にも協力を求めてきた。松永は、仕方ないので何十万円かの手形に判を押した。

松永は、小林に談判をしたが、時事新報社はいずれつぶれる。君たちがわずかなお金をつくっても焼け石に水だ。福澤先生の仕事でもつぶれる時にはつぶれる。君たちが助けようとするのは勝手だが、自分を仲間に入れようというのは御免こうむるといって「不関心」を貫いたというのである。小林は慶應義塾のことを少しも考えないやつだといって怒るものもいたが、松永は「小林の言うのはもっともだ」と感じていた。

しかし、その小林が「不関心」を踏み外したことが一度だけあった。長男の冨佐雄が顔を手術して結果が思わしくないと聞いた時である。合理的に考えれば、見舞いに行けばショックを受けて、冨佐雄にも小林にもよくないと思われたが、小林は「不関心」を破って病院に見舞いに出かけた。相当大きなショックを受け、これが引き金になって死期を早めてしまった。いかに小林であっても、親子の愛情を前にして「不関心」を貫き通すことはできなかったのである。(3)

（1）松永安左ェ門［一九六一］、「半世紀の友情」小林一三翁追想録編纂委員会編『小林一三翁の追想』（阪急電鉄）七ページ。
（2）同前八ページ。
（3）同前二〇～二八ページ。

Ⅳ　茶の湯の交流

「茶の湯」と小林一三

小林一三は、三井銀行で抵当係をしていた時、茶道具に対する「眼」を開かれたといわれているが、本格的に茶の湯を習うのは明治末年、箕面有馬電気軌道の経営に参画するようになってからであった。年齢は四〇歳代半ばで、表千家の生形貴一宗匠から家族とともに習うことになったが、毎回克明にメモを取っていたという。小林が茶の湯を学ぶにあたっては、三井銀行の大先輩である高橋義雄の影響が大きかった。

高橋は、小林が最初に三井銀行の大阪支店勤務となった時の支店長であったが、茶の湯や美術・工芸品を愛する風流人で、「箒庵」と号した。小林とは慶應義塾時代から旧知の仲で、三井銀行への入行を斡旋したのも高橋であった。小林は、一九三一（昭和六）年一二月二五日、東京の自宅に茶室を新築すると、高橋を招き「席開き茶会」を行なった。
元々美術品には興味があったが、茶の湯を学ぶに伴い、茶道具の収集も本格的に始めた。特に一九三五年から三六年にかけて熱心に購入していたが、そこには小林独特の「眼」があった。伝来品や世間で評価の定まったものだけでなく、小林自身の美意識（「眼」）にのっとって購入したものが多いというのである(1)。

小林は、「薬師寺会」「延命会」など、多くの茶会に参加している。薬師寺会は、松永安左エ門の発起で始められた茶会で、東京の「金水」でお茶を飲みつつ薬師寺管主の橋本凝胤《ぎょういん》から法話を聞くというものであった。松永や小林のほか、畠山一清、五島慶太などの実業家が参加し、古美術商の斎藤利助を世話人として毎月開かれていた。

しかし、日中戦争が激しくなると、橋本管長が上京しにくくなり、次第に開催が難しくなった。そこで、池田にあった小林の自邸・雅俗山荘の「即庵」「大小庵」「楳泉亭」などの茶室で開かれることになった。なお「即庵」は、小林の考案になる椅子席の茶室である。また、「雅俗山荘」の「雅」とは文化・芸術の世界、「俗」とは日々の生活や仕事・政治の世界を意味していた。小林にとっては、「雅」と「俗」は切り離すことができないものと考えられていたのである。

薬師寺会は、八月を除いて毎月一回、年に一一回開催され、小林が急逝する直前まで、合計一五一回開かれた。小林は、東京での仕事がどんなに忙しくても池田の自邸に戻って参加し、商工大臣になって蘭印使節として出張した時にも、茶会を休まずに続けるようにと言い残して行っ

北摂丼会（305ページ参照）　1954年　左から3人目が小林一三　81歳

雅俗山荘（現在は小林一三記念館）

た。小西酒造の小西新右衛門、シオノギ製薬の二代目・塩野義三郎らの実業家、膳所焼の陶工・岩崎健三、真宗御流の華道家・佐分雄三らの芸術家、さらには生形宗匠らが招待され、小林の身内では二男松岡辰郎の夫人・千恵子、次女で鳥井吉太郎の夫人・春子らが参加し、多い時には二〇名もの参加者があった。薬師寺会は、通常朝九時頃から薬師寺管主による二時間ほどの法話で始まり、そのあとは食堂で懐石料理を食べ、食後茶会に移り、夕方の四時頃に散会となった。

延命会は、小林の参加した茶会では、最も幅の広い分野の茶人を集めていたといわれている。元日本勧業銀行総裁の石井光雄が友人を集めて、美術学者の荻野仲三郎や仏教学者の鈴木大拙から話を聞こうという会であったが、斎藤利助が世話人だったので茶会に発展した。お金のことには一切ふれずに命を延ばすというのが名前の由来で、もっぱら古美術品や茶道具に関する話題が取り上げられていた。世話人の斎藤は、小林がこの茶会を楽しみにしていることを知ると、小林の月に一度の上京に合わせて茶会を開いた。松永安左ェ門、服部玄三（服部時計店二代目社長）、五島慶太（東急グループ創業者）、畠山一清（荏原製作所創立者）、根津嘉一郎（東武鉄道二代目社長）らの財界人ばかりでなく、川喜田半泥子《はんでいし》（陶芸家）、田山方南（墨蹟研究家）など芸術家や学者も参加する大きな茶会であった。

「茶人」としての小林と松永

松永安左ェ門が本格的に茶の湯の世界に入ったのは小林一三よりもかなり遅く、還暦を翌年に控えた一九三四（昭和九）年であった。この年の五月一日に、三重県桑名の実業家・諸戸静六の茶会に初めて生客として招かれてからであった。翌一九三五年に六〇歳になると、最初の茶室をつくり論語の「六十而耳順」にちなんで「耳庵」と名づけ、それをそのまま茶人としての雅号に用いた。

松永は、茶の湯の世界に入ったのは遅かったが、わずか三年で近代数寄者の仲間入りを果たし、益田鈍翁（孝）や原三渓と茶会を楽しんだ。松永の茶の湯は流派にこだわらず、作法にとらわれない天衣無縫の茶道で、茶道を「人間の修養の道場」ととらえていた。小林は、松永の茶の湯を次のように高く評価していた。[2]

茶道に興味を持ち出して僅に三年の間に、あれだけ熱心に勉強した茶人はおそらくあるまいと思ふ。非常に多忙な、俗事に関与して居りながら、毎月五六回のお茶時に往来して、手まめに書留めるのみならず、文章にも少しの無駄もなく、軽いスケッチも出来る。歌も俳句も、一寸した見本ならばいつでも御覧に入れるといふ程度の才能を閃かして、美術に対する一見識は、晩学の駆出に似合はず要領を得てゐるからエライものだと感ずる。

そして、松永の性格を「誰がなんと言はうと、其の目的を達するにあらざれば中止しない根気強さと傍若無人の態度が、世間を見廻して気兼をするやうな、内気な可愛らしい点は微塵もない」とみて、その大胆さが茶道にも表れているという。それは、「負けぬ気の独りよがりが唯我独尊」であると突き放すが、しかし「僅かに三年間に天下の大茶人、益田鈍翁、原三渓翁の如き大先輩と互角の取組をする迄に進歩したのであるから、寧ろ羨むべく、驚くべく、恐るべしである」と兜を脱ぐのであった。[3]

一方、小林とともに延命会という茶会を催してきた荏原製作所社長の畠山一清は、小林の茶の湯を、彼の事業と重ね合わせながら次のように評していた。[4]

逸翁は、痩身短軀ながら、才気渙発、有名な宝塚少女歌劇の創設をはじめ、民衆の心理を巧みに捉えて、日本の実業家として夙に令名を馳せ、さらに商工大臣となって位人臣を極めたが、お茶の方でも、その道具立てと言い、茶席の趣向と言い、愛憐掬すべき庶民性に富んでおられた。そんな訳で古い型どおりの定石に満足せず、新時代に則したお茶を提唱して、みずからもまた勇敢に実行して範を示された。

小林の茶の湯は、道具立てや趣向も庶民性に富んでおり、古い型通りの定石に満足せず、新時代に即応した茶の湯を提唱し、みずから実践していたという。そこには、小林の事業が大衆本位であったことと気脈を通じるものがある。例えば、戦後の茶会で洋服の客が増えると、懐石の代わりに椅子とテーブルで寛いだ西洋料理を使った。また、一九五二年二月中旬、雪の降る寒い鎌倉で茶会を開いた時には、洋館の暖かい居室を使い、ベランダを茶席にあて、掃き出し口を躙《にじ》り口とした。

同様の証言は、歌人で住友本社常務理事であった川田順にもあった。川田によれば、ある時京都大学教授の新村出博士とともに、小林に大徳寺塔頭での茶会に招かれたことがあった。小林は、新村博士が南蛮研究の権威であったので、茶道具に南蛮渡来のガラス器を使った。そして、新村博士に「こんなガラス器でもお茶はたてられますね。洋行の船中でもテーブルで茶会をしました。茶の湯は元来庶民的のものですからね」と語ったという。(5)

「大乗茶道」を提唱し、茶の湯が広まることを願っていた小林は、「茶懐石の簡略化」を実践してきた。戦中・戦後の物資窮乏時代だったからでもあったが、茶会の際の懐石料理で家族に過大な負担をかけてはならないとして、一汁一菜、一汁二菜の献立を提案したり、洋食を懐石に取り入れたりした。そうしたアイデアの中から生まれた、究極の懐石が「丼」であった。「丼物」一杯であっても、客をもてなす心があれば、立派な茶懐石となるとし、数多くの名品を用いた「道具茶」を批判した。

こうした考えから、一九五四年二月九日に道具商・北川無庵を世話人とし、池田の周辺、すなわち北摂の数奇人と持ち回りで始めたのが「北摂丼会」という茶会であった。この時小林は、すでに八〇歳を超えていたが、小林の理想とする「簡素即茶道」の世界を体現するものであった。なお、一九五七年一月二〇日に催された「北摂丼会」が最後の茶会となった。それから五日後の一月二五日、小林は急性心臓喘息で急逝するが、それは翌日に自邸で開く茶会の道具立てを考案した直後のことであった。[6] 小林は、死の直前まで茶の湯へ情熱を注いでいたのである。

（1）公益財団法人阪急文化財団・逸翁美術館・福岡市美術館編［二〇一三］、『茶の湯交遊録　小林一三と松永安左ェ門――逸翁と耳庵の名品コレクション』（阪急文化財団発行、思文閣出版発売）九ページ。
（2）竹田梨紗「雅俗と侘び」前掲『茶の湯交遊録　小林一三と松永安左ェ門』一三二ページ。なお、原資料は小林一三［一九四六］、「松永耳庵の二著」『雅俗三昧』（雅俗山荘）。
（3）同前。
（4）畠山一清［一九六一］、「茗宴交友記」小林一三翁追想録編纂委員会編『小林一三翁の追想』（阪急電鉄）五五ページ。
（5）川田順［一九六一］、「我が敵にあらず」前掲『小林一三翁の追想』七六ページ。
（6）前掲『小林一三翁の追想』六八六ページ年譜。

V　交友録

平賀敏

小林一三は、一八九七（明治三〇）年一月下旬に三井銀行名古屋支店に赴任した。その名古屋支店の支店長が平賀敏であった。平賀は、一八五九年九月（安政六年八月）、旗本の平賀昌夢の四男として江戸の神田駿河台で生まれた。中上川彦次郎の勧めで三井銀行に入行し、本店に二、三カ月勤務したのち名古屋支店長に栄転した。小林と出会ったのは名古屋支店長となったばかりの時であった。小林は、平賀について、「銀行の仕事は、皆目素人であったが秀麗高風の才人で、忽ちに盛栄連の名花に恋ひされた粋人であった」と評している。(1) 小林の名古屋での生活も、決して品行方正というわけではなく、平賀支配人のもとであったから何とか許されたと認識していた。(2)

当時、三井銀行では年に二回、東京本店で支店長会議を開いていた。各支店長は、専務取締役の中上川の前で営業報告をしなければならなかった。平賀支店長は、銀行での経験は浅かったが、社交人としては申し分なく、演説も立派であった。銀行の営業よりも、名古屋の社会情勢や人物の動静などについて、他の支店長よりもはるかに調査が行き届いているという評判であった。

銀本位制を採用すべきか、それとも金本位制を採用すべきか、という論争がなされていた時、平賀は日銀名古屋支店長から調査記録を借覧し、名古屋地方の実情に照らして長所と短所を詳細に比較し、結論を東京本社に委ねた。というのは、平賀は金本位論者であったが、中上川が銀本位論者であったので、あえて結論づけなかったというのである。このように、平賀は中上川の機嫌を損ねることはなかったのである。

そのためかどうかはわからないが、平賀は三井銀行に入行して三年も経っていないというのに名古屋支店長から大阪支店長に栄転した。そして、その際に小林を大阪支店に来ないかと誘い、「大阪へ行くとすれば、細君を早く貰ひ給へ、それまでは駄目だ」と条件をつけた。(3) 小林は、再度大阪支店に赴任し、平賀支店長のもとで働くことになった。

三井銀行では、一九〇一年一〇月に中上川が死去すると早川千吉郎が代表となるが、かつての勢いはなく停滞期に入った。そうした中で、多くの人材が流出した。平賀も、大阪支店長を勇退し、大阪の実業界にデビューした。次の小林による記述のように、平賀はあちこちからひっぱりだこであった(4)。

この時に於いて、私の先輩である平賀敏氏も、三井銀行大阪支店長を勇退すべく、そして各種事業の計画に参与して居ったのである。大阪築港も、いよいよ実行せられんとするのであった。

築港工事に必要なるセメント会社の設立、築港埋立地の計画と土地会社の設立、その埋立地に鐘淵紡績分工場の新設（これは鐘紡株主が増資を要請せるに対し、増資代りに新会社を設立せんとしたる武藤山治氏の計画であった）等、財界方面にては我国に於いて初めて試みんとするビルブローカーの営業（これは藤本清兵衛氏によって実現した）等、同氏は各方面から引張凧の人気ものであったのである。

小林は、証券会社の設立に失敗して浪人となると、天王寺烏ヶ辻町の藤井別荘の邸内の平屋建て一棟を借りて住むことにしたが、なんと平賀も同邸内の総二階の本屋に移り住んできた。平賀も、日露戦争後の反動に直面して、手がけた事業がことごとく頓挫し、桜セメントという会社を引き受け悪戦苦闘していたのである。そして、小林が箕面有馬電軌を起こした時に、桜セメントの二階の一室を二〇円の家賃で借りて事務所を置いた。給仕や小使、それに電話代も桜セメントに負担してもらった。

このように、小林は箕面有馬電軌の経営にあたって、平賀からは多大な援助を受けた。箕面有馬電軌の経営が軌道に乗ると、小林は世話になった岩下清周を社長に迎えたが、岩下が北浜銀行事件で失脚すると、今度は平賀を社長とした。箕面有馬電軌（阪急電鉄）の経営にあたって、小林は三井銀行時代の上司二人を社長に迎えたのであった。小林は、平賀を社長に仰ぎながら、上手に利用した。例えば、阪神電鉄との合併話が出た時、社長の平賀を煩わして、老練で熟練な話術で「小林は我儘者ですから、阪神へ飛び込んでゆくと屹度失敗するから」というような意味のことを言ってもらい、婉曲に断った[5]。

池田成彬

池田成彬は、一八六七年八月（慶応三年七月）の生まれであったので、小林一三よりも六歳ばかり年長であった。米沢藩（現在の山形県）の藩士・池田成章の長男で、慶應義塾の理財科で学んだのち三井銀行に入行し、調査課をへて一八九六（明治二九）年に大阪支店に赴任した。大阪支店長であった岩下清周が三井銀行を辞めたあと、上柳清助が大阪支店長として赴任してきたが、それから間もなくして上柳を補佐すべく支店次長として大阪支店にやってきたのである。小林は、『逸翁自叙伝』の中で、「この時、池田成彬氏が支店次長として上柳氏の補強工作に新任して来た」と述べているように、小林が池田と会ったのは、この時が初めてであった[6]。

小林は、一九〇一年一月、箱崎倉庫主任になるべく単身上京するが、一夜のうちに改変され次席となった。翌一九〇二年には本店調査課検査係に左遷され、「耐えがたき憂鬱の時代」を迎えていたが、池田は三井銀行の中で頭角をあらわし、一九〇四年一二月には本店営業部長となった。小林は、この頃の三井銀行と池田成彬について次のように述べていた。(7)

銀行の仕事は少しも面白くない。全体、調査課などといふ仕事は、積極的に活動して参謀本部的に計画性を持って働けば幾らでも仕事はあり、また面白いに違ひないが、大将の早川専務理事が新参者の遠慮がちと言ふよりも、実際は無能なる円満居士であり、課長林君には覇気もなければ、歯がゆいほど腰が弱い。三井銀行では池田成彬君一人の天下であったから、私には大阪以来の関係で、とても上進の見込はない。何とかして好機会をつかんで、飛び出すより外にないものと覚悟して居ったのである。

小林は、一九〇七年一月に三井銀行を退職する。池田が順調に出世していくのをみて、これではとても出世できないと判断したからであった。そして、一九〇九年には池田らによって三井銀行の改革が断行され、小林の後輩が重役に昇進するようになり、三井銀行は新時代を迎えつつあった。

こうして小林は池田の全盛期に三井銀行を辞めたのであるが、思わぬところで再び池田と出会うことになる。一九二七（昭和二）年七月、池田に口説かれて東京電燈の取締役に就任したのである。東京電燈は、若尾璋八による放漫経営で経営が著しく悪化していた。三井銀行は東京電燈に多額の融資をしていたので、何とか経営を軌道に乗せなければならなかった。そこで、池田が白羽の矢を立てたのが小林一三であった。小林は、箕面有馬電気軌道の経営者として成功をおさめ、この年の三月には同社の後身の阪神急行電鉄の社長に就任していたのである。

また小林は、一九四〇年七月に第二次近衛内閣の商工大臣になるが、その話を持ってきたのも池田であった。池田は、第一次近衛内閣で大蔵大臣兼商工大臣を担当していたので、近衛が第二次内閣を組閣するにあたって小林を商工大臣に推薦したのである。

石山賢吉

石山賢吉は、『ダイヤモンド』を創刊した頃、大阪に行くと真っ先に小林を訪ね、経済界や会社経営の話を聞き、大阪の名士に紹介してもらったりしていた。梅田の阪急電鉄の本社は、汽車を降りるとすぐだったので、何よりも先に訪ねたのである。

小林は、石山に実例をもって様々な経営の要諦を示した。ある時、財産には、土地、建物、機械ばかりでなく、暖簾代というものがあるといって、次のような実例を紹介した。大阪に、江戸時代から続く「粟おこし」という老舗があった。しかし、子供たちは家業を継がないで、長男は理学校を出てから伊藤忠商事に入社して、海外支店に勤務している。次男は、電電公社に入って理学博士になった。そして、兵隊にとられた三男が敗戦後帰国して身の振り方を親戚の高碕達之助に相談した。高碕は、長男や次男のように月給取りになってもつまらないから、粟おこしを再興してはどうかと勧めた。三男は、高碕の忠告に従って、資本を出してもらって粟おこしを再興した。すると、原料の仕入れ先は代金後払いで原料を供給してくれた。販売店も喜んで、粟おこしを店に並べてくれた。こうして粟おこしはみごとに再興し、三男は長男や次男よりも裕福な境遇となったというのである。小林は、信用に裏づけられた暖簾代の大切さを教えてくれたのである。石山は、以来いっそう信用に重きをおいて、ダイヤモンド社の経営をするようになったという(8)。

高碕達之助

高碕達之助は、満洲重工業開発総裁（一九四二年就任）や電源開発総裁（一九五二年就任）などを歴任し、一九六二（昭和三七）年に中華人民共和国の廖承志《りしょうし》との間で、いわゆるＬＴ貿易に関する覚書に調印したことで知られている。

しかし、実業家としての高碕の出発点は水産業にあった。高碕は、農商務省水産講習所で学んだあと、日露戦争後の缶詰製造ブームに乗って設立された東洋水産という、三重県の津を本拠とする缶詰製造会社に就職するが、同社の事業は失敗に帰した。そこで、一九一一（明治四四）年にはアメリカのサンディエゴを本拠とするメキシコ万博漁業という水産会社に就職した。

その高碕が、一九一六（大正五）年の春、五年ぶりにアメリカから帰国した。甲州財閥の一角を占める小野金六が社長を務める輸出食品株式会社のカムチャッカの鮭缶詰工場に、米国式の缶詰製造機を据えつけるよう依頼されたからである。

高碕は、缶詰業者のために米国式の缶詰製造機による共同の製缶会社をつくる必要を痛感していた。そこで、祭原、松下など大阪の缶詰業者と相談し、資本金五〇万円の東洋製罐を創立しようとしていた。輸出食品会社の小野金六に株式募集について相談すると、「相談相手として間違いのない男」であるとして甥の小林一三が紹介された。創立発起人会を開くにあたり、小林を発起人にしてはどうかと提案すると、強い反対に出くわした。小林は、「岩下清周氏の門下であって、全然缶詰業と関係がなく、仲々の策士であり、油断の出来ない人である。大阪では、今太閤という仇名の付く人で、我々関西人と肌の合わぬ人」というのが反対の理由であった。

高碕は、それでも阪急電鉄の本社に小林を訪ねた。そこでの高碕と小林の会話が実に興味深い。小林は高碕にアメリカの鉄道事情を尋ねた。高碕は、これまでは有利な事業で株式も花形株であったが、資本家たちは今では独占的な公共事業である鉄道の株式には興味を失っていると答えた。すると、小林は次のように答えた[9]。

君、人間を運んで金儲けをしようというのは、そりゃ人力車夫の仕事だよ、米国の鉄道業者も人力車夫の域を脱せないかねえ。鉄道が敷ければ、人が動く。人には住宅もいる。食料品もいる。娯楽機関も社交機関もいる。それ等は自由競争である。其処に金儲けの途を考えるのが、鉄道事業をやる人の特権じゃなかろうか。

人を運ぶだけでは「人力車夫」の仕事と同じで、鉄道事業とはいえないというのである。肝心の東洋製罐の創立に関しては、世話になった小野さんの依頼だから、発起人や役員としての名義を貸すのは構わないが、出資はしないというのであった。高碕は、「聞きしにまさるハッキリした人であると」直感したという。以来、高碕は小林と何度となく面会した。面会時間は、五分ないし一〇分程度であったが、「逢う度毎に必ず何かの新しい考え方を話され」、高碕の人生の「一大指針」となったという。(10)

大屋晋三

帝国人造絹絲の社長であった大屋晋三は、一九四七（昭和二二）年に参議院議員となり、四九年から五〇年にかけて、第三次吉田茂内閣の運輸大臣となった。運輸大臣在任中、大屋は公共企業体としての日本国有鉄道を発足させ、初代総裁に小林一三を推薦した。大屋は、小林に対して「頭の鋭い、独創的な、普通の型とは変った実業家」という印象を持ち、その著書などはほとんどすべて読んでいたという。大屋は、小林を国鉄の初代総裁に推薦した理由を次のように語っている。(11)

わが国で最初の試みとしての公共企業体である国有鉄道の、今後の発展の方向は、初代総裁の人選如何によることが非常に大きいと思った。それで独創力の豊富な、独立自尊の念の強い純粋の民間実業家、而も交通、鉄道経営の第一人者、小林一三氏こそ最適任であると思った。御老体ではあり、また実業人にとっては妙味のない公共企業体の仕事なので、御迷惑であろうとは思ったが、敢てその出馬を懇請することにした。

大屋は、このように小林を評価して吉田首相に推薦したが、当時小林は公職追放の身であった。吉田からGHQ／SCAPのマッカーサー元帥に話をすると、前例はないが国家の枢要な地位にどうしても必要ならば、追放を解除してもよいということであった。そこで、さっそく使者をたてて、小林に国鉄初代総裁就任を依頼した。小林は、国鉄総裁就任を承諾した（ただし、第一部で論じたように小林一三の日記では高齢を理由に辞退したとされている）。

大屋は、喜んで手続きに入った。民政局長のホイットニーに小林の追放解除を願い出ると、ホイットニーは小林の追放解除を認めると、あとからあとから追放解除の要請が出て、日本政府が困るのではないかと言った。これを吉田首相に伝えると、吉田もホイットニーの意見に賛成した。

こうして、国鉄総裁の選任は白紙に戻ってしまった。そこで、運輸次官の下山貞則に国鉄総裁を兼務させた。その結果、下山はまもなく非業の死をとげた。大屋は、愚の骨頂と知りながらも、もし小林が初代国鉄総裁に就任していたら、その後の国鉄はどうなっていたであろうかと思いをめぐらすのである。[12]

三宅晴輝

小林一三の伝記『小林一三』(日本書房、一九五九年)の著者である三宅晴輝も、小林一三にまつわる興味深い逸話を紹介している。三宅は、小林を「偉大な創作家」とみていた。それは、「自分で考えついたことで、人がまだやっていないことを、大胆に細心に実行する」からで、「これが方々に現れて日本経済界に異彩を放った」のである。[13]

その小林が、毎月二六日に「二六会」という集まりを赤坂の長谷川という料亭で行うことになり、三宅が人集めを依頼され、自由主義者やゴルフ友達を集めたという。その中には久米正雄(小説家)、芦田均(政治家)、清沢冽(ジャーナリスト)、笠間杲雄(外交官)、鈴木文史朗(朝日新聞記者)ら、錚々たるメンバーがいた。二六会では、反ファッショ論や非戦論が論じられていた。そのため、一九四四年頃になると「物騒な連中の集まり」と政府当局から睨まれるようになり、三宅の判断で中止となった。

それでも、一〇年ぐらいは続いていたようである。このような二六会であったが、小林は「やめろ」とも、「メンバーを替えろ」とも言わなかった。[14] 自由主義者・小林の面目が躍如として表れている逸話である。三宅は、このような小林の死を、「も少し天寿を得ていたら、日本の戦後経営に働いて貰えただろう」と惜しんだ[15]。

太田垣士郎

戦後の電力再編成後、関西電力の初代社長となった太田垣士郎は、京都帝国大学経済学部卒業後、日本信託銀行をへて阪急電鉄に入社し、一九四六（昭和二一）年一二月京阪神急行電鉄の成立に伴い社長となった。その太田垣が、人間・小林一三の様々な側面を次のように語っている。

阪急電鉄の社員は、小林の方針で、電車の中で腰をかけてはいけないことになっていた。満員の通勤時は別として、阪急電鉄の社員の数は二〇〇〜三〇〇人程度であったので、そのくらいの者が座ったところでたいしたことはなかったが、それを通して乗客に対する社員の基本的な心構えを教えようとしたのである。小林は、みずからも座席には座らなかったので、社員がやらないわけにはいかなかった。小林は、率先垂範型の経営者であった。

当時、宣伝の業務のうち中吊り広告を担当していた社員は、小林からよく怒られていた。なかなか改まらないので、「やめてしまえ」と怒鳴られる。ある時、やめてしまえと言われ辞表を出すと、「私がやめろと言ったって、やめる馬鹿があるか」と怒鳴られた。厳しさの中にも社員思いであったことがうかがわれる。

小林は、常に事業と一体であったが、社員一人一人に対しても会社の経営全般をおさえておくことを要求した。例えば、倉庫係だからといって運輸については知らないとは言わせなかった。

駅で「係が違うので分かりません」などと言うことは絶対に許されなかった。それだけ、小林は社内の情報を公開していたのである。

ある日、午後四時頃であったが、太田垣は豊中の駅の前が汚いと怒られたことがある。そこは、合同バスが清掃をすることになっていたので、太田垣の責任ではなかったが、経営のすべてを一つのものと考える小林からすれば、そういったことはどうでもよかったのである。

小林と同じ電車に乗り合わせた時のことである。宝塚歌劇団の生徒が一〇～一五人ほど乗ってきた。すると、小林が「右から何人目の生徒は何という子だ?」と質問をした。太田垣がわからないと答えると、小林から「宝塚に来て、歌劇の生徒の名前が分からんようでは、課長は勤まらんよ!」とたしなめられた。以来、太田垣は何度も何度も歌劇を見て、名前を覚えようとした。するとそのうち歌劇そのものに興味がわいてきて、批判や意見を出せるようになった。小林の狙いは、そこにあったのではないかというのである。[16]

岩瀬英一郎

岩瀬英一郎は、三井銀行ニューヨーク支店長、東京電燈常務取締役などをへて三越に入り、一九四三(昭和一八)年から同社長となって、戦後の百貨店業界をリードした実業家である。岩瀬が東京電燈に入社したのは一九三七年で、小林が経営の立て直しに苦労している時であった。岩瀬は、小林について「実業人の社会的使命如何ということをはっきりと考えておられ、その考えが小林さんの仕事の上にあらわされた」と述べ[17]、東京電燈の経営者としての小林の優れた側面について次のように語っている。

まず、人事政策である。小林は、自分勝手な人事をせず、会社の社会的使命を果たすため、社内で人材を見出し、公正な態度で人事を処理した。小林が東京電燈に迎えられた時も、子分を連れてきたり側近をつくったりするようなことはなかった。また、学閥や過去の経歴にこだわることなく、能力に応じた人事を心がけていた。

支店長会議では、各支店長の報告に対し急所を突いた質問をし、怠け者には怖い存在であった。しかし、熱心に仕事に励んでいる者は、大いに励まされた。すなわち、「人を使うに私心をまじえないで、仕事本位、会社の社会的使命本位に人をあつかった」のである。

第二は、事業上の創意工夫である。当時は電力過剰時代であったので、いかにして電気を売るかということに心を砕いていた。一般大衆に電気や電熱を多く使ってもらうよう働きかけたのは言うまでもないが、電力多消費産業としての化学肥料に注目して、昭和肥料（のちの昭和電工）という会社をつくり、それまで無駄に流していた水を利用して発電し、安い価格で電力を供給した。また、富士川水系の出力一〇万キロワットの電力を消費するため、世界旅行中にロシアで見学したドニエプル発電所にヒントを得て、日本軽金属という会社をつくった。常に新機軸を考えていて、実行に移していたのである。

第三は、経営者としての責任感が非常に強いということである。大会社の社長にありがちな、社務を放っておいて財界活動にうつつを抜かすというようなことはなかった。経営者としての責任から、労働運動に対しては公正かつ毅然たる態度をとった。また、常々「資本を大切にせよ。うっかり金を借りるな」と言い、銀行からの借入れでも、明確な見込みがなければ許さなかった。

そして小林にはお世辞がなく、叱る場合にはすべて理由があった。小林は、現実主義で、常に「大衆に奉仕する」という精神で事業に取り組んでいた。岩瀬は、以上のように述べて、事業家としての小林を次のように論じるのであった。(18)

企画実行に於ては現実的であった小林さんは、心のうちには、大衆と共に夢をみる若さを常にみなぎらせておられた。小林さんは、いつも先を見て暮しておられて、昔の手柄話をされるようなことはなかった。大衆のために、大衆に先立って、はるかなところに眼をそそぎ、全身を以てその希望を現実化された。晩年ものにされた東西のコマ劇場は、小林さんの夢から生れたものと思われる。

だから、小林さんののこしたいろいろの仕事は、日本人の文化の中に、経済の中に、いつまでも生き生きとして栄え、成長してゆくのである。

与謝野晶子

小林一三が小説家志望であったことはよく知られているが、俳句や和歌にも造詣が深かった。生涯を通じて俳句や和歌に親しみ、一九六三（昭和三八）年の没後七回忌の法要を機に、小林自身が一九〇二〜〇八年に詠んだ一〇〇〇句ほどの俳句を年代順に並べた句集『未定稿』と、それ以外の俳句八四九句と和歌四九四首、それに漢詩、狂歌などを採録した『鶏鳴集』が刊行されている。

その小林が支援した歌人・作家に与謝野晶子がいる。一九一一（明治四四）年九月二二日、晶子は小林に書簡を認め、「歌百首屛風」の購入を依頼した。そこには、「かねておもひ居り候ひし四分の一にもたらず候へば、はなはだかゝること申し上げ候は心苦しく候へど、ぢくものの一つにても御加入被下候はゞとぞんじ、ご同情を乞ひ上げ申候」と書かれている。鉄幹の洋行資金を捻出することが目的であったが、晶子の必死さが伝わってくる。

小林は、晶子の要望に応え、一定の金額を送金したようである。晶子の九月三〇日付の小林宛の書簡には、「あつかましき御ねがひに候ひしを御ゆるし給はり、御送金までなさせ給はりし御志のほど、あつく御礼申上候。仰せの絵は中沢弘光氏に依頼いたし申すべく、そのうち出来上り候はゞ、早速御送りいたすべく候」と書かれている。中沢弘光とは、晶子の著作『新訳源氏物語』の装丁や挿絵を担当した画家であるが、その中沢に絵を画いてもらい、できあがりしだい送付するというのであった。このような書簡が存在していることを考えると、小林と晶子との交流は、これよりも前から始まっていたことになる。

こうして洋行費用が捻出され、鉄幹は渡欧し、晶子も少し遅れて敦賀から船でウラジオストックに出て、シベリア経由の鉄道でパリに向かった。

夫の鉄幹（寛）は、帰国後の一九一五（大正四）年三月、衆議院議員選挙に立候補することになった。晶子は、その選挙資金集めに苦労し、一九一五年二月二〇日付で小林に手紙を書き、「何卒百円を私にお恵み下さいまし」と金を無心した。しかし、所詮は素人で、鉄幹は大差で落選した。

晶子は、夫の鉄幹とともに、一九一七年五月、「歌行脚」と称して初めて東京を離れ、六甲山苦楽園を訪れた。二週間ほど滞在したのちの六月一二日、与謝野鉄幹・晶子夫妻は岡山経由で九州にわたり、若松、福岡、田川、二タ《ふた》などで揮毫をし、二七日に六甲山に戻り、七月九日に帰京した。

六甲山苦楽園は、ラジウム温泉によって本格的な保養地として発展し、多くの文化人が訪れるようになっていた。晶子は、ここに滞在している間、宝塚、大阪、生まれ故郷の堺などに出かけ、屏風、懐紙、短冊などの揮毫に努めた。この時、小林は与謝野晶子から懐紙などを購入し、宝塚少女歌劇に案内している。

与謝野晶子は、小林の自宅を訪ね、扇子に揮毫した。また、その折に小林が四月に購入したばかりの、上田秋成が画いた「源氏物語五十四首短冊貼交屏風」もみている。そして、その結果、一九二〇年一月二五日に、晶子は小林に長い手紙を添えて「源氏物語礼賛歌」の短冊五四枚を送っている。小林は、晶子にお礼の品と現金を送った。小林と与謝野晶子の間には以上のような交流があった。小林は、一九四二年五月に晶子が六四歳で亡くなると、「数万の星の如く輝ける歌をのこして君逝き玉ふ」と詠んだ。(19)

瀬津伊之助

洋画家志望の瀬津伊之助が美術商になったのは、北大路魯山人の勧めによるものであった。三五歳になった年の暮れのことであったが、瀬津は美術商に転身し「雅陶堂」という店を構えたのである。瀬津が、『茶わん』(寶雲舎)という雑誌に「安くて、楽しめる焼物」というキャッチフレーズの広告を出すと、小林一三は「君、広告に面白いことを書いたね」と言って、異母弟の田邊加多丸とともに瀬津の店を訪ねた。(20)以来、小林が亡くなるまで親交が続いた。

その瀬津が、いかにも小林らしいエピソードを綴っている。小林は、常々次のように語っていたという。(21)

　僕は道具屋に負けさせるようなことはしたくない。道具屋にはどうしても一割なり、何がしかの儲けがなければならない。それを無理をしてまで負けるとなると、損したという気が後まで残り、いつかは取り返そうと思うようになる。そんな気を起こさせたら結局、損になるじゃあないか。

何ごとも理詰めで考える、いかにも小林らしい言葉である。したがって、小林は「これは欲しいけれど値が合わない」と言うことはあっても、負けろとは一言も言わなかったとのことである。同業者の中には、「小林さんはむつかしい」と言う者もあったが、瀬津にとってはとても楽な客であったという。

ある時、東京電燈で瀬津が小林と話をしていると、訪欧直前であったので、部長級の社員があいさつに来た。小林は、「君、今は執務時間だ。そんなことは休み時間に来たらどうだ」と厳しく叱責した。小林は、公私の区別に厳格であったのである。(22)

(1) 小林一三「逸翁自叙伝」『全集』第一巻六四ページ。
(2) 同前七一ページ。
(3) 同前七四ページ。
(4) 同前一二八ページ。
(5) 同前二一七ページ。
(6) 同前四五ページ。
(7) 同前九九ページ。
(8) 石山賢吉［一九六一］、「小林さんを追慕す」小林一三翁追想録編纂委員会編『小林一三翁の追想』（阪急電鉄）六〇～六二ページ。

(9) 高碕達之助［一九六二］、「小林一三さんを偲ぶ」前掲『小林一三翁の追想』一〇二ページ。
(10) 同前一〇三〜一〇五ページ。
(11) 大屋晋三［一九六二］、「小林さんと私」前掲『小林一三翁の追想』一八四〜一八五ページ。
(12) 同前一八八ページ。
(13) 三宅晴輝［一九六二］、「想い出の二つ三つ」前掲『小林一三翁の追想』一八九ページ。
(14) 同前一九〇ページ。
(15) 同前一九一ページ。
(16) 太田垣士郎［一九六二］、「お小言の意味――怒り方・教え方」前掲『小林一三翁の追想』二七四〜二七九ページ。
(17) 岩瀬英一郎［一九六二］、「教えらるること」前掲『小林一三翁の追想』三五四ページ。
(18) 同前三六〇ページ。
(19) 以上は、伊井春樹［二〇一一］、「与謝野晶子と小林一三」逸翁美術館編『与謝野晶子と小林一三』（思文閣出版）による。
(20) 瀬津伊之助［一九六二］、「お客に儲けさせる商法（逸翁のお言葉）」前掲『小林一三翁の追想』六〇〇ページ。
(21) 同前六〇二ページ。
(22) 同前。

「企業家・小林一三」略年譜

西暦	和暦	齢	関係事項	社会状況
一八七三	明治　六	0	1月3日、山梨県北巨摩郡韮崎町に生まれる 8月22日、母・菊野が永眠	7・28地租改正条例布告
一八七五	八	2	この年、別家の家督を相続	5・7樺太・千島交換条約調印
一八七八	一一	5	この年、公立小学韮崎学校下等小学第八級に入学	5・4株式取引所条例制定
一八八〇	一三	7	この年、公立小学韮崎学校の校舎新築、蔵前院より移る。普通小学第七級在学	12・16第一次ボーア戦争
一八八五	一八	12	12月、小学高等科卒業	12・22第一次伊藤博文内閣成立
一八八六	一九	13	この年、山梨県東八代郡南八代村の加賀美嘉兵衛の私塾・成器舎に入塾	10・24ノルマントン号事件
一八八七	二〇	14	夏、腸チフスにかかり、成器舎を退塾	9・21横浜に日本初の水道施設
一八八八	二一	15	2月、慶應義塾で学ぶため上京。入学試験を受け入学、益田英次の寄宿舎に入る 9月、本塾の童子寮に移り、寮誌「寮窓の燈」の主筆となる	4・25市制と町村制の公布
一八九〇	二三	17	4月、小説「練絲痕」を『山梨日日新聞』に連載。この頃、『国民新聞』の依頼で「歌舞伎座に劇評家を見るの記」を執筆するが没となる	11・25帝国議会召集

一八九二	二五	19	2月、中上川彦次郎、三井銀行副長に就任 12月、慶應義塾を卒業。故郷韮崎に帰る	6・21鉄道敷設法公布
一八九三	二六	20	4月、三井銀行入社、東京本店秘書課勤務 9月、大阪支店に転勤、金庫係を命ぜられる 11月、文学雑誌『この花双紙』に短編「平相国」を発表	4・14出版法・版権法公布
一八九五	二八	22	9月、岩下清周、三井銀行大阪支店長として赴任	4・17下関条約調印
一八九六	二九	23	1月、庶務係となる 9月、岩下清周、三井銀行を辞め北浜銀行の設立を計画	4・6第一回オリンピック、アテネで開催
一八九七	三〇	24	1月、名古屋支店に転勤、支店長は平賀敏 2月、岩下清周が北浜銀行を開業	10・1金本位制実施
一八九八	三一	25	10月、『名古屋銀行青年会雑誌』を発行	6・30日本最初の政党内閣成立
一八九九	三二	26	2月、平賀敏、大阪支店長に就任 8月、大阪支店に転勤、貸付係長 この年、大阪支店「業務週報」を発行開始	2・1東京・大阪間に電話開通
一九〇〇	三三	27	10月、丹羽幸と結婚 12月、東京箱崎倉庫主任に栄転の内示	3・10治安警察法公布
一九〇一	三四	28	1月、単身上京、箱崎倉庫主任への栄転ではなく、次席となる 6月、長男冨佐雄出生	11・18官営八幡製鉄所操業開始
一九〇五	三八	32	この頃、三井物産及び三越呉服店から好条件で勧誘されるが、不成立に終わる	9・5ポーツマス条約調印

一九〇六	三九	33	1月、箕面有馬電気鉄道（のちに軌道）株式会社創立発起人会設立	3・31鉄道国有法公布
一九〇七	四〇	34	1月、三井銀行を退職 4月、阪鶴鉄道監査役に就任 6月、箕面有馬電気軌道創立の追加発起人となる 10月、箕面有馬電気軌道の創立総会を開催、専務取締役となる	6・4別子銅山で暴動
一九〇八	四一	35	10月、岩下清周、箕面有馬電気軌道の社長に就任 10月、パンフレット「最も有望なる電車」を発行	6・22赤旗事件
一九一〇	四三	37	3月、箕面有馬電軌宝塚線・箕面支線営業開始 11月、箕面動物園を開園	8・22韓国併合条約調印
一九一一	四四	38	5月、宝塚新温泉営業開始	10・10中国で辛亥革命起こる
一九一二	四五	39	2月、宝塚～西宮間の軌道敷設工事施行が認可 7月、宝塚新温泉内に新館パラダイスを開設	7・30明治天皇崩御、大正と改元
一九一三	大正二	40	7月、宝塚唱歌隊（のちの少女歌劇、歌劇団）を組織	10・6日本政府が中華民国承認
一九一四	三	41	4月、宝塚新温泉パラダイスを劇場に改造し、宝塚少女歌劇第一回公演を開催 6月、岩下清周、北浜銀行頭取を辞任 8月、豊中住宅地の売り出しを開始	7・28第一次世界大戦開戦
一九一五	四	42	1月、岩下清周、箕面有馬電気軌道社長を辞任。平賀敏が社長に就任	1・18中国政府に二一カ条要求
一九一六	五	43	3月、箕面動物園を廃止	9・1工場法施行

一九一八	七	45	10月、箕面有馬電気軌道専務取締役に復帰	11・11第一次世界大戦終結
一九一九	八	46	2月、箕面有馬電気軌道株式会社を阪神急行電鉄株式会社と改称 5月、帝国劇場で宝塚少女歌劇東京初公演 12月、宝塚音楽歌劇学校創立認可、校長に就任	1・18パリ講和会議
一九二〇	九	47	3月、宝塚新温泉に歌劇新劇場竣工 7月、神戸線本線、伊丹支線開業 11月、梅田に阪急ビル竣工、一階を白木屋に貸し二階に食堂を開設	3・15戦後恐慌起こる
一九二一	一〇	48	12月、第一生命保険の矢野恒太の依頼により東京の田園都市会社及び荏原鉄道(のちに目黒蒲田電鉄)の重役会に出席するようになる	11・4原敬暗殺される
一九二二	一一	49	1月、今津発電株式会社創立、監査役に就任	2・6ワシントン海軍軍縮条約
一九二三	一二	50	1月、宝塚新温泉、浴場以外の劇場、パラダイス、食堂などを全焼	9・1関東大震災
一九二四	一三	51	7月、宝塚大劇場(四〇〇〇人収容)竣工 10月、東京横浜電鉄監査役に就任	7・31阪神甲子園球場完成
一九二五	一四	52	12月、目黒蒲田電鉄監査役に就任	4・22治安維持法の公布
一九二六	一五	53	11月、第一生命保険の監査役に就任 12月、西宮〜今津間開通、西宝線を今津線と改称	12・25大正天皇崩御、昭和と改元
一九二七	昭和二	54	3月、阪急電鉄取締役社長に就任 7月、東京電燈株式会社取締役に就任	3・15金融恐慌発生

一九二八	三	55	3月、東京電燈副社長に就任 10月、昭和肥料株式会社を創立し監査役に就任	4・10日本商工会議所設立
一九二九	四	56	4月、阪急百貨店開業	10・24米国で株式市場大暴落
一九三二	七	59	8月、東京宝塚劇場創立、取締役社長に就任	5・15五・一五事件
一九三三	八	60	11月、東京電燈社長に就任	3・27国際連盟の脱退を通告
一九三四	九	61	1月、阪急電鉄社長を辞任し会長に就任	7・8岡田啓介内閣発足
一九三五	一〇	62	9月～、欧米視察	8・3国体明徴声明発表
一九三六	一一	63	6月、池田市に雅俗山荘を竣工 10月、阪急電鉄会長を辞任 12月、東京電燈会長を兼任	2・26二・二六事件
一九三七	一二	64	1月、第一ホテル相談役に就任 9月、東宝映画株式会社を創立し相談役となる 10月、逓信省臨時電力調査会第二回総会に「電力統制案」を提出	7・7蘆溝橋事件（日中戦争始まる）
一九三九	一四	66	3月、日本軽金属株式会社を設立し社長に就任 4月、日本発送電株式会社を創立し理事に就任	9・1第二次世界大戦勃発
一九四〇	一五	67	3月、東京電燈の社長兼務を辞任（会長はそのまま） 4月、経済使節団としてイタリアに向かう 7月、第二次近衛内閣の商工大臣となる 8月、蘭領インド特派使節に任命される	10・12大政翼賛会発足
一九四一	一六	68	4月、商工大臣を辞任	12・8太平洋戦争始まる
一九四二	一七	69	3月、東京電燈が解散	6・5ミッドウェー海戦

一九四三	一八	70	10月、阪急電鉄は京阪電気鉄道を合併し、社名を京阪神急行電鉄と変更 12月、東京宝塚劇場は東宝映画と合併し、社名を東宝と変更	2・1日本軍ガダルカナル島から撤退
一九四四	一九	71	3月、宝塚大劇場閉鎖 7月、宝塚動植物園は宝塚厚生遊園地と改称し開園式を挙行	7・7日本軍、サイパン島守備隊全滅
一九四五	二〇	72	10月、幣原内閣の国務大臣に任ぜられる 11月、戦災復興院総裁に就任	8・15昭和天皇の玉音放送
一九四六	二一	73	3月、公職追放となる 4月、国務大臣兼戦災復興院総裁を辞任	11・3日本国憲法公布
一九四七	二二	74	2月、阪急百貨店の創立総会を開く 3月、京阪神急行電鉄は百貨店部門の事業を阪急百貨店に譲渡	5・3日本国憲法施行
一九四八	二三	75	10月、東宝争議妥結	11・12極東国際軍事裁判判決
一九五〇	二五	77	9月、長男・冨佐雄が東宝社長に就任	6・25朝鮮戦争勃発
一九五一	二六	78	8月、公職追放を解除される 10月、東宝社長に就任	9・8サンフランシスコ条約
一九五二	二七	79	10月～、欧米の映画界を視察するため渡米	8・13日本がIMFに加盟
一九五三	二八	80	1月、『逸翁自叙伝』を出版	2・1NHKテレビ本放送開始
一九五四	二九	81	4月、宝塚歌劇四〇周年記念式を挙行	7・1陸海空の自衛隊発足
一九五五	三〇	82	9月、東宝社長を辞任し相談役に就任	11・15自由民主党結党

一九五六	三一	83	2月、新宿コマ・スタジアム設立、社長に就任 4月、梅田コマ・スタジアム設立、社長に就任	7・17「もはや戦後ではない」経済白書発表
一九五七	三二	84	1月25日、池田市の自邸で永眠	2・25岸信介内閣が成立

※本年譜は、阪急電鉄株式会社発行『小林一三日記』第三巻（一九九一年）所集の「小林一三年譜」に依拠している。
※年齢については、「関係事項」の時点における小林一三の満年齢を記した。

〈著者略歴〉
老川慶喜（おいかわ・よしのぶ）
1950年埼玉県生まれ。立教大学大学院経済学研究科修士課程・博士課程で学び、1982年経済学博士号取得。関東学園大学経済学部で教鞭を執り、帝京大学経済学部を経て1991年から立教大学経済学部助教授、94年から同教授。2015年3月に立教大学を定年退職し、同年4月から跡見学園女子大学観光コミュニティ学部教授・立教大学名誉教授。鉄道史学会理事・会長、社会経済史学会評議員・幹事・（常任）理事などを歴任。多くの社史や自治体史の執筆にかかわり、現在はさいたま市史編さん審議委員会の委員長を務める。さいたま市（旧大宮市）への鉄道博物館の誘致にも尽力し、「さいたま市文化賞」を受賞。近年の著作に、『近代日本の鉄道構想』『埼玉鉄道物語』（以上、日本経済評論社）、『岩下清周と松崎半三郎』（立教学院）、『井上勝』（ミネルヴァ書房）、『日本鉄道史 幕末・明治篇』『日本鉄道史 大正・昭和戦前篇』（以上、中公新書）、『もういちど読む山川日本戦後史』（山川出版社）などがある。

PHP経営叢書
日本の企業家5
小林一三
都市型第三次産業の先駆的創造者

2017年3月29日　第1版第1刷発行

著　者　老川慶喜
発行者　清水卓智
発行所　株式会社ＰＨＰ研究所
京都本部　〒601-8411　京都市南区西九条北ノ内町11
70周年記念出版プロジェクト推進室　☎075-681-4428（編集）
東京本部　〒135-8137　江東区豊洲5-6-52
普及一部　☎03-3520-9630（販売）
PHP INTERFACE　http://www.php.co.jp/
組　版　朝日メディアインターナショナル株式会社
印刷所
製本所　図書印刷株式会社

ISBN978-4-569-83425-2

ＰＨＰ経営叢書「日本の企業家」シリーズの刊行に際して

わが国では明治期に渋沢栄一のような優れた企業家が幾人も登場し、中世、近世に営々と築かれた日本の商売道は近代へと導かれることになりました。以後の道程において、昭和期に戦争という苦難に遭いますが、すぐさま復興に立ち上がる中で、多くの企業家が躍動し、人々を束ね、牽引し、豊かな生活の実現に大いに貢献しました。一九四六（昭和二一）年一一月に弊社を創設した松下幸之助もその一人でした。事業経営に精励する一方で、「人間は万物の王者である」という言の葉に象徴されるみずからの人間観を、弊社の様々な活動を通じて世に訴えかけ、繁栄・平和・幸福の実現を強く願いました。

こうした時代を創った多くの企業家たちの功績に、素直に尊敬の念を抱き、その歩みの中の真実と向き合うところから得られる叡智は、お互いの衆知を高め、個々の人生・経営により豊かな実りをもたらしてくれるにちがいない。そうした信念のもと、弊社では創設七〇周年記念事業としてＰＨＰ経営叢書を創刊し、まずは日本の近代、現代に活躍した理念重視型の日本人企業家を一人一巻でとり上げる図書シリーズを刊行することにいたしました。空翔ける天馬の姿に、松下幸之助はみずからの飛躍を重ね合わせましたが、その天馬二頭が相対立しつつも調和する姿をデザインしたロゴマークは、個を尊重しつつも真の調和が目指される姿をイメージしています。「歴史に学び　戦略を知り　人間を洞察する」――確かな史実と学術的研究の成果をもとに論述されたこのシリーズ各巻が、読者諸氏に末永く愛読されるようであればこれに勝る喜びはありません。

二〇一六年一一月

株式会社ＰＨＰ研究所